生态文明思想下的旅游环境教育
SHENGTAI WENMING SIXIANGXIA DE LVYOU HUANJING JIAOYU

邓华 著

吉林人民出版社

图书在版编目(CIP)数据

生态文明思想下的旅游环境教育 / 邓华著. -- 长春:吉林人民出版社, 2020.11
ISBN 978-7-206-17802-3

Ⅰ.①生… Ⅱ.①邓… Ⅲ.①旅游环境—环境教育 Ⅳ.①F590.3

中国版本图书馆CIP数据核字(2020)第232708号

生态文明思想下的旅游环境教育

著　　者：邓　华
责任编辑：卢俊宁　　　　　　　　封面设计：百悦兰棠
吉林人民出版社出版 发行（长春市人民大街7548号 邮政编码：130022）
印　　刷：北京瑞达方舟印务有限公司
开　　本：787mm×1092mm　1/16
印　　张：15.25　　　　　　　　字　　数：234千字
标准书号：ISBN 978-7-206-17802-3
版　　次：2020年11月第1版　　　印　　次：2020年11月第1次印刷
定　　价：78.00元

如发现印装质量问题，影响阅读，请与出版社联系调换。

前　言

生态文明建设是关系中华民族永续发展的根本大计。旅游业是"绿色产业""生态产业"，是最能直观体现"人与自然和谐共生""山水林田湖草是生命共同体""绿水青山就是金山银山""良好生态环境是最普惠的民生福祉""建设美丽中国全民行动""共谋全球生态文明建设之路""生态兴则文明兴"等生态文明思想相关内涵实践成效的产业。在旅游产业发展中，全面总结旅游环境教育的实践及研究现状，探索构建旅游环境教育的体系和模式，展望旅游环境教育的发展方向，对引导广大旅游从业人员深入开展生态文明教育，参与生态文明建设，推进旅游业可持续发展具有重要的意义。

本书共六章。第一章是导论，内容包含旅游与旅游教育内涵分析、旅游教育学科的理论基础、国内外旅游教育发展历程；第二章对旅游环境认知进行分析，内容涵盖旅游环境理论基础、旅游环境类别及特征分析以及旅游环境规划与管理；第三章分析旅游环境教育实施的必要性，内容包括生态文明思想的内涵及实践要求、旅游环境教育的内涵分析、国内外生态旅游环境教育的发展、旅游环境教育的相关理论分析以及生态旅游环境教育的重要性；第四章研究环境因素对旅游生态发展的影响，内容包括生态旅游与生态环境的关系分析、生态思想下的旅游环境因素分析、自然环境因素对旅游生态发展的影响以及文化环境因素对旅游生态发展的影响；第五章探究生态文明思想指导下旅游环境教育的体系构建，内容包含生态文明思想下旅游环境教育的要素分析、生态文明思想下旅游环境教育的内容与目标分析、生态文明思想下旅游环境教育的师资建设、生态文明思想下

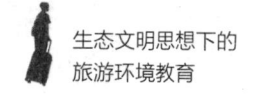

旅游环境教育的运行机制与干预体系构建以及生态文明思想下旅游环境教育的评价体系构建与完善；第六章探索生态文明思想下旅游环境教育发展趋势，内容涵盖国外与国内生态思想下旅游环境教育发展趋势研究以及我国旅游环境教育的生态可持续发展策略。

  全书通过系统的理论归纳和经验总结，提出了具有相对独特的观点和体系，既注重用旅游学、教育学和环境学等学科的理论方法研究，更注重旅游环境教育的体系构建与完善。本书可供旅游相关专业的大学生和旅游从业人员学习使用，还可供教育科研工作的有关人员阅读和参考。

  本书是重庆市教育委员会科学技术研究计划《三峡库区山水林田湖草生命共同体演变特征与优化调控》(KJZD-K20180410)项目、2019年重庆市教育委员会人文社会科学研究《"山水林田湖草是生命共同体"的理论逻辑与实践：以长江上游重要生态屏障区建设为例》（19SKGH276）项目的阶段性成果。

  本书在撰写过程中得到许多专家学者的指导和帮助，在此表示诚挚谢意。由于学术水平以及客观条件限制，书中所涉及的内容难免有疏漏之处，希望读者能够积极批评指正，以待进一步修改。

作者
2020年6月

目录
CONTENTS

第一章 导论
第一节 旅游与旅游教育内涵分析 / 3
第二节 旅游教育学科的理论基础 / 10
第三节 国内外旅游教育发展历程 / 17

第二章 旅游环境认知分析
第一节 旅游环境理论基础 / 31
第二节 旅游环境类别及特征分析 / 38
第三节 旅游环境规划与管理 / 41

第三章 旅游环境教育实施的必要性分析
第一节 生态文明思想的内涵及实践要求 / 77
第二节 旅游环境教育的内涵分析 / 85
第三节 国内外生态旅游环境教育的发展 / 91
第四节 旅游环境教育的相关理论分析 / 102
第五节 生态旅游环境教育的重要性 / 116

第四章 环境因素对旅游生态发展的影响研究
第一节 生态旅游与生态环境的关系分析 / 121
第二节 生态思想下的旅游环境因素分析 / 123

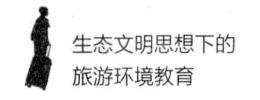

第三节 自然环境因素对旅游生态发展的影响 / 134

第四节 文化环境因素对旅游生态发展的影响 / 140

第五章 生态文明思想下旅游环境教育的体系构建

第一节 生态文明思想下旅游环境教育的要素分析 / 147

第二节 生态文明思想下旅游环境教育的内容与目标分析 / 151

第三节 生态文明思想下旅游环境教育的师资建设 / 173

第四节 生态文明思想下旅游环境教育的运行机制与干预体系构建 / 190

第五节 生态文明思想下旅游环境教育的评价体系构建与完善 / 196

第六章 生态文明思想下旅游环境教育发展趋势

第一节 国外生态文明思想下旅游环境教育发展趋势研究 / 221

第二节 国内生态文明思想下旅游环境教育发展趋势研究 / 223

第三节 我国旅游环境教育的生态可持续发展策略 / 227

参考文献 / 233

第一章

导论

随着改革开放的深入，我国的旅游业蓬勃发展，我国现代旅游教育也随之高速发展，经过多年的努力，我国旅游教育取得了巨大成就。本章内容包括旅游与旅游教育内涵分析、旅游教育学科的理论基础、国内外旅游教育发展历程。

第一节 旅游与旅游教育内涵分析

一、旅游和旅游教育

目前，旅游业超过了石油、汽车、钢铁等其他新兴产业，已成为世界第一产业。旅游业始终保持着快速增长的态势，是全球最具活力、成长最快的产业。在我国，旅游行业对国民经济的贡献可谓巨大，它带动、盘活了一系列相关产业，如民航、游轮、汽车、火车等交通运输行业，以及餐饮、酒店、服务、制造业等。旅游业的快速发展有效地增加了我国国内的就业机会，实现了扩大出口、增加外汇收入等目标，同时，对各城市及地区改善当地基础设施具有重要的推动作用。此外，旅游业作为一种无烟产业，符合当代产业环保的发展理念，因此吸引着大批城市加入发展旅游业的队伍。一些城市已经将旅游业作为本市的支柱型产业进行长远规划。

旅游业的发展需要旅游人才的支撑。旅游业作为劳动密集型产业，近年来发展极为迅速，对相关人才的数量和质量需求都较高。因此，只有顺应产业发展需求，扭转目前旅游教育相对滞后的局面，扎实做好人才培养工作，才能从智力方面为旅游业发展提供保障，并逐渐提升我国旅游业的服务管理水平。旅游业的发展也为旅游人才培养指明了道路。旅游教育应以旅游业发展结构为前提，以岗位特点为基础，不断调整教育结构，培养出适合不同层次、不同需要的管理服务人才。旅游业的发展和人才培养之间是相互促进、相互制约的关系。相关部门只有认识到这一点，才能更好地发展旅游业，满足我国旅游产业发展的需要。

我国旅游教育的现状既让人充满希望，又需要不断完善。美好的希望表现在，我国已经形成多层次、多方位、多渠道的旅游教育格局，并且建成了具有一定规模的学科，拥有了一定数量的师资。但是，由于旅游业在我国起步较晚，发展轨迹异于常态，发展初期直接面对、服务于大量国外

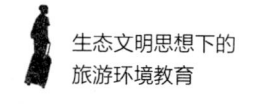

游客,因此存在着经验与能力先天不足的问题。因此,我国必须在加快旅游业发展的同时,对旅游教育进行大力改革,只有这样才能为社会经济的发展做出应有的贡献。

二、旅游教育的概念界定

教育虽然自古就有,人类对教育的思考也经历了无数个年头,并且有了不少关于教育的论著,但由于教育本身的复杂性,且其内涵又是不断发展变化的,因此要给教育下一个科学的定义是非常困难的。综合教育的时代特点,可以将教育定义为:教育是指一切有目的的影响人的身心发展的社会实践活动。它包括影响人们知识、技能、身心健康、思想品德形成和发展的各种活动。从教育的概念上看,教育具有两个特点:第一,教育是一种社会文化活动;第二,教育具有明确的主题。据此,旅游教育可以定义如下:旅游教育是指旅游教育者根据旅游业发展需要,依据受教育者身心发展规律,有计划、有目的、有组织地对受教育者进行旅游理论知识、实践能力、旅游职业道德等相关知识教育的活动。

学历旅游教育和非学历旅游教育是我国目前旅游教育的两大类。

学历旅游教育是在学校内进行的专业旅游教育,它以各旅游院校和综合院校中的旅游专业为主要培养单位,还包括其他专业学科中渗透的旅游相关知识的教育。专业的学校旅游教育包括高等和中等两个层次的旅游教育。高等旅游教育通常指的是大专以上,即大学专科、本科和研究生教育,在这一层次内,主要培养的是社会所需的高级管理人才、教师及专家等。通过高等层次旅游教育培养出来的学生具有广泛的专业知识、一定的跨学科知识、深厚的理论基础,以及对深层次旅游活动进行分析和演绎的能力。中等旅游教育一般指大学专科以下的旅游教育,这一层次的旅游教育旨在培养旅游企业内的中级和初级管理服务人员,其教育模式以技能训练为主,以理论知识为辅。

非学历旅游教育是指学校旅游教育以外的各种形式的旅游教育。主要包括:①旅游行政管理部门所进行的旅游业培训工作,如:导游职业培训、旅行社经理培训、饭店经理人培训等。②旅游企业通过发布企业相关信息所进行的旅游教育。如中国旅游出版社、广东旅游出版社等以旅游教育为宗旨的出版企业，通过网络发布企业新书，从而为公众提供了更多旅游教育的信息。③旅游行业机构，包括旅游行业培训中心、旅游人才交流中心、旅行社联盟、饭店业联盟等利用自身资源提供的旅游教育。④旅游企业，包括对招聘员工的入职培训、一般员工的业务培训、岗位调整员工的岗位培训等。这些面对公民的旅游教育是对学校专业旅游教育的有效补充。

三、旅游教育系统构成

旅游教育系统是一个开放的系统，是由旅游教育者、受教育者、旅游教育内容、旅游教育方法、旅游教育环境等要素构成的有机整体。各组成要素相互联系、相互依存，对系统的持续正常运行起着重要作用。

（1）教育者。旅游教育者包括旅游教育的管理人员、教师、校外旅游机构的工作人员、传输旅游知识的景区管理者和服务者等，他们都是在旅游教育工作实践中具有教育职责和教育影响的人。在学校旅游教育中，具有资质的专职和兼职教师是旅游教育者。他们通过对教育目的、教育内容和教育方法进行研究，设计并组织旅游教育教学实践活动。他们在整个教育过程中处于引导和管控的地位。

（2）受教育者。对于旅游教育中的受教育者有两种划分方式：从广义上讲，只要是在旅游教育中接受了教育的人，都可以被称为受教育者。这其中既包括成年人，也包括未成年人；从狭义上看，旅游教育的受教育者指的是旅游专业教育的对象，他们通过发挥主观能动性，自觉地接受教育并发展自己的专业水平，使教育实践活动取得应有的效果。但总体上，受教育者在旅游教育中处于被引导和被管控的地位。

（3）教育内容。旅游教育内容指的是根据教育目的，通过选择和加工而形成，最终作用于受教育者的教育内容。经过长期的实践和总结，旅游工作者积累了丰富的经验，形成了许多与教育目的相契合的影响物。这些影响物具有符合受教育者身心发展水平的特点，通常以教科书、参考书、多种形式的信息载体（报纸杂志、广播电视等）的形式体现。此外，它还体现在旅游教育工作者自身，包括其知识经验、思想道德和言谈举止等方

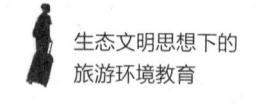

面。不同时期、不同国家（地区）、不同的社会和个体对旅游教育的需求不同，因而这也就决定了旅游教育内容的范围不同。但概括起来，旅游教育的内容主要集中在智育（如旅游管理技能）、德育（如旅游伦理）、美育（如旅游审美）等方面。

（4）教育方法。旅游教育方法指的是在旅游教育过程中，教育工作者以教育目标为导向，组织受教育者进行学习活动时所运用的方法和程序。它包括教育者采用的教学方法、受教育者采用的学习方法以及教育与学习相结合的方法。在目前学校旅游教育中，通常采用的教学方法有四种：①以语言传递为主的教学方法，如讲授法、谈话法、读书指导法；②以直观感知为主的教学方法，如演示法、参观法；③以实际训练为主的教学方法，如实验法、实践法、实习作业法、练习法；④以引导探究为主的教学方法，如讨论法、研究法。教育者和受教育者都应该经常探索新的教育方法，以提高旅游教育的质量。

（5）教育环境。旅游教育环境是指旅游教育实践发生的时间、地点和存在的物质条件，如家庭、教室、旅游景点、实践操作室、实习基地，以及教学用具、实验（实践）设备、电化教育器材等。教育总是发生在一定的时空，并且总是要借助一定的物质条件进行。一般来说，旅游教育环境的质量越高，旅游教育效果越佳。

四、旅游教育目的

（一）旅游教育目的的界定

目的与目标概念比较相似，但也具有明显区别。目的指的是行为主体在行为之前想要实现的行为目标或达到的行为结果；而目标指的是行为主体想要达到的境地或标准，它是主体期望通过自身努力而达到的结果。目的具有抽象性、原则性、理念性和终极性内涵；而目标具有具体性、可欲性、可操作性和阶段性内涵。

旅游教育目的是国家或特定的社会（或旅游业）对旅游教育事业培养人才的总体的要求。它包括旅游教育目标、旅游教育培养目标、旅游教育课程目标、旅游教育教学目标等。它是最宏观的旅游教育价值，是对旅游教育的一种抽象概括；它超越了具体的旅游教育活动，具有相对的恒定性、终极性和原则性等特征。旅游教育目的的确定受到需求环境（社会、旅游业、受教育者）的影响。只有加强需求环境与旅游教育界之间、目标与实践之间的信息交流，才能保持旅游人才供需之间信息通畅、动态交流，有效地发挥旅游教育目的导向、调控、评价功能，保证旅游教育人才供需的平衡。

（二）确定旅游教育目的的基本依据

确定教育目的必须有一定的依据，然而对于依据的争论，一直是教育史上长期存在的问题。因为教育目的是人为制定的，虽然它不属于纯粹自由意志的产物，但是仍然处处体现着人的主观意志。因此，教育目的制定的依据会因不同教育家价值观的不同，以及不同历史时期、不同国家地区的教育目的不同，而表现出巨大差异。但是，对于教育目的会受到社会发展和人的身心发展的限制这一点，学者们已广泛达成共识。因此，教育目的的确定具有一定的客观依据，主要包括社会发展的客观需要和受教育者自身发展的规律两大方面，二者之间具有辩证统一的关系。一方面，教育培养的对象是人，其基本指向是人的发展与实践活动，但这并不能作为教育目的确立的唯一依据。因为，人类作为社会性动物，个体的生存与发展不能脱离社会，社会发展是个人发展的基础。人只有与他人结合，成为社会的一部分，才能具有生存的条件并获得发展的手段。如果脱离了社会，个体发展便无从谈起。具体而言，个人发展的方向、性质、内容等，都取决于社会发展，必须符合社会发展的需要。另一方面，社会由许许多多个体组成，社会的构成与发展都离不开人的作用。人类在社会实践中通过个体之间的联系形成各种社会关系，这些关系又构成社会整体。人作为社会成员，人的发展是社会发展的必要条件，离开人的发展，社会发展便不存在。教育的真正目的是通过促进人的发展来推动整个社会的发展。因此，教育目的的确定，虽然依据不尽相同，但是都应该符合社会需要和个人身心发展的辩证统一关系。

作为一类教育活动，旅游教育在确定教育目的时也应遵从以上规律。但旅游教育作为特殊的教育门类，其教育目的的确定标准还有更具体的表现形式：一是社会发展对旅游教育提出的要求，如"素质教育"和"全民教育"的普遍共识，要求旅游教育实施"素质教育""真人教育"，注重受教育者德智体美劳全面发展。二是社会对旅游业提出的要求或旅游业自身发展需求，影响着旅游教育的人才培养规模、培养模式、教学方法、人才素质等多个方面，进而成为确定旅游教育目的必须考虑的一个重要因素；三是受教育者的自身条件和发展需求也应该是确定旅游教育目的的一个重要依据，如学生的年龄阶段、兴趣爱好、自身素质、已有的知识结构等。

（三）我国旅游教育目的和培养目标

1. 我国旅游教育的目的

我国的教育目的在不同的历史时期有着不同的表述和规定。近年来，国家关于教育目的的阐述主要有以下三种：

（1）高等教育应着力培养具有创新和实践能力的高级专业人才。同时，国家还对高等学历教育的学业标准提出了相关要求。

（2）教育的重点是学生的创新和实践能力的培养。

（3）教育要为我国社会主义事业的发展培养有理想、有道德、有文化、守纪律、德智体美等全面发展的接班人。

教育要为我国社会主义现代化建设服务，这是我国教育目的的重要体现。这充分反映出，当前形势下我国社会主义各领域对人才的要求。由此可见，我国教育目的的根本与精神实质是社会主义。教育要使受教育者实现德、智、体、美等全方面发展，提高国民素质，培养出各级各类人才以促进社会发展。

旅游教育目的大致可以归纳为：培养适应经济建设和旅游业发展需要的，理论扎实、业务娴熟和道德高尚的高素质旅游人才。我国旅游教育目的是在教育目的的基础上，依据教育行政部门和旅游企事业对人才的要求，结合旅游专业的特点和旅游受教育者的成长规律而确定的，体现了我国旅游业和学校旅游教育的特色。

2. 我国旅游教育的培养目标

在旅游教育目的指导下，不同层次不同类别的学校（专业）的培养目标各不相同。中等旅游职业教育的培养目标是中级服务员（烹饪师、中文导游）和基础管理人员。高等旅游教育的培养目标可以分为旅游专科教育的培养目标、旅游本科教育的培养目标以及旅游研究生教育的培养目标。

（1）旅游专科教育的培养目标。我国高等旅游专科教育的培养目标可以确定为：培养旅游企事业单位所需的具备综合职业能力，在生产和管理第一线服务和直接从事一线作业的技术型和技能型人才。这一目标可以从四个方面来理解：第一，人才类型是具有综合职业能力的应用性、实用性的技术型和技能型人才；第二，人才层次是中高级专门人才，是比一般服务人员更高一层次的领班、前厅接待主管等；第三，工作单位主要是旅游企事业单位的基层部门、生产一线和工作现场，如旅游景点、酒店前厅等；第四，工作内涵是将比较成熟的服务技能和管理理念转变为现实的旅游服务和管理。

（2）旅游本科教育的培养目标。旅游本科教育的培养目标是：培养具有旅游管理专业知识，能在各级旅游行政管理部门、企事业单位从事管理工作的高级专业人才。业务培养工作要求：本专业学生的学习重点是旅游管理方面的基础知识及理论，需要进行旅游管理方面的训练，要具备分析和解决问题的能力。本科教育毕业生应具备以下知识和能力：掌握旅游管理学科的基本知识及理论；熟悉旅游管理方面问题研究方法；能够使用旅游管理理论分析和解决基本问题；充分了解我国旅游业发展的相关政策与法规；对旅游业的发展动态有敏锐的感知；熟练掌握文献检索、资料查询的方法；具有一定的科研水平及实际工作能力。

（3）旅游研究生教育的培养目标。硕士研究生教育应当使学生掌握本学科坚实的基础理论、系统的专业知识，掌握相应的技能、方法和相关知识，具有从事本专业实际工作和科学研究工作的能力。博士研究生教育应当使学生掌握本学科坚实宽广的基础理论、系统深入的专业知识、相应的技能和方法，具有独立从事本学科创造性科学研究工作和实际工作的能力。

可以看出，我国旅游研究生教育应培养具有扎实的基础理论与专门知识、良好道德素质和身体素质，具有独立从事科学研究、高校教学工作、旅游企事业单位管理能力的高层次、应用型、创新型人才。

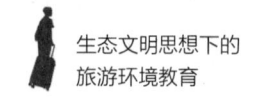

落实旅游教育目的和目标，必须结合各类旅游教育的发展特点，将其进一步具体化，形成各类旅游教育的教学计划。但必须注意的是，制订教育工作的计划，根本目的是为了使教育者心中有目标，自觉地用教育目标来指导教育行为，而不是规定和限制教育者的行为。教育者应根据具体旅游教育活动的实际情况，适度地调整、修改教学计划，以使教育工作更切合旅游教育发展的实际水平与要求，更利于达到旅游教育目的。同时，旅游教育目的和目标是针对所有旅游受教育者，是每一个旅游受教育者必须达到的基本发展目标，因此在教育中应该注重个体差异、因材施教，努力使所有受教育者达到受教育的目的，保证旅游教育的平等性。

第二节 旅游教育学科的理论基础

一、旅游教育的基本性质

旅游教育是一门新兴学科，它的研究对象是社会旅游教育的一切现象及一般规律。其目的在于培养旅游业人才，从而促进旅游经济及旅游文化服务产业的发展。旅游教育以旅游为立足点，但其本质属性仍是教育，它所研究的主要问题是教育问题而非旅游问题。

旅游教育不仅可以提高旅游师资的培养质量，而且可以推动旅游教育研究的发展、在更高层次上指导旅游教育实践的展开。因此，建立与完善旅游教育十分必要。同时，旅游教育作为一个学科门类，已经具备成为一门分支学科的基本条件。旅游教育自身还有一系列小的分支学科，比如：旅游教学法、比较旅游教育、旅游教育方法论、旅游教育哲学、旅游教育史、旅游教育心理学等。这些分支学科尚在发展之中，目前还不够成熟，需要长时间的丰富与充实。但可以预见的是，随着旅游教育事业的发展，旅游教育的研究工作必将不断深入，旅游教育学科门类下的分支学科也一定会迎来成熟期。

旅游教育属于职业技术类教育，研究对象包括旅游教育的一切现象、一般规律及形式、内容、方法等内容，具有多学科综合与交叉的特点。因此，想要创立旅游教育学，一方面要对旅游教育本身的研究范围、理论依据、教育方法进行清晰界定，还要对旅游经济学、旅游管理学等分支学科的研究范围、理论依据、教育方法进行界定；另一方面要对教育学、文化学、经济学等相关学科进行深入研究。

二、旅游教育的研究对象

旅游教育中的所有现象和问题，以及其所具有的一般规律，都是旅游教育研究的对象。换而言之，旅游教育是在结合实际的基础上，对旅游教育的基本原理与理论进行研究及阐述。其研究与阐述的内容包括旅游教育的本质，教育的功能、目的、制度、内容、途径、原则、方法和评价，旅游教育学科的研究方法，除此之外，还包括旅游教育史和当今世界上出现的重大旅游教育事件及著名旅游教育家的核心思想。

为了进一步理解旅游教育的研究对象，可以按照以下两种方式对其进行分类：

（1）按旅游教育过程所涉的主体要素来分。旅游教育的整个过程都应该是旅游教育的研究对象。从这个角度看，研究对象可以大致归纳为四类：一是旅游课程，包括旅游教育原理、旅游教育史、旅游课程论、旅游教育管理等；二是旅游教材，包括教材编写、教材出版、教材使用等；三是旅游教学过程，包括旅游教学目标与任务、旅游教学原则、旅游教学方法、旅游能力培养、旅游学习心理、不同类型旅游教学、旅游教学评价等；四是旅游教师，包括旅游教师职责、旅游教师素养、旅游教师进修、旅游教师评价等。

（2）按旅游教育的理论与实践构架来分。旅游教育的研究对象涉及旅游教育所含的理论和实践，主要包括四大问题：一是总体论，包括旅游教育原理、旅游教育比较、旅游教育目标等；二是基础论，包括旅游教育基础论和旅游教学基础论等；三是方法论，包括旅游教育教法论、旅游教育教材论、旅游教育法论等；四是实践论，包括旅游教育评估、旅游教师素质及培养、旅游教育实习（实践）等。

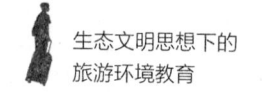

三、旅游教育的基本任务

旅游教育的任务，是通过研究旅游教育中的一般性问题来解释旅游教育规律；在解释规律的基础上，阐明旅游教育工作的一般原理和基本要求，进而指导确定旅游教育工作的正确而适当的内容、方法、组织形式等。[①]归纳起来，大致包括以下三类：

（一）揭示旅游教育的一般规律

旅游教育规律就是在旅游教育发展运动中固有的矛盾与其他事物间的本质联系。例如旅游教育的功能就是促进个体和社会的发展，旅游教育发展的规模和速度会受旅游业发展的制约，一个国家（地区）的旅游业发展水平和它的旅游教育发展水平是呈正相关的，旅游教育的性质、目的、领导权等受到国家相关政策法规的制约，而旅游教育的质量和规模在很大程度上受旅游学学科设置的影响等，这些都是旅游教育规律。

旅游教育规律包括一般规律和特殊规律。一般规律是指存在和作用于一切旅游教育实践活动中的规律；特殊规律是指存在和作用于一定条件下和一定范围内的旅游教育实践活动中的规律。旅游教育的特殊规律反映的是旅游教育中的特殊矛盾，它发生在不同时期、不同领域、不同活动形式中，例如教学规律、教育管理规律等。需要注意的是，旅游教育既要研究它的一般规律，也不能忽视它的特殊规律，要做到全面、深入地研究。

（二）科学解释旅游教育问题

科学研究的前提就是科学、清晰地解释研究对象。因此，旅游教育的任务之一就是对旅游教育问题进行"科学"的阐释。这里所谓的"科学"是一种基于理性主义的诠释，而非寻求"绝对真理"或"终极解释"。

旅游教育的"科学阐释"可以从四个方面来理解：一是旅游教育的阐释是以旅游教育为逻辑起点和对象，超越日常习俗和传统认识，提出并界定和明确教育问题；二是使用的必须是专业术语，研究必须符合规范、结

[①] 李先跃.旅游景区环境教育体系构建研究[J].中国林业经济,2019(05)：97~99.

构严谨、逻辑严密，以正确引导人们认识和理解旅游教育问题；三是从旅游教育的理论视角、根据或预设出发，进行理性的阐释，而非感性理解与判断；四是因研究者所处的地位、所偏好的理论基础或视野不同而出现的阐释上的不统一，并不是一种"混乱"和"倒退"，相反这是一种学术争鸣，有利于不同解释之间的理性的、深层的和积极的交流与对话，其最终目的是通过理性的比较，发现最恰当的解释方式。

（三）沟通旅游教育理论和实践

理论与实践具有十分密切的关系。沟通旅游教育中的理论与实践能够提升旅游教育知识的储备量，从而更好地开展旅游教育实践工作。对旅游教育进行系统、科学的认识并以理论指导实践，一方面是旅游教育实践的客观要求，另一方面也是检验理论是否正确的唯一路径。旅游教育的本质是实践科学。

旅游教育实践是指在理性思考的基础上，依据一定的理论或经验实施的旅游教育行为。对旅游教育实践的分析和理解，必然包含着对蕴含其中的理论或经验的分析和理解；对旅游教育实践的改革，必然包含着对蕴含其中的理论或经验的修正或重构。在这个过程中，旅游教育扮演着"桥梁"和"中介"的作用，即沟通理论与实践，具体体现在五个方面：一是通过理论教化，促使旅游教育工作者进行内省，促使他们深刻地理解旅游教育活动的价值与意义，提高他们投身旅游教育活动的自觉程度；二是帮助旅游教育实践工作者获得大量的旅游教育的理论知识，提高他们的理论素养，扩展他们的旅游教育理论视野，从而提高他们从事旅游教育教学工作的理性自觉；三是帮助旅游教育实践工作者树立正确的旅游教育态度，培植坚定的旅游教育信念，从而有效规避旅游教育实践的"缺陷"，提高旅游教育质量；四是使旅游教育实践工作者通过学习和认识旅游教育理论，超越经验的限制，摆脱因实践产生的习惯的束缚，在不断的自我反思中发展自我、完善自我和实现自我价值；五是不仅给旅游教育实践工作者提出一些旅游教育的基本问题、提供旅游教育的一些基本概念和理论，同时也可以帮助他们学习如何思考旅游教育问题，如何表述自己的见解，如何与不同的旅游教育观点对话，最终实现从"传递型"向"研究型"的转变。

四、旅游教育的发展基础

任何一门学科的发展都离不开相邻学科的影响和实践经验的积累。旅游教育是在旅游科学、教育学、社会科学、行为科学、信息科学等多门学科的影响下，在学校教育（包括学校旅游教育）、社会教育（包括社会旅游教育）、家庭教育（包括家庭旅游教育）、旅游业发展等实践中不断积累经验，发展起来的一门交叉学科。它的发展是理论基础和实践基础共同作用的结果。

（一）旅游教育发展的理论基础

旅游教育的边缘性较强，因此有较多的学科为旅游教育提供理论基础。

（1）旅游科学理论基础。旅游教育是以旅游科学理论、知识等为教学基本内容的教育活动。因此，旅游科学就成为旅游教育主要的基础理论来源。旅游科学虽然尚未成熟，在发展过程中大量借鉴了地理学、经济学、管理学、美学、历史学等诸多相关学科的基础理论，但它是一门学科并拥有相对独立的理论基础已成为不争的事实。以旅游科学为理论基础的旅游教育，不仅要研究和选择适于不同年龄阶段、不同教育目标等的旅游教育内容，而且要汲取旅游科学的理论思想和科学的方法论。

（2）教育学理论基础。教育学是所有研究教育规律的学科的总称，包括普通教育学、教育社会学、教育统计学、教学论、课程论、学科教育等若干分支学科。目前，教育学的发展已经相对成熟，它拥有较为完善的理论和方法体系。旅游教育学也是教育学的分支之一，教育学所研究的教育规律包含旅游教育规律。因此，旅游教育可以将教育学所研究的思想、方法及理论成果作为理论基础和指导方向，从而帮助旅游教育自身发展与完善。

（3）社会科学理论基础。社会科学是相对于自然科学的一个概念，是指用科学的方法研究人类社会种种现象的研究领域，包括经济学、政治学、管理学、伦理学等多个学科。作为社会科学的一个重要分支，社会学的研究对象是社会和社会问题。经过长时间的发展，社会学也具有独立的学科地位和成熟的理论基础。旅游教育从一产生就与社会科学，尤其是与社会学结下了不解之缘。首先，作为旅游教育的研究对象——旅游教育系统是整个社会系统的一个子系统，时刻与社会系统发生互动；其次，旅游教育在发展过程中吸收了众多社会科学的基础知识，如管理学与旅游学校管理、政治学与旅游教育制度、社会学与旅游教育公平、历史学与旅游教育史。因此，旅游教育必须从具体的社会角度审视旅游教育的发展变化，并从旅游教育的性质出发深入挖掘旅游教育的社会功能。

（4）行为科学理论基础。行为科学是研究在自然和社会环境中人的行为的一门综合性学科。旅游教育涉及教师的教学行为、学生的学习行为、管理者（学校和相关政府部门）的管理行为等多种行为。旅游教育应探索这些行为的规律，寻找出调动教学和学习积极性、提高教育管理效率的方法，从而提高整个旅游教育的质量。在这一过程中，行为科学能为旅游教育提供充分的理论基础，帮助解决实际问题、提高旅游教育的质量、推动旅游教育的发展。

（5）信息科学理论基础。信息科学是以信息为主要研究对象，以信息的运动规律和应用方法为主要研究内容，以计算机等技术为主要研究工具，以扩展人类的信息功能为主要目标的一门新兴的综合性学科。它是人类经济、文化和社会发展的主要推动力。在信息科学时代，经济、文化和社会的各个方面发展异常迅速、瞬息万变。为了能够紧随时代步伐，并不断服务于社会，旅游教育还把信息科学作为其理论基础之一。这种理论基础的作用主要表现在三方面：一是有利于树立相关主体（教育者、受教育者及其他相关组织和个人）的信息科学意识；二是有利于信息资源在旅游教育中的应用和研究；三是有利于加强信息技术的应用、改进和研究。

（二）旅游教育发展的实践基础

（1）学校教育实践基础。学校教育包括纵向的小学教育、中学教育和大学教育，横向的各个学科教育和不同培养目标的教育等。学校教育，尤其是学校旅游教育不仅可以为旅游教育（学）积累丰富的教育经验、总结教育理论，而且可以为旅游教育提供实践和检验理论的机会，实现实践—理论—实践的良性循环。从20世纪70年代末我国第一所旅游中等专业学校（南京旅游学校）和第一所旅游高等专业学校（上海旅游专科学校）的诞生，到目前初步建立起比较完善的旅游学科体系和旅游教育体系，学校旅游教育的每一次进步和发展，都是学校旅游教育实践在其发展过程中，针对旅游教育培养目标、教育方法、教育思想、教材运用等方面不断提出新的要求而取得的。因此，学校旅游教育是旅游教育发展的主要实践基础。

（2）社会教育实践基础。由于社会发展对人的知识、技能、习惯等不断提出新的要求，素质教育和终身教育思想已被人们普遍接受，社会教育的功能日益受到重视。社会教育已逐渐成为社会成员素质提高与社会整体发展的重要保障。旅游及旅游科学在社会教育中具有明显的优势：首先，旅游已成为人们必不可少的一种生活方式，是社会生活的重要组成部分，与社会教育密不可分；其次，旅游活动本身就是一种社会教育活动，它具有开阔思维、增长见识、提升修养等作用；最后，旅游科学所涉内容很广，人文和自然知识几乎无所不包、物质文化与精神文化两全，是社会教育的重要内容和素材。这些优势会随着人们交往领域的全球化和旅游科学应用的逐渐成熟而日益凸显。与此同时，社会教育（包括社会旅游教育）会不断为旅游教育积累经验、提供实践依据、提出实践需求，为旅游教育的发展奠定实践基础。

（3）家庭教育实践基础。家庭教育是父母或其他年长者在家庭生活中对下一代进行的教育。它是学校教育和社会教育的基础，在未成年人成长的过程中发挥着重要的作用，是国民教育不可缺少的重要环节。家庭教育内容中涉及旅游活动或旅游相关知识的部分就是家庭旅游教育。家庭旅游教育是旅游教育的重要组成部分，也是旅游教育的重要研究内容。家庭教育在观念、方法、内容、手段、条件等方面积累的科学经验为研究家庭旅游教育规律提供了重要的实践依据。同时，旅游教育在教育的方式方法、教育思想、教育管理等方面的研究成果也可以为家庭教育，尤其是家庭旅游教育实践提供理论指导和科学依据。

（4）旅游业发展基础。旅游业的竞争实质就是旅游人才的竞争，它的高速发展，离不开旅游教育的支撑。因此，是否拥有足够的优秀人才，并能合理利用人才，成为决定一个旅游企业成功与否的关键因素。旅游业是劳动密集型产业，它的蓬勃发展，对旅游人力资源的数量和类型会提出新的要求。因此，可以说旅游业决定着旅游教育的目标、内容、方法等，同时也决定着旅游教育的主要研究内容和方向。旅游教育尤其是学校旅游教育不仅可以为旅游业输送优秀专业人才，满足旅游业发展对人力资源的需要，而且可以从理论上跟踪和总结旅游业的成就得失，并及时将前沿成果应用于实践，指导旅游经营和旅游活动，保证旅游业的健康、持续发展。毫不夸张地说，旅游教育是旅游企业发展的动力和源泉，是旅游业持续发展的根本保障。

旅游业、旅游科学、旅游教育三者之间是一种互相影响、互相依赖的关系，旅游业需要旅游教育提供人力资源保障和理论指导，旅游教育既需要旅游学科提供理论支持，也需要旅游业提供实践机会和经验积累。

第三节　国内外旅游教育发展历程

一、国外旅游教育的发展

国外旅游教育起源于酒店管理教育。1893年，洛桑酒店管理学院在日内瓦湖畔创立的一家旅馆，是世界上第一所专门培养旅馆业管理人员的学校，从此揭开了世界旅游教育的序幕。旅游现象作为一种社会科学范围内的研究对象，国外学术研究于19世纪末在重要的旅游接待地意大利开始。1899年意大利政府统计局的鲍迪奥（L.Bodio）发表的《在意大利的外国人的移动及其消费的金钱》一文，是现今可见到的最早的从学术角度研究旅游现象的文献。此后，在意大利、德国、瑞士和奥地利等国家相继出现了一些从事旅游研究的学者，这些旅游研究成果为旅游教育的起步奠定了较为坚实的基础，推动了旅游教育的发展。世界旅游教育可划分为起步、形成和高速发展三个阶段[1]。

（一）国外旅游教育的起步阶段（20世纪70年代以前）

旅游专业教育起步于20世纪70年代之前，主要是由旅游企业同教育机构相互合作成立的旅游培训机构组织。这一时期产生的旅游教育更倾向于实

---

[1] 转引自韩宾娜.旅游教育概论[M].天津：南开大学出版社，2010：28.

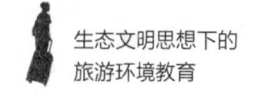

用性教育，这一时期的人才培养方向侧重于向旅游业输出行业人才。

旅游专业教育是由服务接待教育演变而来。早期的欧洲投资者对旅游业的发展前景不同于现在的积极态度，他们并不看好旅游业的发展。而最初的旅游教育也只是基础性的、初级的、更注重操作技能培训的教育。在19世纪90年代设立的瑞士官方饭店协会组织，创立了第一家酒店管理学院，它是世界上第一所为旅馆业管理人员提供培训教育的学院。此学院认为酒店经营管理者需要具备的能力之一是必须能够完成酒店或餐馆内任何一项具体的工作。欧洲的旅游专业高等教育一直被这种教育理念所影响。

最初，康奈尔大学酒店管理学院在美国旅游教育中扮演着引领者的角色。此学院于1922年成立，具有历史最悠久、最优秀等特点。受这个时期美国中高层酒店管理人才需求的推动，美国的酒店管理与接待服务教育取得突飞猛进的发展，发展异常迅速。尤其是在1940年之后，美国国内大型酒店数量增长迅速，酒店管理人才供不应求，社会急需此类人才。因此很多大学纷纷开设酒店管理专业课程，意在培养此类人才，使其市场供求平衡。

1947年以旅游为目的的一时登陆得到允许，由此拉开了日本战后国际旅游的序幕，尤其是1951年后，国际商务旅游者和国际观光旅游者不断增加。随着国民经济的恢复和发展，日本人的国内旅游显现出惊人的发展势头。旅游业的快速发展促使了日本旅游教育起步。日本最早的饭店学校——东京YMCA国际饭店专科学校创立于1935年；旅游名胜地——热海于1968年创立了国际旅游专科学校。短期大学中，最早设立饭店旅游学科的是东洋大学短期大学，其次是设立于1967年的大阪成蹊女子短期大学旅游学科。而作为独立学科的4年制本科旅游教育则始于1967年的立教大学旅游系。立教大学是日本旅游教育的先锋，其旅游教育源于1964年常设的公开讲座——饭店服务讲座。1966年联合国大会将1967年定为"国际旅游年"，用以促进世界各地人民之间的了解、促进国际合作和加强对丰富多彩的各个不同文明的认识。这对以国际旅游为主的日本旅游业的高速发展起到了重要的促进作用。在此背景下，立教大学认识到旅游业的重要性和成长性，独具慧眼地在立教大学的社会学院里设置了日本最早的旅游系，同时创设了旅游学研究所，迈出了培育人才和研究的第一步。这一时期日本的旅游教育基本限于本科、短期大学和专科层次。

旅游教育的发展是从教育机构和企业的自发性行为开始。一些发展旅游的企业，特别是那些餐饮机构，除了开展内部培训之外，还将旅游产业发展同高校联合，通过和高校等教育机构合作，构建独特的、有针对性的培训中心，希尔顿饭店管理学院便是由此出现。假日饭店公司在20世纪60年代末期在其总部所在地建立了假日旅馆大学，这给假日集团的成功奠定厚实基础，为假日集团提供了许多优秀的人才。

（二）国外旅游教育的形成阶段（20世纪70—90年代）

国外旅游教育发展是在20世纪70年代末期，各国旅游发展机构不断将目光投放到旅游专业教育中。20世纪80年代初期，欧洲旅游业的发展似乎是以倍速进行，行业之间的竞争不断加剧，市场需求的发展要求旅游业提供更多的高品质产品，因此对旅游业从业人员的素质要求也越来越高。针对这一现象，出现了许多针对旅游从业者的培训学校，这些学校针对旅游行业的问题设立相应的课程。欧洲的旅游专业教育主要是在商业管理、地理开发等方面。对此，英国还没有建立相应的人才培养学校，研究也主要集中在人类学、食品等方面。

澳洲旅游教育发展较好的是澳大利亚大学。澳大利亚大学早在20世纪初期已经通过分析行业中的旅游现象，意识到旅游教育的重要性。奥大伊利是首批设立接待专业的地区，当地第一个旅游专业的设立就在弗茨克雷。旅游行业和旅游教育两个行业相互促进，相互合作，旅游行业不断迈上新的阶梯，旅游教育也不断发展。到20世纪末期，旅游教育的专业已经有16个之多。

在亚洲，进入70年代，日本的出境旅游人数已经超过入境旅游人数，但受到石油危机的影响，日本1973年到1985年，旅游业进入低成长阶段，一些大学开始尝试在系内或学科内设立与旅游有关的课程。如横滨商科大学于1974年在商学部设立了贸易旅游学科。日本最早设立旅游学科和课程的职业高中是于1980年开设了"国际饭店旅游学科"的鹿儿岛县私立域西高中。由于1985年日元的急剧增值，出境旅游重新出现急剧增长的势头，日本真正迎来了1985年—1991年的日本旅游大发展时期。这一时期，日本旅游教育也得到了快速的发展，表现为很多职业高中开始开设旅游学科和课程，同时涌现了一批旅游专科学校。尤其是1987后，职业高中开设旅游学科和课程的热情急剧高涨，并且很多职业高中都建立在规划开发的旅游区内。旅游名胜地如冲绳县的那霸市相继设立了国际旅游专科学校和国际度假区旅游专科学校。由于与旅游相关的专科学校有相当一部分是以"商务专科学校"或"国际专科学校"来命名的，因此旅游教育的实际状况是超出预料的。事实上短期大学和普通全日制大学也有踊跃开设旅游学科的倾向，如东海大学、福冈短期大学于1990年在国际文化学科开设了旅游文化课程等；文教大学于1990年在国际系国际学科国际经济学专业开设了"国际经济、经营领域"和"国际旅游、旅行问题领域"两个方向的课程。日本的旅游教育从职业高中到专科、短期大学、本科教育的体系基本完成。这表明日本旅游教育进入了中、高等旅游教育良性发展时期。

（三）国外旅游教育的高速发展阶段（20世纪90年代以后）

20世纪90年代以后，世界旅游专业教育随着旅游业的发展不断完善，形成了有内容、有层次的教育体系。

20世纪90代年初，欧洲旅游专业教育受到美国旅游专业教育思想的不断熏陶，将旅游专业不断优化。高校的旅游教学和对旅游教学的研究着重在社会学、人类学等方面。旅游教育的专业教师不再只限定于教师行业，与旅游相关的、从事旅游行业的专业人员也投身兼职教育中。旅游教育专业的学时设置通常在1~3年，短期学习选择专业技能培训，而长学制则更加注重理论知识的学习。

在美国，有上百所大学已经将旅游专业引进课程当中，旅游教育业已逐渐渗透到高校专业教育当中。甚至一些名牌大学，也已经将旅游专业摄入自己的课程中。在高校建设中，旅游课程的建设已经越来越重要，角色越来越突出。旅游专业教育的重要性已经在行业当中逐步显现。

在高校中开设旅游教育专业，通常使用的专业名称有休闲研究、饭店管理、餐饮管理、食品服务、人类学、景观规划与设计等。由于会展业的不断发展，旅游专业项目逐渐被各大高校考虑纳入各自的课程体系中。就目前形势而言，美国的旅游专业有几个共同的特征：第一，旅游教育行业逐步向各大高校渗透，这一现象足以表现出旅游教育不再是功利性行为，旅游教育也成为教育内容的一部分，这些高校的研究也是可以不断开发旅游行业的；第二，专业课程的设置出现两极分化的现象，一面是面对私营市场的管理性教育，另一面是面向公共市场的休闲性管理教育；第三，美国对于旅游教育的重视度，促进美国旅游行业的发展，相关组织和部门也在积极地推动理论在实践当中的运用。美国同欧洲最大的不同在于，美国旅游行业的教育从业者相比欧洲而言，美国的教师更具有经验，更容易培养出合适的、优秀的旅游行业工作人员。

日本在大学内增设与旅游相关专业的趋势在此期间十分明显。如宫崎产业经营大学于1991年在经济系设立了旅游经济学科；流通经济大学于1993年在社会系设立了国际旅游学科；北海学园北见大学和名樱大学于1994年分别在商学部和国际系设立了旅游产业学科；神户国际大学于1995年在经济系设立了城市文化经济学科旅游传播课程等。高层次化是这一时期日本旅游教育的特点。如日本立教大学旅游系经过多年的发展历程，1998年获得日本文部省的许可，以旅游学科为主体，成立了日本第一所旅游学部（即大学本科的系或学院）和旅游大学院（即大学研究生院），于2002年3月有了首批旅游学部毕业生，并最先在大学院旅游学研究科设置了博士前期和后期课程。日本旅游教育进入大学教育阶段后，在很多学科都曾开设旅游方面的课程，从总体来看，日本的旅游教育正在进入真正以旅游为研究对象的综合性、边缘性教育研究体制的完善阶段。各大学均以"国际""产业""贸易""经济"等与旅游相结合的形式作为学科的名称；近年来，具有学科交叉性质的国际学部和大众传播学部等设置旅游学科的现象有增加的趋势，说明旅游现象不只是产业和社会现象，也是国际性的、具有文化性质的现象。

在经济日益全球化的今天，日本的旅游教育呈现出更加个性化和国际化的趋势。日本旅游教育发展的主要特点有：第一，日本对旅游学科设置的审批比较严格，这使得日本的旅游高等教育呈现出循序渐进的有序扩展之势。另外，日本旅游法规的相继出台，作为支撑体系，对日本的旅游业和旅游教育起到了约束和规范作用；第二，由于日本的旅游业主要以出境旅游为主，导致日本旅游教育呈现出明显的国际化倾向；第三，日本旅游

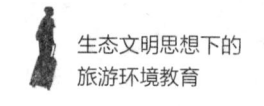

学科的设置比较强调基础性和宽口径，并与学生将来的就业方向相结合，使学生不但能在旅游业，而且能在与旅游业相关的更广泛的领域内施展才华；第四，日本的旅游教育原来仅限于县立（相当于中国的省立）和私立大学，近年来，国立大学也开始发展旅游教育。

上文中提到在20世纪90年代，澳大利亚的高等旅游专业已经有16个之多，而澳大利亚的高校有四分之三开展了旅游教育。各大高校争相开设旅游教育专业，造成旅游专业的人才大于市场需求，市场供大于求。澳大利亚旅游教育同美国旅游教育不同，澳大利亚开设旅游教育的学院较多，但多并不代表精。澳大利亚的旅游学院大多是普通学院，教学能力较低，培养出的优秀专业人才也相比较于名牌高校较少。这足以说明澳大利亚从根本上还并未十分重视旅游专业教育，或者澳大利亚对于旅游专业教育的定位尚未处于高端定位，只关注到其功利性的一方面。澳大利亚的旅游行业处于快速发展阶段，两者的需求不同，所带来的效果也不同。市场中的供需关系得不到平衡，澳大利亚的旅游行业很难得到很好发展。

总体上来看，国际旅游教育在20世纪90年代后得到了快速发展，目前正处于一个不断完善的时期。可以预测在将来几十年内，世界高等旅游教育将走向一个成熟的阶段。

二、我国旅游教育的发展

随着改革开放的深入，我国的旅游业蓬勃发展，我国现代旅游教育也随之高速发展，经过多年的努力，我国旅游教育取得了巨大成就。与此同时，我国旅游教育长期粗放型发展和外延式增长所积累的矛盾也逐渐显现。

中国旅游教育的开展是伴随着改革开放的步伐蹒跚起步的。在几十年中，我国旅游教育经历了从无到有、从小到大的发展历程。但是我们仍然需要清楚地认识到在我国乃至全球，旅游学仍是一门新兴的学科，关于其学科性质、研究对象、内容以及方法的争论持续至今，并未有统一的结论。旅游教育的发展更是有待完善。可以将我国旅游教育划分为萌芽、起步、跨越式发展和繁华与改革阶段，而旅游教育的成熟仍然需要一个较长的时期才能实现。

（一）我国旅游教育的源起

要分析我国旅游教育的源起，首先必须对旅游的源起有一个认识。由于旅游学科尚未成熟，对旅游的基本概念问题仍然存在较多争议，在旅游的起源这一点上学界的观点也未统一。

对于旅游教育起源的具体年代已经无法考证，只能进行一些意识上的推断。首先是人们审美意识的传承教育，当原始人类的审美意识独立分化之后，一定范围内的人们开始对审美形成一种共识，并在其群体或部族之间进行传播，其规模相当有限，但可以认为是审美教育的最初形式。随着社会的发展，人们文化交流范围的不断扩大，对审美意识的进一步认知分化，逐步形成了影响范围较为广泛、具有一定认同性的旅游审美思想观念。旅游审美思想观念的传播，在一定意义上含有旅游美学教育的成分，并对旅游资源开发产生了一定影响。

旅游服务教育，主要是伴随着我国旅馆业的发展而逐渐出现的，那么旅馆服务教育应早于旅游。旅行应早于旅游，而旅馆业最早是为旅行提供服务的一种行业，是随着具有商贸意义的商贩的旅行活动的发展而发展的。旅游教育的主要形式就包括了学徒制。据此可以认为随着我国古代旅馆业的发展、规模不断扩大而出现的学徒制便具有了旅游服务教育的成分。学徒除了跟随师傅学习手艺之外，还可以在实践中去学习一些旅馆经营理念等，如体现了中国传统文化的旅馆服务业之"宾至如归"的服务理念，它在旅馆业出现初期便已成为旅馆服务观念的核心，并传承至今。当然，古代旅馆服务观念的传承大多数靠的是父子师徒相传，规模极其有限，且具有很大的差异性，但是已经具有了一些旅游服务教育的成分。

（二）我国现代旅游教育的萌芽（1927—1978年）

近代之后，中国不断拓宽外交途径，国外的旅游行业逐步探入中国市场。中国早在1923年在上海开设了针对旅游的银行机构，该机构在1927年正式更名为"中国旅行社"。中国旅行社的建立奠定了中国旅游事业发展的基础。

中华人民共和国成立后，为了满足海外华侨、港澳同胞的出入境旅行和民间交往的需要，我国相继成立了厦门华侨服务社和中国国际旅行社，主要负责海外华侨、港澳同胞、访华外宾的食宿、游览、交通等事务。20世纪50—60年代，中国国家旅游局设立在外交部下，当时完全是出于外交的需要，旅游接待活动的对象主要是友好国家的团体和友好人士，为其提供民间交往便利。1956年、1957年，中国国际旅行社先后同苏联、东欧、蒙古人民共和国以及23个资本主义国家的旅游机构建立了业务关系。这一时期，中国国际旅游接待基本为"政治接待型"，对国家经济的贡献微不足道。随着国内外经济、文化往来的增多和旅游事业的发展，国家相关管理机构和国内的一些旅行社开始意识到对在职员工进行培训的重要性。为此，在此阶段国家旅游局相继开展了一系列的培训活动，这是现代最早的旅游教育。但当时的旅游教育活动仅限于职业培训，如1959—1966年，中国国际旅行社总社每年组织一次全国的导游翻译培训。

这一阶段是我国旅游教育的萌芽阶段，旅游教育活动形式单一，主要集中在对在职员工的培训上，特点如下：

（1）培训管理体制不健全。这一阶段，我国旅游管理体制刚刚起步，不论是全国旅游行业的管理机构——中国旅行游览事业管理局和省级相关管理部门，还是旅游经营部门，在旅游教育培训计划、组织和实施等方面都存在着很大欠缺，尚未形成完整的、科学的、系统的旅游教育培训管理体系。

（2）培训对象主要是一线旅游服务人员，如讲解员、宾馆服务人员和旅游接待司机，对管理层的培训基本没有。

（3）培训内容主要集中在外语能力、旅游接待和服务技巧等业务素质方面。

（4）培训方式包括国内培训和派遣出国学习。但出国培训人数很少，且地点集中于社会主义国家。

（5）培训规模甚小。由于多种原因，不可能进行全行业范围、大规模的培训。这一阶段旅游教育虽然还不够全面，还存在着诸多不足，但积累了丰富的经验，为后来旅游教育的发展奠定了良好基础。

（三）我国旅游教育的起步（1978—1988年）

回顾中国旅游教育的历程，应该结合中国旅游业发展的实践历程来进行。由于特殊的国情，中国旅游教育与旅游业发展、旅游研究是同步的，具有"三位一体"的发展特点，与发达国家由于旅游业发展到一定阶段而出现旅游研究，当研究成果积累到一定程度时才出现旅游教育的发展历程大相径庭。

自我国改革开放以来，人民的生活水平不断提高，旅游行业高速发展。为了适应旅游行业的发展，国家设置了相应的组织管理部门，这一组织的主要作用是国家旅游管理人才的培养和旅游业从业人员的输出。

我国旅游教育的发展和起步是在20世纪80年代末期。上海旅游专科学校是我国最早的针对旅游教育所建立的高等旅游学府。而20世纪90年代初期，杭州大学开设了旅游专业，也是在同一时期，南开大学也开设了与旅游相关的专业。在20世纪末期，我国各大高校赶上了旅游教育的热潮，争相开设了旅游教育专业。这一阶段，国家旅游局对旅游行业的支持成为主要推动力量。全国各大高校采取合作共赢的方式，同时推动旅游和教育。在全国各地，高校同旅游企业联合，开设了许多旅游培训机构。但是这些机构处于起步状态，旅游教育还并不完善，旅游教育学院主要开展专科和职业技能培训；教材的来源也大都是通过引进，旅游教材以翻译为主，缺乏自己的认知和特色。到后期，国内掀起了综合性大学的学科和专业重组的热潮。旅游业的发展以及市场中对于旅游行业的发展需求，引起了教育行业对旅游发展的重视。许多高等学府将旅游专业纳为自身的课程，开展了大量旅游培训工作，它们也是社会中承担旅游培训的重要场地机构。

在这一阶段，旅游教育有以下四个特点：

（1）旅游教育的结构由于长期发展已经有了一些初步的形状。此时的旅游教育分大小规模，各层次的高校都设立与旅游相关的专业和课程。但是高等教育的旅游教育，在市场中极度缺乏，旅游教育主要是以成人教育为主。

（2）旅游教育经过一段时间的发展，已经初具规模，也有了一个规范化的教育体系。正是这些体系，帮助旅游教育步入正轨，使其在规范和计划下发展。

（3）专业师资队伍开始形成。随着旅游教育的广泛开展，原来从事经济、管理、地理、历史等学科教育的人员进入旅游教育与科研领域，与稍后少数接受过旅游科班教育的人员一起构成了我国早期的旅游教育师资力量。

（4）出现了少量自编教材。在20世纪70年代，我国基本没有属于自己的旅游教材，只能参考外国资料。1975年中国旅游出版社成立，是国家旅游局直属的中央级图书、音像出版单位，它在旅游教材出版方面做出了积极的贡献。1981年，国家旅游局教育司召开了全国第一次旅游教材会议，并做出统编旅游专业基础教材的决定。此时由于对旅游的学科性质还没有明确界定，80年代初期出现的旅游教材仅称"旅游"而不说"旅游学"。80年代末，国内旅游专业教材开始呈现较快增长态势。

虽然这一时期我国旅游教育取得了一定的成绩，但是由于经验不足等原因造成了旅游教育受重视程度不够等问题。但总的来说，这一时期的旅游教育是向前、向上的，具有巨大的发展潜力。

（四）我国旅游教育的跨越式发展（1989—1997年）

随着我国社会经济的快速发展以及改革开放的不断深入，我国旅游业更是蓬勃发展，在此背景下，旅游被自然而然地作为一种经济现象加以研究，在1998年之前，我国的旅游专业学科目录中，没有"旅游学"这个学科名称，只有"旅游经济"这个二级学科。

在1991年颁布的《关于国民经济和社会发展十年规划和第八个五年计划纲要》中，中央确定了旅游业的性质，明确将旅游业定义为产业，并且将旅游产业划分为重点产业进行培养。政府对旅游行业的态度，促使行业对旅游发展重视起来，使旅游行业快速发展。旅游产业的发展态势，引起了行业中众多企业和院校的关注。企业将经验渗入旅游，院校开设旅游专业，各大领域都想在旅游产业中分一杯羹，全国各地掀起了旅游热潮。旅游专业毕业的学生也成了行业中炙手可热的人才，这更加促进了旅游行业的发展。针对行业中供不应求、人才抢手的现象，国家建议各大高校建设旅游专业。1993年，旅游专业开始在各大高校出现。从此以后，旅游业的发展势不可挡，各个区域和院校都对旅游加大了投资和关注力度。原先没有开设旅游专业的学校开设了旅游专业，开设了旅游专业的学院加大了规模，发展为旅游系，进一步发展为旅游学院。一时间，旅游高等教育专业在行业中所占比例不断增大。为了满足行业中对旅游人才的需求，旅游行业和相关的教育业不断发展。

在这一阶段，旅游教育的发展动力主要来源于旅游市场的发展需求，旅游教育的层次，也从专科到本科再到硕士研究生教育。先前提到的教材，由原先的引进翻译，到了现在的自编自译，有了自己的教学特色，也更符合自身的地域特色。尤其突出的是，在这一时期一些国内知名的高等院校，开设了旅游专业，对旅游行业展开调查。这表明旅游专业已经成为行业中值得发展和开拓的行业，同时也标志着我国的旅游行业已经逐步进入一个新的阶段。旅游行业已经被各个领域所接受，不断向前迈进，代表着旅游可以作为教育行业中的佼佼者。与此同时，旅游专业的研究也不只着眼于眼前的旅游教育，也将目光投入其他学科，通过与其他学科的理论结合，运用其他学科的知识与学习方法，开展旅游专业教育，即旅游专业向其他专业渗透。旅游业涉及的知识领域众多，比如地理学、社会学、历史学、城市规划科学等都与旅游专业有关，这也标志着旅游将成为一个社会热点。人们不再只关注旅游专业的功利性，而是真正将它作为一项教育工作来发展。

这一阶段旅游教育迅速发展，其主要特点如下：

（1）教育管理科学化。各级政府和各类教育机构的旅游教育管理能力大幅提高，管理制度趋于合理化、方式趋于科学化。

（2）院校教育的办学模式趋于多样化。1994年暨南大学与中国中旅集团、香港中旅集团、深圳华侨城集团联合创建中旅学院，标志着校企"合作—共享"的院校旅游教育办学模式建立。

（3）旅游教育规模不断扩大。旅游院校和培训机构的数量、受教育人数都比"起步期"大幅增加。

（4）培养层次多样化。这主要表现为旅游高等专科和本科层次教育得到规模化发展的同时，研究生层次教育有了新的突破，以中科院、中国社科院、北京大学、南开大学为代表的科研教育机构开始招收旅游专业（方向）的硕士和博士研究生。

（5）师资进一步优化。大量相关专业的科研工作者和教育者转入旅游教育领域，加之旅游专业自身培养的一批人才投身旅游教育与科研，旅游教育的师资队伍不断壮大、结构层次不断优化。

（6）教材数量和质量有了很大提高。在总结和借鉴国内外相关学科

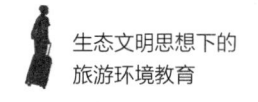

理论和实践经验的基础上,我国旅游界的学者们编写出版了一系列旅游教材。这些教材有一定的理论高度,框架体系基本合理,为培养旅游人才做出了重要贡献。

（7）教育质量进一步提高。培养出了大量在旅游理论上颇有建树、实践能力较强、职业道德较高的旅游人才。总之,这一时期我国旅游教育在规模和层次上有了较大发展,取得了一定成绩。

（五）我国旅游教育的繁荣与改革（1998年至今）

旅游业所带来的经济效益,使得各大领域的研究者认识到旅游行业的发展对经济效益提高的重要推动作用。而旅游教育的不断发展,让学者意识到旅游不只是一种经济现象,而且是能够对各大行业和方面都产生影响的行业,同时学者们对旅游教育的方式方法有了深刻认识,对于旅游行业的理论研究进一步加深。这一现象是旅游教育行业不断进步的表现,但是仍旧存在着许多不足之处。由于对旅游概念的界定和认知并不十分明确,因此本该作为旅游学科当中基础学科的旅游学还不能得到确认。旅游行业的不足之处,促使旅游行业要进行变革。旅游行业仍旧是一个值得开发的行业,对待旅游业的开发要不断拓展、不断深入。

旅游业的持续高速发展,高等学校的连年扩招,在20世纪末21世纪初期促使旅游教育进入一个繁华阶段,但与此同时,人们对旅游教育中存在的问题的认知也越来越深刻,这促使旅游教育从学科认识到教育教学方式、方法都开始出现改革,将我国旅游教育推进到繁华与改革并存的阶段。

我国的旅游行业在经过多年发展之后,已经取得不小的成就。而旅游专业人才的重要输出机构是各大旅游院系,旅游行业的研究重点也在我旅游高等教育系统。旅游教育工作者是旅游教育行业的中坚力量。旅游管理专业在工商管理的学科背景下向着更加规范化和科学化的方向发展,正像旅游产业是一项"朝阳产业"一样,旅游教育以其蓬勃的生机在中国高等教育的发展行列中显示出良好的发展态势。但是我们也要认识到在我国乃至全球,旅游学科研究仍然处于初级阶段,其学科性质仍有待完善。因此,我国的旅游教育仍任重道远。

第二章

旅游环境认知分析

旅游环境是以游客为中心，涉及旅游目的地、旅游依托地，并由自然生态环境和人文环境构成的复合环境系统。本章内容包括旅游环境理论基础、旅游环境类别及特征分析及旅游环境规划与管理。

第一节　旅游环境理论基础

一、旅游环境的相关概念

（一）旅游与旅游系统

旅游是人们离开常住地到异国他乡访问的旅行和暂时停留所引起的各种现象和关系的总和。旅游系统是围绕人类旅游活动形成的，涉及"吃、住、行、游、购、娱、商、养、学、闲、情、奇"十二大要素，是参与旅游活动的各组成要素相互联系、相互制约形成的一个社会、自然、经济的动态有机体，具有实现旅游价值的整体功能。

旅游活动具有消费性、休闲性和社会性，其外部特征具有空间上的异地性、时间上的暂时性和过程上的综合性。从旅游活动涉及的地域空间来看，旅游系统是由旅游客源地、旅游目的地、旅游通道和旅游环境共同构成的复合系统。

（二）环境与环境系统

环境是相对于中心事物而言的，它作为中心事物的对立面而存在，是作用于中心事物的所有物质、能量与信息的总和。从一般意义上讲，环境是指环绕某一中心事物的周围事物，即围绕某中心事物的外部世界的总称。

环境系统指的是位于地球外部的多种环境结构或是环境要素与其相互关系的综合。环境系统较为复杂，具有开放性的同时具有动态性，可能是时空的变化，也可能是序量的变化，多种组成成分之间和多个子系统之间互相影响、相互作用，形成特定的网状结构，这种结构让环境功能更加系统化、整体化，具有集体效应。

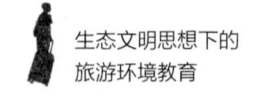

(三)旅游环境的概念

旅游环境的概念随着中心事物的变化而变化。如果将旅游者作为中心，那么旅游环境指的就是以旅游者为中心，能够使旅游活动发生和存续的多处旅游目的地和依托地及其内部的人文因素、社会环境、自然资源等各种资源的综合；如果将旅游资源视作中心，那么旅游环境指的就是以旅游环境为中心，辐射在旅游资源周边的所有人文、社会和生态自然等多种因素的综合。

二、生态系统理论

(一)生态系统的层次

生态系统指由生物群落与无机环境构成的统一整体。在生态系统中，生物与生物、生物与环境、各个环境因子之间相互联系、相互影响、相互制约，通过能量流动、物质流动和信息流动与循环等联结成一个完整的、动态平衡的、开放的综合系统。

生态系统的范围可大可小，相互交错，大至生物圈、海洋陆地，小至森林、草原、湖泊和小池塘。在一个成熟的生态系统中，生物的数量及其生长速率和"生活方式"取决于能量和关键化学元素的可获取性和可利用性。生态系统是分阶段发展（生态演替）的，这些阶段随纬度、气候、地势、动植物混杂情况，构成广泛的多样性。[1] 生态系统的层次包括：

层次一：生物体（organism）。单个生物，包括动物、植物或微生物个体。

层次二：物种（species）。具有一定形态和生理特征以及一定自然分布区的生物类群。

层次三：种群（population）。由任何一个生物物种的个体组成的群体。

层次四：群落（community）。一定区域内不同物种种群的总和。

层次五：生态系统（ecosystem）。一定区域内的群落及其生存环境的总和。

层次六：生物圈（ecosphere）。地球上所有生态系统的总和。

---

[1] 孔邦杰.旅游环境学概论[M].2版.上海：格致出版社，上海人民出版社，2017：27~28.

（二）生态系统的基本结构

生态系统的结构包括系统内部的生物群落、无机环境成分的构成及相互影响和相互作用的关系。生态系统结构的主要决定性因素包含生物性因素和非生物性因素两方面。

（1）非生物性因素。非生物性因素指的是所有环境要素，包括温度、水、大气、光照、气候、土壤、各种非生物成分的有机物质与无机物质，也就是能量和所有非生命物质两部分。非生物性因素作为生态系统存在的重要前提和基础，起着为各种生物进行营养元素供给作用的同时，也为其提供适当的生存环境，其条件的优劣直接影响着生态系统的复杂性和生物群落的种类数量。不论是生物体，还是种群，对所有的限制因素来说都是有特定的耐受范围的，这个范围具体是，从支持最少数量生物基本存活的状态到可以让生物生存环境处于最佳状态，同时使生物保持适当的数量。扁虫类、浮游和鲫鱼等水生生物对于溶解氧的要求较高，如果湖泊或河流中溶解氧浓度太低，以上这些生物就会消失，而鲤鱼、孑孓和污泥蠕虫等依然能够存活并进行繁殖。

（2）生物性因素。生物群落反作用于无机环境，生物群落在生态系统中，既在适应环境，也在改变着周边环境的面貌，如水獭在溪流上做坝，建立适合于自己生存的湿地生态系统，从而形成新的生态系统和群落结构。生态系统的结构也会受到捕食者和被捕食者之间互相作用的影响。当前，改变生态系统结构能力最强的因素是人。人类将自然生态系统改造成人工生态系统，大规模、过度地利用资源，会导致生态系统结构剧烈的变动甚至退化。

（三）生态系统的价值与稳定性

1. 生态系统的价值

生态系统的价值与劳动价值不同，其所包含的是水、土地、空气和生物等所具有的价值，生态价值是在物质自然生产的过程中产生和创造的。该价值由"自然—社会"系统所共同拥有。无机环境的价值是很明显的，其是人类生存以及发展的重要前提；生态系统中有着多种多样的物种和基因，生物多样性潜藏着很大的价值。

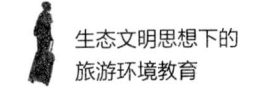

生物多样性是指某一特定范围内，各种植物、动物和微生物共同系统、规律、稳定地形成的生态综合体。多样性包含物种多样性、生态系统多样性及基因多样性三种。多种功能多样的物种、生态系统及基因能为人类提供各种物质，包括食物、纤维、木材、能源、药材和工业原料等，为人类的经济系统提供源源不断的动力。

2. 生态系统的稳定性

生态系统的稳定性指的是生态系统能够保持、恢复自身结构，或是保持自身功能较为平稳的能力，生态系统之所以具有稳定性是因为其具有自我调节的功能。

在对旅游环境进行开发利用、保护管理的过程中，一定不能随意改变生物系统内部各种生物的存在比例，应该进行仔细、深入的调研，了解清楚自然界多种事物间的作用关系，仔细思考旅游活动对于生态系统可能造成的影响，进而依据科学、合理的原则，做出全面、系统的安排，避免打破生态系统的稳定性，维护好原有的生态平衡。

三、环境经济学理论

环境经济学的基础是环境科学与经济科学的各种方法和原理，旨在化解环境保护和经济发展变化之间的矛盾与冲突，通过最小的劳动消耗换取舒适、清洁、美丽的工作环境和生活环境。

（一）环境经济学的研究对象

环境经济学研究的是环境保护、资源利用与经济发展间的对立统一关系，研究是以客观的环境经济系统为主要内容。环境经济系统由经济系统与环境系统共同组成，同时二者之间也在相互影响和相互作用，在经济和环境共同发展变化的过程中，信息、能量和物质之间进行相互影响和双向流通，逐渐成为一个有机整体，也就是环境经济系统。

环境经济学研究的核心是自然资源与环境资源的有效配置和利用，采用经济理论和方法调节人类经济活动和环境之间的物质交换过程，主张适度的污染和有效地利用自然资源，建立一种既能充分利用环境自净和纳污能力，又能综合利用资源和环境的系统，使经济再生产过程与自然再生产过程协调进行，减缓乃至消除资源与环境问题，实现资源利用、环境保护与经济发展之间的协调。

（二）环境经济学的主要研究内容

（1）基本理论。环境经济学的基本理论包含经济发展、科技进步和社会制度与环境保护之间的关系，以及环境计量的具体方法和理论。具体包括可持续发展理论、自然资源的可持续利用理论、资源环境产权理论、物质平衡理论、资源环境配置效率理论及资源环境公共经济学理论等。

（2）社会生产力的组织规划。保护资源最有效、最本质的措施应该是合理组织和规划社会生产力、合理开发和利用自然资源，所以必须将改善环境质量作为衡量经济发展成效的主要内容之一。将环境保护归入经济发展计划中，以保障基本生产部门与污染消除部门二者间的比例协调且稳定；深入研究、探索环境保护与生产格局之间的关系，具体按照不同地区净化、扩散和稀释水平的不同，科学合理安排生产，保证区域的产业规模和产业结构；通过制定相关方案，合理开发利用自然资源，提高资源利用能力和效率，同时提高经济效益和环境效益。

（3）环境保护的经济效果。环境保护的经济效果包含多个方面，主要是环境污染、生态失衡的经济损失估价，区域环境污染综合防治优化方案，环境经济数学模型的建立，污染物排放标准确定的经济准则，生产生活废弃物最优治理和利用途径等，主要利用资源环境影响的投入产出分析和费用效益分析两种方法对其经济效果进行评价。

（4）环境管理的经济手段。因为环境资源具有公共属性，所以环境保护工作需要牵头进行管控。在环境管理过程中，经济手段应和教育手段、法律手段和行政手段共同配合、共同作用。所说的经济手段主要是信贷、财政和税收等经济方式，对环境保护与经济活动之间的关系、污染者和受污染者之间的关系进行合理调节，进而引导个人或经济单位的生产、消费活动都能与环境保护和生态平衡相适应。

环境经济学应合理运用科学对环境管理过程中的多种经济手段的内在机制进行有效论证，说明多种经济调节方式间的联系与区别，对包括资源

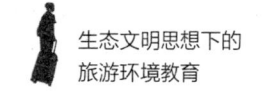

环境交易政策、环境税费政策、环境财政金融政策、资源环境价格政策在内的多种经济管理手段进行探讨，进而合理有效地管理环境保护工作。

（三）旅游环境管理上的应用

旅游环境问题伴随着旅游业的发展而日益严重。从环境经济学的角度来分析，旅游环境问题的主要根源在于市场失灵和政策失效。

（1）市场失灵。市场失灵是指市场无法有效率地分配商品和劳务的情况。导致市场失灵的因素主要为旅游活动的外部性和旅游环境的公共物品属性。由于旅游消费或生产活动会对其他消费或生产活动（如林业）产生不反映在市场价格中的直接效应，存在外部不经济性。由于外部性的存在，导致旅游实际价格不同于最优价格，不论是在消费活动中，还是在旅游生产中，都有可能出现环境遭受破坏和自然资源浪费的情况。例如景观资源和气候资源等多数旅游资源都具有公共属性，所以很难将旅游资源特别是自然旅游资源的产权分配到特定的个人或企业手中，进而使旅游环境资源供需关系严重失衡。旅游者能按照自身的具体支付意愿价格换取同一旅游环境资源，然而由于旅游者的支付意愿和企业的期望意愿差距较大，所以利润微薄致使企业往往不能将注意力放在保护生态环境上。

（2）政策失效。政策失效指政府制定的政策不但不能纠正市场失灵，反而进一步扭曲了市场。导致政策失效的因素主要表现在市场机制和管理体制两方面。由于缺乏自然资源核算体系，没有把耗费的自然和环境资源的价值及其机会成本纳入企业成本，导致旅游产品的价格偏离实际价值，造成旅游资源因价格低估而被大量消耗和过度使用。同时由于旅游资源管理体制混乱，旅游资源的产权归属模糊，一些地方政府出于经济发展的需要，侧重于环境污染的"末端处理"和"污染控制"，没有鼓励企业自觉地投资保护环境，从而导致环境污染和环境保护不力。

四、景观生态学理论

景观生态学研究的是景观的具体结构、功能和发展变化以及景观规划管理。历经数年的发展变化，景观生态学的研究内容不断得到充实和丰富，逐渐在环境科学中成为一门新兴交叉学科。

（一）景观的结构因素

景观指的是由功能不同、形状各异但互相影响、互相作用的基质、廊道和斑块等多种景观要素组成的区域，具有高度空间异质性。

（1）斑块。斑块作为一种非线性景观要素，其外部具有相对异质性，而其内部具有相对匀质性，包括环境资源斑块、干扰斑块、引入斑块及残余斑块。在旅游区内，根据游客的不同活动所形成的不同活动场所构成不同的旅游功能斑块，譬如娱乐区、餐饮区、宿营地和休憩点等，能够满足游客休闲、餐饮、住宿和观光等多种需求。

（2）廊道。廊道指的是和两侧景观要素产生明显对比的带状或是线状的景观要素，例如河流、空中索道、篱笆和旅游线路等，是各个板块之间的纽带和桥梁。廊道既可以将景观的多个部门隔开，当不同斑块之间物种迁移的屏障；也可以将景观的多个部门进行连接，当作游客行走的通道。

（3）基质。基质指的是在斑块内部的土地利用方式或背景生态系统，在集中景观要素中属于连接性最好且范围最广的一种，例如草原基质和森林基质等。基质在景观中作为背景形式存在，其他斑块类型则镶嵌其中，基质的存在对景观的整体状态影响较大，一般决定着景观的基本性质。

（二）景观生态学的主要研究内容

景观生态学指的是一门研究景观的形态特征和空间结构对于人类活动和生物活动影响的科学，其研究内容主要是景观异质性的发生机制（其中包括地理、生物和社会因素）、各种尺度上景观的空间变化。它作为一门交叉学科，将人文科学和自然科学进行了有机结合。

（1）生态系统的空间关系。从空间角度上说，生态系统就是斑块-廊道-基质，景观系统的研究从异质性出发，同时这也是景观系统的基本特征。空间异质性指的是生态学中从空间角度上看的复杂多样性和不均匀性。景观生态研究的基本问题就是景观的异质性、空间关系和格局与过程的相互关联。

（2）人类活动对景观的生态影响。将人类活动对景观的重要生态影响当作研究重点，着重人类的尺度作用，也就是人类视觉的空间尺度和人

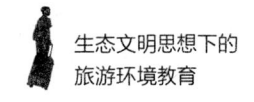

类世代的时间尺度。景观变化受到人为影响和自然干扰两方面影响，鉴于目前人类活动总是具有深刻且普遍的影响作用，所以人类活动对景观演化起着主要推动作用。

（3）生态景观与视觉景观研究。景观生态学既研究视觉景观也研究生态景观，强调功能和结构的统一、内容和形式的统一。其从人类关于景观的感性评价着手，追求美学、生态和经济等多重价值的实现。视觉景观的资源性则重在认知及开发风景旅游地、设计和改造人类居住地。

（4）景观管理、景观规划和设计。借助景观规划、景观生态建设及景观管理来对空间进行重组的同时调控整个生态过程，最终实现打造宜人景观的同时也保护自然景观的目的。在该过程中，要将不同文化对景观改造及利用工作的不同影响考虑进去。

第二节　旅游环境类别及特征分析

一、旅游环境的类别

旅游环境牵涉范围广泛，现实生活中可以根据其实际情况划分类别。在环境空间层面，旅游环境可以划分成旅游通道环境、旅游目的地环境以及旅游客源地环境；在环境性质层面，旅游环境可以划分为人工、半自然以及自然旅游环境；在环境区域层面，旅游环境可以划分为乡村、滨海以及森林旅游环境。研究旅游环境的相关内容、性质，需要对环境整体进行划分，从单个层面考虑，并且也需要符合环境整体演变规律。从基本物质组分层面着手分析，也就是将环境要素分为旅游自然环境和旅游社会环境。

（一）旅游自然环境

旅游自然环境是指旅游目的地和依托地的各种自然因素的总和，是旅游区的大气、水、生物、土壤、岩石等所组成的自然环境综合体。变化万千、差异悬殊的自然环境是旅游活动的基础环境，对当地旅游业生存、发展起着至关重要的承载作用。

旅游自然环境不仅决定旅游目的地的分布，对旅游区的可进入性、交通路线、网络等也有重要影响，而且在旅游客体的形成、特色、分布等方面都有决定作用。例如，我国西北地区干旱的自然环境，形成了沙漠、戈壁、雅丹地貌等自然旅游景观，以及与之相对应的人文景观，如坎儿井、绿洲农业等；青藏地区高寒的自然环境，形成了高山、雪原、冰川等；云贵、两广和福建一线，其自然环境特点是气候湿热、多山地、广布可溶性灰岩，因此岩溶景观典型，山水风光秀丽；内蒙古在干旱、半干旱的自然环境条件下，形成了典型的草原和牧场风光[①]。

（二）旅游社会环境

旅游社会环境是指旅游目的地和依托地的社会物质、精神条件的总和。旅游社会环境的发展和演替，受自然规律、经济规律以及社会规律的支配和制约，是人类精神文明和物质文明发展的标志，同时随着人类文明的演进而不断地丰富和发展。

（1）旅游政治环境。旅游政治环境是区域旅游政策制度、旅游管理技能、政治局势等影响（支持或限制）旅游发展的软环境，对旅游发展起到了一种促进或阻碍作用。

（2）旅游经济环境。旅游经济环境包括外部旅游经济环境和内部旅游经济环境。外部旅游经济环境是指满足旅游者开展旅游活动的一切经济条件，包括旅游区产业结构、基础设施及旅游服务设施条件、经济技术水平以及旅游投融资能力等。内部旅游经济环境是指旅游行业（产业）内部的管理制度、政策倾向、人员等对旅游的认知和支持程度。

（3）旅游文化环境。旅游文化环境是旅游目的地所包含的有形文化资源和蕴涵在文化景观中的无形氛围。有形文化资源例如古建筑、古陵墓、古人类遗址、古代工程、古园林、人文景观、博物馆等；无形氛围例如哲学历史、民族风情、道德习俗、社会风貌、文化艺术、风味食品等。

---

① 佟玉权，王辉.环境与生态旅游[M].北京：中国环境科学出版社，2009：1~2.

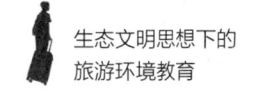

二、旅游环境的特征

第一，旅游环境牵涉内容广泛。针对其性质来说，旅游环境包括自然、半自然以及人工改造的旅游环境，对于自然旅游环境来说，主要包括动植物、自然地貌、水体、自然遗迹、大气等，当然也含有以上这些要素共同组成的生态环境；对于人工旅游环境来说，主要包括城市乡村、旅游接待服务设施、人文遗迹、风景名胜古迹以及社会文化等。

第二，旅游环境要素脆弱。游客在进行旅游活动时，难免会对旅游环境产生或大或小的影响，环境的各种要素在其影响下受到一定干扰，会发生动态变化。例如，旅游环境发生的突变性、渐进性变化，非线性、线性变化，随机性、周期性变化，这些都体现了人为和非人为干扰对环境要素的影响。就环境的随机性变化来说，我国发生的非典型性肺炎对旅游行业的发展产生了较大的影响。由此可见，这些随机影响因素，如市场、心理、政治以及自然等因素，都对旅游环境系统的演变发展产生了影响，使其功能、结构呈现出动态不确定性特点。在旅游环境系统中，这种情况为人们对其了解、调控增加了难度，同时，也促使人们在此方面进行创新、改造。

第三，旅游环境具有地域性的特点。地域性也称为多样性，旅游环境存在地域之间的差异性，体现了其个性特点。人们进行不同的旅游活动主要是为了体验不同的自然环境、风土人情、地域特色，不同的旅游环境具有不同的地区特色，从而吸引具有不同旅游动机的人进行旅游活动。旅游目的地居住环境的差异也是其中一个特点。例如，湖南湘西的吊脚楼、福建的围屋、皖南的白色灰瓦民居、广东的碉楼，这些建筑风格迥异，不仅是这些地区的地域特色，也体现了不一样的风土人情。通常情况下，地域差异性与距离呈正相关，旅游目的地与旅游客源地地理位置相距越远，所表现出来的地域特色也就越明显，因此，这种区域性特点形成了一定旅游优势，从而吸引游客、旅游开发商来此旅游追求独特性，以满足他们的个性化需求。

第四，旅游环境具有项目休憩性。不同的旅游区能够为人们提供别样的自然环境，从而形成个体差异性的感观认识，给人身体上、心理上双重享受。人们通常喜欢追求新奇的事物，当人们处在不同的环境中，他们能够跳出工作和家庭中狭小的空间，挣脱出各种角色、行为的羁绊，享受到独具一格的名胜古迹和雄伟秀丽的山水风光，使其在身体的享受中获得精神的放松、性情的陶冶，对生活重新充满信心和希望。这充分体现了旅游活动增进健康、放松心情、消除疲劳的作用，表现了旅游环境的休憩性。

第五，旅游环境质量优越。人们期望在旅游活动中享受到优美的风光。因此，在旅游活动中，优质的旅游环境质量、高品质的服务功能能够吸引更多的游客进行消费。高质量的旅游环境主要体现在社会、美学、自然以及工程四个层面，并且促使环境质量的提高也需要从这四方面着手。旅游者在进行旅游活动时，希望处在一个卫生清洁、设施安全、空气清新、服务友善、自然优美的环境中，以满足自己生理上的需求。同时，游客也有心理上的需求，他们追求优美的风光、融洽的气氛、周到的服务、协调的景观，从而放松自己的心情。旅游环境质量优越，这本就是旅游活动应该做到的。

第六，旅游环境具有数量稀缺性的特点。旅游环境是一种资源，在旅游环境中，稀缺的物质资源和非物质资源能够产生更大的价值。对于物质资源来说，具体包括海洋资源、矿产资源、森林资源、淡水资源、土地资源等；对于非物质资源来说，具体包括环境质量、环境状态等。通常来说，旅游环境资源数量呈现出一种稀缺性的状态，这些数量不足以使人们免费获取、自由使用。例如九寨沟和张家界这些景区，其旅游环境资源的稀缺性造就了它们蜚声海内外。

第三节 旅游环境规划与管理

一、旅游环境规划的原则、特点与作用

（一）旅游环境规划的原则

1. 保护开发的原则

对待旅游环境规划要坚持以保护为主的理念，旅游开发不能以透支生态环境为代价，适度开发、依法而治是旅游开发的重要原则。开发利用的

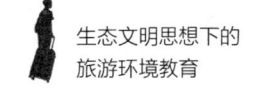

首要前提是保护，做好保护，才能做到可持续性的发展。在进行旅游规划之前，将环境容量作为前提，在不破坏原有生态环境的前提下，最大限度地将旅游资源进行有效分配，利用自然景观打造旅游观光景区。因此，开发旅游环境，就是将原有的生态环境、文化环境进行展示和开发。

2. 因地制宜的原则

旅游规划是需要因地制宜的，要根据地理、人文环境适当地对旅游环境规划的方案和措施进行调整和完善。旅游环境规划，既要发挥旅游区的实际作用，也要考虑环境的适宜性及经济效益。旅游开发首先要以当地的自然环境和人文环境作为出发点，围绕当地的旅游特色进行展开，旅游路线根据这些特点进行设计规划，组织旅游活动。旅游开发要同当地生产和生活结合起来，当地居民要参与到旅游开发中。但旅游开发要量力而行，对旅游开发的投入要从自身的实力出发，经济产出和投入一定要成正比。

3. 三效统一的原则

在发展旅游业的同时，还要将生态系统和旅游系统的经济部分结合起来，旅游地的经济必须要同当地的环境建设同步发展。旅游发展要同经济发展结合起来，经济发展要适应生态环境的发展规律，这样才能做到既促进了经济发展，同时又保护了环境的可持续。因此，这里提到的"三效统一"就是环境效益、社会效益、经济效益的统一。

4. 循环开发的原则

为了达到循环开发的目的，在资源开发和环境保护之间做好循环统一，将各个环节联系起来，将旅游环境的设计、开发、经营等各个环节相结合，环环相扣，才能做到可持续发展。

在旅游开发的过程中，要对环境进行实时监测，环境监测是旅游开发整个过程中不可缺少的一个环节。有了环境监测这一环节，才能合理而有效地将旅游的规划、建设、发展、管理等环节结合起来，从而为这几个环节源源不断地提供信息，同时不断发现在旅游环境开发过程中存在的问题，才能不断进行调整和改善，为旅游发展不断注入新的活力。

5. 社区参与的原则

要让社区居民参与到旅游环境开发中。旅游从本质上讲，是一种异地社会风情的体验，想要真正实现旅游开发，就要与当地居民相配合。可以积极组织社区居民参与旅游服务,从而提供有地方特色的表演和旅游文化项目,使外来游客在进入旅游区域时可以体会到传统的文化氛围。这样既可以打造现实的人文体验,营造独特的文化氛围,还可以在一定程度上帮助社区居民提高经济收入,改善居住环境,提升生活水平。

6. 可持续发展的原则

可持续发展原则贯穿旅游开发的始终。结合当地的环境资源特点,利用当地的社会优势和环境优势,再加上现代科技的技术特点、节能环保等,可以最大限度上减少因为旅游环境开发所带来的环境危害。因此,打造旅游资源循环利用体系,在利用环境资源的同时,制订保护计划,保护好生态环境,不能因为旅游环境开发而破坏了生态平衡。

(二)旅游环境规划的特点

第一,区域性。前文中提到旅游环境开发要遵循因地制宜的原则。旅游区域的发展涉及旅游场地和旅游规模等因素,这些因素是可以通过实地考察等数据测量表示出来的,因为旅游规划在不同区域中有很明显的区域差异,不同的地区有着不同的自然条件、人文背景。所以,在进行旅游环境规划的过程中,要充分考虑当地的自然环境特点和人文特征,从而能从环境规划上反映出区域性的特征。

第二,综合性。旅游环境规划不仅是发展旅游这一方面,还要将旅游环境规划综合考虑在内,旅游环境的开发,将直接关系到当地的工业发展、农业发展、城市建设、交通发展等各个方面,同时还涉及当地的发展、游客的活动、游玩时长、旅游模式等方面,所以旅游发展的经济效益可以充分体现在旅游环境的综合规划中。

第三,客观性。旅游环境规划是一个地区长远的发展规划,对旅游环境规划要有扎实的客观评价和环境调查,根据国家出台的环境保护法规严格实施,从而制定出最适合地区发展的旅游规划。并且还要从客观因素出发,保证旅游规划同客观因素相结合。旅游规划之所以必须以客观条件为出发点,是因为任何主观因素都会对环境规划产生影响。

第四,层次性。环境规划的层次性表现在多个方面,其中最重要的是地域的等级。旅游区域可以分为地方级、地区级、国家级等多个不同等级,而环境规划也可以划分为多个范围大小不同的等级。从综合性的角度来考虑，不同旅游区域的受众群体不同，所面对的消费群体也就不同，要充分考虑消费顾客的层次性，从不同层面出发，做好全面准备。

第五，目标性。旅游区域的发展功能各不相同，在旅游规划之初，要做好发展规划。旅游环境规划是通过规划提升环境质量的，通过完善的规划来达到理想的状态，通过旅游带动经济增长。对于未来发展，旅游环境规划要有一定的现实性，要有前瞻性，通过一系列有效的规划促进方案的实施。

第六，政策性。国家对旅游发展有监管和政策扶持的责任，环境规划的各个项目要严格按照国家的法律法规进行建设，要严格控制居住人数、游玩人数和游玩项目等，依靠政府的帮扶政策自行发展。

（三）旅游环境规划的作用

第一，保护旅游资源。旅游行业的不断发展带来的后果就是对资源的不断开发，而对资源的过度开发，会出现资源消耗超前的情况。旅游环境规划要以实地考察为前提，以合理利用资源为目标，坚决否定过度开发和盲目开发的行为，杜绝为了眼前利益而对资源以损耗的方式进行开发。因此，要制定各种防护性措施，以保证旅游资源的有序开发，保证旅游资源的可持续性发展。要用长远发展的眼光看待旅游业的发展，有效制止不利于旅游资源开发和环境保护的各种行为。

第二，保持环境质量。在进行旅游环境开发的过程中，不仅要发展经济，还需要保持环境质量，不能因为旅游开发而导致环境质量下降。在旅游开发的过程中要做到进一步美化环境，保护环境。通过与之相关的服务措施和政策规划，在保持现有环境质量水平的情况下，打造美丽优秀的旅游环境。

第三，保护游客健康。健康的旅游环境首先不能破坏当地的自然环境，其次更不能对游客的生理、心理健康造成危害。要加强环境监督手段，保证游客的饮水健康，使其感受到新鲜的空气，体会优美环境所带来的心理愉悦。

第四，实现可持续发展。旅游环境发展要秉持可持续发展的原则。旅游发展要实现人和自然的和谐发展，要使自然与经济的发展水平同步提高。

因此，需要制定一个既能保证生态平衡发展、又能获取经济效益的规划方案，从而达到可持续发展的目的。

二、旅游环境规划过程

（一）准备过程

第一，论证与立项。论证和立项是旅游管理部门提出的，并邀请相关的技术人员参与旅游环境规划的过程中，通过相关理论性分析，再结合当地的地区发展规划、交通环境、居民的生活消费水平等相关因素，分析旅游环境规划是否可行。同时采用当地居民的意见，将各个环节合理分工，形成责任分担制。

第二，组织规划团队。旅游环境的规划团队设计可通过商业竞标的方式进行，通过相关部门进行开发，这样可以保证各个环节的分工明确，各部门之间联系密切。主要部门包括环境保护部门、旅游管理部门、生态部门、经济部门等多个部门，通过适当的分工做到任务的合理分配。

第三，编写规划大纲。对于发展而言，需要从全局角度、工作和任务的性质、消耗的时间以及所需要的经费等方面进行考察，将发展过程中所需要的资料和图件资料等准备完善，为编写规划大纲提供完整的素材和资料。

第四，资料收集与分析。可以通过相关部门提供的有效数据进行资料的收集，要尽可能地利用现有的资源进行分析研究，从中发掘有价值的信息，可以采用统计调查法、抽样调查法等方法。

（二）规划过程

1. 确定旅游环境的目标

旅游环境目标的设定，是为了更好地达成旅游环境开发的目标，也是为了旅游环境开发地区能够实现可持续性发展的目的。旅游区的发展具有时限性，是整个发展过程必不可缺的一个环节。旅游环境的开发，要从基础性出发，在实际规划中因为规划的目的和要求不同，旅游区域所承担的职能不同，设定不同的目标。各规划区要从自身的地理、经济水平等多方

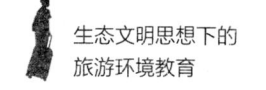

因素出发，以达到目标清晰、职责明确的目的。

首先，资源保护目标。任何项目的开发都要以不破坏资源为前提。资源分为自然资源和人文资源，自然资源主要是旅游区域内的地形地貌、山水资源、气象资源等。它的保护应该从地貌保护、森林保护、草地、植物等多方面要求来划定。人文资源则包括当地的历史遗迹、古貌建筑等，还包括当地的文化体验等多方面因素。资源的保护可以依据国家的相关法律以及与之有关的法规条例等。

其次，环境质量目标。首先可以根据不同的产品类型提出、分析、讨论所要解决的问题，并且结合当地的发展，制定发展策略，在初步的目标设定中，通过分析研究，不断调整改善，以此达到人力、财力等最大回报比。政府和有关部门可以对旅游开发提供相关的技术支持和资金扶持等多方面援助。通过计算和研究，不断修改各个阶段的环境目标和要求，以此达到设定的环境质量目标。

再次，游客容量目标。一个自然资源环境可以容纳的游客数量是有限的。要在开发前进行实地考察，进行容量评估。在后期发展中，严格按照评估进行游客引进和管理。

最后，其他相关目标。在环境开发过程中，有多方面的目标因素，为了达到保护旅游环境质量的目标，需要旅游区各个环节的目标指标化，比如以地区间的环境规划为目标，各项环境需要长时间的监测和管理，而指标能否达成，是能否实现旅游环境合理规划的重要因素。

2. 旅游环境的调查评价

旅游环境的调查内容有大气、地下水、地表水、土壤等多个方面，要根据旅游区域内的实际情况将这些因素有机地结合起来，建立环节评价指标体系。了解旅游区域各方面的发展情况，建造旅游模型，从而根据模型所呈现出来的数据进行分析，预测在旅游发展中可能出现的问题，这样就可以在实际操作过程中灵活地应对出现的问题。

在环境调查的基础上，还要对旅游环境进行综合评分，要从多方考虑旅游环境开发给环境带来的正面以及负面影响。

3. 制定环境的规划方案

对旅游环境要有一个清晰的认知和规划，根据环境保护要求和技术支持情况，在逐步将目标实体化和合理化之后，制定满足发展要求的方案。对于目标的实施，可以制定多种方案，进行合理安排，争取做到经济效益、社会效益、环境效益的有效统一。

4. 制定环境的优化方案

在方案设计之初，最常采用的方法是情景分析法。所谓情景分析法是指，通过对场景进行模拟，通过模拟获得数据，并对经济、环境、投入等多方面进行综合考虑，从不断的模型调整中，争取获得最优方案，这样就可以在真正投入实施的时候，降低损耗，由此减少资金投入，获得最大利益。因此，需要有关部门对初步的数据进行调整，从而设计出一个既能满足经济效益，又符合社会发展的方案。

5. 编写环境的规划文本

环境的规划文本作为一个单独的环节，要经过相关部门批准，旅游规划才具备发展权利，才可以真正投入实施。因此，环境规划文本通常需要准备两种，首先是详细的文本规划，其次是规划的法律文本，这两种文本有着不同的功能。前者是一种技术性文件，除了要表达规划的目标和要求以外，还要提供技术数据。后者是简要的法律文件，提供给相关部门进行审核。

6. 规划文本修改和评审

旅游环境规划在有了框架性的逻辑结构之后，要有相应的书面文本，并将文本提交给主管、领导等多方专业人士，让其参与其中，可以考虑更多旅游规划发展的项目因素，要考虑得全面、完善。有了具体的文本和图件之后，可以向相关部门提交开发申请，由此批准实施。

（三）实施过程

在前期规划完善的情况下，在发展过程中要将监管落实到位，利用行政管理和协调管理等手段，建立一个完善的管理和监管组织，将责任分配到位，实现目标的明确化，保证目标的有效实施，以此来达到最终目的。

首先，执行规划。有了完整的规划之后，要按照规划开始实行，较强的执行力是达到目标的有利前提。第一，要从规划程度、规划渠道、资金畅通等多方面进行考虑，落实到人员组织管理等方面，要充分将旅游环境规划和规划指导等结合起来，协调好各部门之间的利益因素；第二，坚决

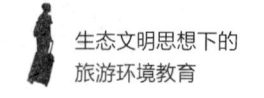

否定不合理的开发形式，在确保环境保护的前提下，还要保证旅游环境规划的权威性。

其次，环境监测。在旅游区的建设和运行期间，要对自身的旅游环境发展进行定位或者对定位进行实时监测。同时要关注自然生态、社会以及经济环境在旅游区域建成后造成的影响，要及时指出在发展过程中产生的问题，并做出相应的调整。总而言之，要采取一切手段来达到预设的目标，及时监测、纠正发展过程中会出现的问题。

最后，优化规划设计。根据环境监测环节所提供的数据和信息，为旅游区域的发展提供优化意见，不断调整规划策略。对旅游区域的发展而言，其并不是一蹴而就的，而是在不断发现问题、解决问题的过程中逐渐优化发展的。

三、旅游环境建设相关规划

（一）旅游环境的功能区划

旅游环境功能区划能起到较强的保护作用，是旅游区设计、开发和管理的有效工具。环境功能区划一般可以分为综合环境区划和单要素环境区划。

1. 综合环境区划

综合环境区划主要以旅游区中生物群落特征、人类影响程度、建设开发以及对环境的要求为分区准则，考虑地质地貌特征和旅游区发展需要，采用专家咨询法，也可采用数学计算分析法作为辅助方法，如以生态适宜度分析、主因子分析、聚类分析等划分旅游环境功能区。

（1）二级分区模式。旅游区的二级功能分区，是指旅游区内和旅游区外的功能分区，如"区内游、区外住"，区内为观光游览，食宿、管理等设施建于区外。天下名山的五岳就有"山上游、山下住"之说，就是说山上是游览活动区，山下的城镇则是旅行游览者的食宿基地，如泰山之麓泰安。目前的风景区、遗产地大多继承了二级分区的传统，如九寨沟景区，在规划设计时就遵循"沟内游，沟外住"的内外功能分区模式。

（2）三级分区模式。旅游区按被保护的重要性和可利用性，可划分为核心区、缓冲区、实验区或游憩区。核心区是整个保护区中绝对保护的地段，保存原始自然状态的生态系统以及珍稀、濒危动植物，严禁任何人为的干扰；缓冲区是在一定程度上可受人为干扰的、但仍基本保持自然生态系统状态的区域，主要起着保护核心区的作用，并建有观景廊道；实验区是综合利用自然资源的地段，是旅游开发的重要区域，可以进行对环境没有负面影响的活动。

（3）五级分区模式。核心保护区是脆弱性强的区域、稀有物种（或濒危物种）的栖息地、生物多样性保护区等，保护要求最高；景观保护区一般位于核心保护区的外缘，在维护环境系统完整性上具有重要价值，允许少量的游憩和其他对自然影响较小的活动；游憩观光区是户外游憩体验的集中区域，可开展大众观光游览活动；发展控制区是可进行有控制的建设区域，可修建适量的基础设施和旅游服务设施；利用开发区是当地居民生产、生活的区域。

2. 单要素环境区划

单要素环境区划通常按照大气、地表水域、噪声等要素进行功能区的划分。其划分的根本依据是综合环境区划，重要依据是各要素独有的特性。比如大气环境区划，按照环境空气质量标准可分为一类区（自然保护区、风景区等）、二类区（居民区、商业区、文化区等）、三类区（特定工业区）；地表水域环境区划，按照地表水环境质量标准可分为Ⅰ类区（源头水等）、Ⅱ类区（饮用水一级保护区、珍惜水生物栖息地等）、Ⅲ类区（饮用水二级保护区、渔业水域等）、Ⅳ类区（一般工业用水区、非接触娱乐用水区等）、Ⅴ类区（农业用水区等）；按噪声环境可分为休闲疗养区、文教居住区、工业商住混杂区、工业区、道路交通区五类。

（二）旅游设施环境规划

旅游设施环境规划要进行旅游环境教育资源的调查与评价，规划各类基础设施、旅游接待服务设施时要考虑设施设备和场所对环境的影响，选择对环境影响最小的地方建设，从环境角度严格控制其规模、数量、色彩、用料、造型和风格等，尽量减少对当地自然和文化的影响。

（1）旅游基础设施规划。旅游基础设施规划是保证旅游活动得以进行的基本条件，主要包括道路、水电、通信和卫生设施等。规划内容和形式都要遵循生态原理，建筑风格应与当地文化和环境协调，体量不宜过大，尽量就地取材，要考虑一物多用，兼具实用功能和环境教育功能。

（2）环境教育设施规划。为了使游客在旅游活动中提高环境意识，需要规划具有环境教育功能的设施，如游客中心、科普馆、生态教育馆、标牌系统等，同时各旅游区根据需要还可规划科普长廊、博物馆、陈列室、影视厅等。在规划中，要贯彻环境教育理念，建筑物本身也要达到环境保护的效果。

（3）旅游生产设施规划。为增加游客体验度，让游客切身体会生态系统物流（物质循环）和能流（能量流动）的规律及地方特色手工艺品的生产制造过程等，可以规划建设一批简单的生产机构，如利用纯天然饲料浇灌种植的生态农场，当地特色手工艺品、食品生产作坊等，供游客参观体验、购买留念。

（三）旅游景观环境规划

旅游景观环境规划就是充分利用旅游学、景观生态学相关原理及方法，在整体规划目标及地区环境特点的指引下，根据景区旅游资源特色，因地制宜、合理规划，构建一个创意新颖、自然与人工和谐统一、能实现生态平衡及最佳经济效益的景观系统。

1. 森林景观规划

森林景观规划要充分考虑林业生产的整个流程，以实现经济价值与审美价值的和谐统一。

（1）森林景观营造。为给游客提供别有洞天、引人入胜的森林美景，就要对现有的自然森林景观进行适当的人为美化设计和改造，使其形成多层次、多色彩、四季皆有独特观赏价值的靓丽风景。混交林具有林木错落有致、生长迅速、种类丰富、适应性强、观赏性高等明显优势，营造过程中要注意按照不同树种的特点和生长习性科学、合理地进行搭配，在不影响其正常生长的情况下，获得良好的景观效果。比如落叶松和云杉混交，槭树与白桦树混交等。防护林要与旅游景观有机结合起来进行营造，既要考虑如何因地制宜、有效发挥防护功能，又要注意与整体景观交相辉映，形成四季有景的效果。总之，在规划和营造森林景观时，要尽量选择针叶、阔叶、乔木、灌木等这些生命力强、生长旺盛、观赏价值高的树种，而且布局方面要自然合理，纵向上层次分明，横向上疏密有度，形成老、中、幼三个层级协调统一的结构格局。在林中草地的规划方面，要有意控制其宽度，延伸其长度，营造曲径通幽的透视效果；而且草地的边缘要有错落感，最好布置低矮数种混交林；从而形成高矮树群交错有序、层次丰富的生动景象。

（2）带状景观规划。通常会在森林道路两侧或交叉口跟随山脊或河流的自然地势特点等规划带状景观，营造与自然景观高度融合的树种群或孤植树，努力达到目之所及皆是生动美景的效果。林中的道路要在有效满足木材运输功能的基础上，形成迂回曲折的景象，实现串联关键景点的目的；道路的铺设要与自然景观协调统一，两侧种植观赏价值高的低矮行道树、高大灌木、花卉或地被植物等，营造出自然、优美的森林相貌；同时，要充分利用林间的光影效果进行景观设置，使游客获得移步换景的观赏体验。另外，道路两侧的横向郁闭度要足够，以方便游客庇荫，但纵向郁闭度要小，不能遮挡游客的视线，从而打造空间微观上的艺术效果。

（3）森林与动物保护。森林抚育和建设应结合美的创造，如道路边上不能打枝，打枝不能太重，以免影响树形和树势；保存好的林分、树群，形成疏林草地或孤植树、草地、森林之间封闭与开敞的对比；加强废弃残枝、树叶、树上悬挂物等的处理，保护留存的林木，防治病虫害等，创造适宜游览休憩、舒适清洁的森林环境。森林中的动物景观吸引力极强。禁止乱砍滥伐，一般不进行人工景观建设，减少人为的干扰破坏，保持相对稳定的森林环境，为动物提供良好的庇护和活动场所；禁止捕杀、严禁狩猎，栽植和保存丰富的饲料植物，保证动物的正常生命活动，保持相对稳定的物种数量。

2. 种植业景观规划

大型农田要进行以粮食供应为目的的农业生产，不适合休闲旅游。所以，要规划种植业景观，就要调整农业种植结构，改变大田生产格局，着力规划和建设水果、蔬菜、花卉等游客体验性强、观赏性高的农业产业，营造生态稳定、种类丰富的种植业景观。

（1）美化季相构图。按照当地不同季节的特点，结合种植景观的布局方式及特色，着力丰富植物类型，优化落叶植物与常绿植物的种植比例，

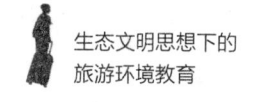

适量增加针叶、阔叶等观赏性植物的种植；可通过整体上突显四季层次感或局部构造不同季节特色等方式，美化季相构图，同时还要保持地方特有的乡土风情。

（2）空地景观营造。空地能为游客提供总览大范围景观的最佳视角，最好铺设四季都有的缀花草坪，也可种植一些观赏价值高的低矮花灌木。如果空地比较广阔，还可适量地种植一些遮阴树或建造几个凉亭。在空地边缘地带要种植孤植树或小树林，形成景观缓冲带。同时，空地范围要和整体景观相适应，太小则无法充分体现景观的开阔性，太大又会影响景观质量。

（3）边缘景观美化。在景观学中，通常将农田与道路、农田与其他景观过渡的交叉线称为"田缘线"，将植物群顶部呈现出来的轮廓线称为"田冠线"。这两个是游客最直观、最频繁的视线接触区域，在设计规划上尤其要注意。田缘线的外形要凸显错落、曲折的自然美，避免生硬板直的硬线条；田冠线要着重突出空间层面丰富的层次性和多样性，打造远景与近景有机结合、相得益彰的良好景观结构。

3. 牧业景观规划

牧业景观最好和森林景观有机结合，这种布局能有效促进牧草的生产，为动物养殖提供饲料。动物是牧业景观建设发展的关键，在旅游活动中适当加入动物元素，能有效提升其体验度和趣味性。旅游活动中对动物的利用包括消费型和非消费型两种，前者指打猎、垂钓等消耗动物资源的旅游活动，后者指观赏、研究等对动物没有直接影响的旅游活动。

牧业景观规划时，除了要充分考虑观赏性和体验性，更要注意对动物及其生存环境的保护。可以采取以下措施维持生态平衡：①在道路两旁设置隔离带，杜绝人类对动物的影响和干扰；②适度挖掘人工湖泊或溪流，并着力保护水质量，在丰富景观类型的同时，为鱼类或其他动物提供栖身地和水源地；③充分保留原有植被，同时增加一些浆果类的乔木或者灌木植物，为动物提供食物来源和过冬栖息场所。

4. 渔业景观规划

渔业景观从广义上来说指所有与养殖相关的水域和水生物，具体包括海洋、滩涂地带、湖泊、河流、养殖水生物等。观光渔业是集渔业养殖、捕捞、加工、处理、旅游等服务于一体的产业。

要充分开发和利用渔业资源，渔业景观建设必不可少。可以将与渔业生产生活息息相关的特殊地貌（溪流、海滩、湖泊等）、独特景致（日出、日落等）、生物资源（鱼类、鸟类、贝类等）等自然、人文资源充分利用起来开发观光、体验类旅游项目，从而可以让游客深入了解渔业知识、切身体验渔村生活。

（四）旅游污染防治规划

旅游污染防治规划是属于工程范围的内容，主要根据环境评价的结论和旅游区环境质量的要求，对旅游区的废气、废水、噪声和垃圾等进行治理规划。

通过对旅游环境系统及其构成各要素的容量研究，确定旅游区污染控制目标（近期、中期、远期）。采用现状调查的方法，获取反映污染现状的指标，如污染物排放量、污染物浓度等，分析旅游区内的环境现状，包括大气环境、水环境、生物环境、声环境和土壤环境等状况，并通过现代科学技术手段和方法，对规划期内环境状况和环境发展趋势进行预测，对旅游区环境进行评价，掌握未来环境状况与控制目标之间的差距，找出旅游区存在的主要环境问题，确定污染物消减量，为制定污染治理方案奠定基础。

在旅游区具体的景点设施、景区道路、食宿等基础设施和旅游服务设施的设计与建设上，遵循与旅游区性质相关联的环境容量指标和环境保护要求，正确定位旅游区的开发规模和接待能力，从而充分利用旅游资源，并使各部分在日后正常运转，发挥旅游资源的最佳经济效益。

1. 旅游污染控制的对策

由于不同旅游区的特征和污染情况差异较大，污染控制对策要因地制宜、因景制宜。

（1）末端控制和全程控制。末端控制是针对生产末端产生的污染物开发行之有效的治理技术，或者称为"先污染后治理"。末端控制方式是在已经产生了污染和破坏以后，再去消除影响，被动又消极，相比在污染前采取防治对策产生更多经济成本，而且由于旅游环境的脆弱性，末端控制可能导致旅游资源出现难以恢复的损坏，造成巨大损失。

全程控制是从源头开始对旅游产品和旅游活动过程持续运用整体预防

的环境保护战略，通过采用清洁原料和能源，通过环境教育和管理，使污染物产生量、流失量和治理量达到最小，使资源充分利用，使污染物最大限度消减，是一种积极、主动的控制方法。

（2）浓度控制和总量控制。前者主要是控制源头污染物的排放浓度，排放的污染物必须符合国家规定的浓度标准。这种控制方式易于操作和管理，且作用重大，适合我国当前旅游发展现状。后者是依托景区的整体环境质量目标，按照污染控制目标要求及污染物排放量与原有水质之间的输入响应关系，预先推算出允许排放的污染物极限值，再结合各个污染源的具体情况进行排放量分配，以此来督促和迫使污染源寻求可行的办法减少污染排放，同时也能有效检验污染控制方案的科学合理性。旅游区布局重整、环境基础设施的修建应在污染物总量控制的框架下进行规划设计。

（3）分散控制和集中控制。分散控制是以单污染源为主要控制对象的一种控制方法。很多旅游区污染源分散，污染物排放强度不大，特别是一些山地风景区，污染物集中收集困难，分散控制可以很好地消减污染，如分散式污水处理，不但控制旅游区点源污染，还可减少管网建设投资。

集中控制就是以整个景区或特定区域为单位，建立起污染集中管理和治理机构，采取集中管理和治理措施，尽量以最小的投入获得最大的效益。这是加强环境管理力度的重要举措，适合于旅游集镇、旅游基础服务设施集中区。

2. 旅游环境的补偿方案

良性循环的环境系统，既是旅游业发展的自然环境基础，也可为开展旅游提供条件。依据环境学和生态学的基本原理和方法，通过环境补偿和建设，可提高旅游区环境系统的稳定性、抗逆性和适应性。

（1）绿地补偿。绿地在旅游区中占有重要的地位，直接影响着旅游区大气、土壤、动植物等环境，绿地是旅游区景观的重要组成部分，同时在吸纳污染物、降尘降噪、调节微气候、保持空气湿度、释放氧气、保持水土等方面发挥综合环境作用。见缝插绿，旅游区空地和线路普遍绿化，增加绿地总量；适地植树，合理配置绿地结构，在不同的功能区设置相应的绿地类型，科学配比乔木、灌木，合理配置块状、带状等形式的绿地；因地制宜，以当地乡土树种为主，选择适应性强、净化空气、降尘降噪效果好的树种，同时考虑不同地段、不同季节的景观效果，在特定地段配置有色造景植物作为衬托，实现常绿树种与落叶树种相结合、速生树种与慢生树种相结合、风景林与经济林相结合。

（2）水体补偿。旅游区的水体包括河流、湖泊、沼泽、泉水、瀑布及池塘等，是旅游区重要的风景要素，具有重要的构景价值。水体还具有重要的环境作用，水体能增加空气湿度，均衡温度，对旅游区小气候有一定调节作用，能提高旅游地气候舒适度，并且能够消化部分污染物。对于水体补偿，首先，要节约用水，提高水的重复利用率，充分利用和节约水资源；其次，在保护现有水景观和水污染修复处理的基础上，利用工程措施进行水体补偿，如雨水利用措施，把雨水收集贮存于地面、地下以及回灌地下水，贮存的水可以用于旅游区日常用水；最后，采用生态设计和综合治理的方式，通过工程措施，增加水体景观面积。

（3）脆弱区保护。旅游资源和环境有其非常脆弱的一面，容易受到外界因素（自然的或非自然的）的破坏，从而失去自身的稳定性、可恢复性，并最终导致旅游资源的消亡。旅游开发要尊重和保护旅游资源和环境，不能与所在区域的生态环境功能相冲突，应在保持原有生态环境功能的前提下，进行科学合理开发，脆弱生态区不建或少建人工建筑，并加强管理，采取各种绿色生态技术进行保护，促进旅游开发与环境保护和谐共处。

四、旅游环境管理的任务、职能与内容

旅游环境管理是有效进行旅游环境保护的重要工作之一，主要协调、处理旅游经济发展与环境保护之间的关系，是旅游行业可持续发展的基础保障。旅游业的建设发展既能满足游客不断变化提高的需求，又能实现旅游资源的有效保护，控制环境污染与破坏，进而实现经济、社会、环境效益的和谐统一，协调发展。

（一）旅游环境管理的任务

（1）执行环保政策。旅游环境管理的第一要务就是全面、深入地贯彻执行国家及地方各级政府制定的环境及旅游资源保护方面的战略、方针、

政策、法规、计划、策略等，各旅游景点可以依照这些政策精神，结合地区实际情况制定切实可行的管理措施。

（2）合理开发资源。人类无节制地过度开发和利用自然资源是导致各种环境问题层出不穷的主要原因，所以旅游环境管理要以强硬手段遏制旅游资源的过度开发和利用，有效防止环境污染和破坏，维护生态平衡，促进旅游业的可持续发展。

（3）保护旅游环境。旅游业的建设发展必须以保护环境为前提，营造一个干净整洁、风景优美、生态平衡的旅游环境，保护游客及景区居民的身心健康，实现各方利益最大化。

（4）开展环保科研。深入开展环保科研、监测、教育等工作，在协调旅游发展与环境保护关系的过程中，不断探索和把握生态系统的内在规律，并采取积极有效的措施来促进旅游产业与自然环境、人文环境、社会环境的和谐发展。

（二）旅游环境管理的职能

（1）计划职能。计划职能是旅游环境管理的最基本职能，强调旅游环境管理既要有效治理现有的污染和破坏，又要具有前瞻性和预见性，积极预防一切不良旅游行为的发生。要做好预防，就要制订一系列科学合理、切实可行的规划和计划，以保证旅游资源的合理开发，保护和改善旅游环境，促进旅游发展与环境保护协调统一。

（2）组织职能。这是有效完成旅游环境管理目标与计划的基本保障。组织职能包含内部和外部两个方面，前者是合理构建内部组织架构，界定各个部门的工作职责、职权范围等；后者是严格按照国家及地方环保部门的政策规定，组织各种与旅游相关的环境保护工作。

（3）协调职能。就是促进旅游环境管理各要素之间和谐统一，使其齐心协力共同完成旅游环境管理的相关目标和计划。旅游环境管理工作具有明显的交叉性，牵扯的部门众多、关系复杂，只有通过合理有效的沟通协调，才能将这些复杂的要素充分调动和组织起来，达成共识，从而建立有机配合、互促互进的良好关系，减少不必要的矛盾冲突和工作脱节现象，共同努力，做好部门内、部门间的环境保护工作。

（4）监察职能。主要是监督和考察旅游管理职权部门的一系列管理行为和决策是否符合管理计划和目标要求，对不合理、不正确的行为和决策要及时进行纠正，使管理工作得以有效、有序地开展，最终实现管理目标。要充分发挥监察职能，不仅要赋予相关部门一定的权力，还要完善各项法律法规、规章制度及监测指标体系等内容，让监督工作有法可依，同时对旅游相关活动的整个过程进行监管。

（5）指导职能。要充分发挥管理职权部门的导向作用，引导管理对象朝着正确的方向发展，其实质就是做好服务。指导职能的范围涉及旅游环境管理和建设两部分内容，具体包括：①指导管理对象做好旅游环境保护工作，有效预防和治理环境污染及破坏；②不断总结、研发环境管理及保护方面的先进经验和技术，并将这些科学、有效的经验和技术推广下去，督促管理对象运用到实践活动中；③为旅游区提供切实有效的环境污染防治技术，帮助其以最小的投入取得最大的成效；④组织开展生态旅游环境教育相关工作，大力宣传生态环境保护精神，提高全民的环保意识；⑤采取有效措施，提高旅游活动相关人员的环境科学知识水平。

（三）旅游环境管理的内容

（1）规划管理。科学有效的规划有利于旅游环境资源的优化利用，是旅游区域内整体发展规划的重要组成部分。前瞻性、计划性的环境规划能够有效指导环境保护工作顺利开展，并在实践中不断检验和调整规划方案，最终达到资源合理开发利用的目的。

（2）质量管理。这是旅游环境管理的核心内容和基础目标，是紧紧围绕环境质量而开展的一系列管理工作，如配合环保部门制定各项旅游环境相关质量标准及监察措施等；组织成立专项调查组，对辖区内的旅游环境质量进行调查、监测和评估，确定管理重心并制定详细管理流程，报告环境质量现状，预测环境质量变化趋势等。

（3）技术管理。主要工作内容包括：①针对旅游环境污染和破坏的防治工作，制定一系列技术标准、要求、规范、政策等；②合理规划旅游路线，保护生态平衡，促进人与自然和谐共处；③确定辖区内旅游环境科技发展的总方向；④积极组织建立各种形式的旅游环保技术咨询及经验分

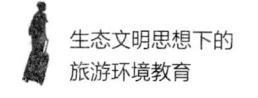

享渠道；⑤依托自身旅游环保技术，组织或参加跨区域、跨国界的科技合作交流活动。

（4）监督管理。监督管理就是依照国家和地区的各项法律法规及规章制度等要求，合理利用执法、行政、技术等手段，全面监察辖区内所有旅游环保工作的执行情况，确保各项法规、标准都落到实处。这是环境保护法赋予的权力，是其重要管理职能之一。

五、旅游环境管理相关制度

旅游环境管理要在政策的指导下进行，需要制定一套符合政策要求、与旅游环境实际相适应、可实施性强的制度。旅游环境管理制度是具体化的环境政策，包括对政策的解读和具体规定，它既包含了国家法律法规层面的重要原则，还包含具体的实施办法，具有程序性、规范性、可操作性等特点。

我国的环境保护工作是在"预防为主、污染者付费和强化环境管理"这三大环境保护政策的指导下进行的。以这三大政策为核心，我国还建立了八项具体的环境管理制度及措施：①按照预防为主政策，制定了环境影响评价制度、"三同时"制度；②按照污染者付费政策，制定了排污收费制度、污染源限期治理制度；③按照强化环境管理政策，制定了城市环境综合整治定量考核制度、环境保护目标责任制度、污染集中控制制度、排污许可证制度。这八项制度从宏观到微观，在环境管理工作中搭建起了多层次的"决策—政策—制度"体系框架。

（一）以预防为主

旅游环境管理的核心工作是预防，在环境污染和破坏发生之前或初期，应采取各种积极有效的预防性和治理性措施，防止环境问题的产生及进一步恶化，要将旅游区、景区（点）内的环境问题稳定控制在能够保持生态平衡的状态之内，以保证游客的身心健康，从而促进我国旅游经济的稳定增长。

（1）环境影响评价制度。旅游环境影响评价制度是贯彻"预防为主"政策的一项基本原则，它可以有效防止新污染的产生，达到保护旅游环境的重要目的。在旅游项目申请、开发、建设和运行等具体工作之前，必须要进行环境影响评价工作,研究旅游区存在的环境问题,从而采取措施予以消除,这可以有效地避免和减少环境污染和破坏,确保旅游环境质量处于良性状态,为旅游业发展提供良好的基础。

(2)"三同时"制度。"三同时"指的是同时设计、同时施工、同时投产,制度要求旅游及相关单位在进行新建或改扩建工程时,要遵循这三个原则。"三同时"制度与旅游环境影响评价制度相互配合,共同作用,它们都在旅游开发建设及环境管理中起着至关重要的作用,同时,它们也是在旅游业高速发展过程中保护旅游环境的有效手段。

(二)污染者付费制度

污染者付费是关于责任归属的管理制度。在我国,国家保障自然资源的合理利用,禁止任何个人或组织侵占或者破坏自然资源,这是宪法的明确规定。在利用自然资源进行旅游开发时,如果造成了环境污染和破坏,开发者必须履行整治义务,对被污染的环境和污染源进行有效治理。

(1)排污收费制度。排污收费制度的管理对象是所有向环境中排放污染物的个人及单位,经营者在经营过程中必须按照国家的规定和标准缴纳一定的费用。这一制度所体现的是"谁污染、谁治理"的原则,运用收费的方式,与经营者的经济利益建立联系,从而影响经营者的污染防治工作态度,使其变被动为主动,积极做好防污减排工作。政策规定,餐饮、娱乐、服务类企业排放的污染物必须达到国家和所在地区的排放标准;排放废气、废水、固体废弃物及产生噪声污染的企业则必须按规定缴纳排污费。

(2)污染源限期治理制度。污染源限期治理指的是,以污染源调查和评价为基础,以环境保护规划为依据,充分考虑人民群众的反映以及污染的危害性程度,有重点、分批次地对污染物、污染源、污染区域采取限定治理时间、内容及效果的强制性措施[1]。

(三)强化环境管理制度

旅游环境保护关系到旅游地经济与社会的发展,管理部门要强化环境

---

[1] 杨秀平,翁钢民.旅游环境承载力研究综述[J].旅游学刊,2019(04):96~105.

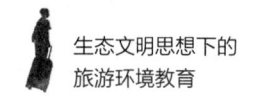

管理，约束旅游地居民、旅游者和有关企业的相关行为，宣传旅游环境管理措施，使公众提高旅游环境保护意识，自觉执行管理措施。

（1）城市环境综合整治定量考核制度。城市环境综合整治是从整体上看城市环境，把它看作是一个系统，并以系统理论为指导，采用多层次、多功能、多目标的系统方法和措施，从规划、管理、控制等方面对城市环境进行综合治理，做到小投入大收获，有效提升城市环境质量。旅游城市的考核范围包括城市大气、水体、噪声、固体废物、绿化五个方面。

（2）环境保护目标责任制度。环境保护目标责任制度实施的主体是地方各级人民政府和污染单位，其主要目的是落实保护环境质量的具体责任，它以签订责任书为主要规定形式，对旅游城市及旅游景区（点）的相关负责人提出环境保护的目标和任务。此外，制度中明确规定，环境保护工作将被纳入相关管理者的政绩考核范围。

（3）污染集中控制制度。污染集中控制制度要求进行污染治理以集中控制为主，做到集中与分散相结合，共同发挥作用，注重规模效应，有效进行污染治理。

（4）排污许可证制度。排污许可证制度的制定是出于改善环境质量这一目标，它以控制污染总量为前提和基础，为利用环境进行旅游开发的行为颁发许可证。这一制度属于行政管理制度，具有法律性质，以此制度为准则，可限制各排污单位的生产规模，要求各单位进行限期治理，对于违规严重的可以责令其停止生产或搬出该区域。

六、旅游环境管理手段

（一）旅游环境管理的法律手段

法律手段是指以各种与旅游资源与环境保护相关的法律、法规为武器，对旅游开发者、管理者和旅游者进行行为约束的手段，它是旅游环境保护工作和旅游环境问题处理的重要依据。法律手段具有权威、规范、综合和强制等特征，其基本要求是：有法可依，有法必依，执法必严，违法必究。

1. 旅游环境保护的法律体系

（1）根本法。《中华人民共和国宪法》是我国的根本大法，拥有最高的法律效力。我国环境保护法的制定和健全是以宪法的规定为法律依据的。宪法规定：国家保护和改善生活环境和生态环境，防治污染和其他公害。除此之外，在宪法的其他条款内也有关于环境保护的相关规定，这些规定共同成为我国环境保护法律法规建立健全的基本原则。

（2）基本法。环境保护基本法是一个国家或地区在环境保护方面拥有最高效力的法律。我国的环境保护基本法是《中华人民共和国环境保护法》，它在保护生态与生活环境、防治污染等公害、建立健全环境保护相关法律法规等方面都起着巨大的作用。

（3）单行法。单行法作为单项法律，是由全国人大常务委员会制定的，主要针对特定的保护对象和污染防治对象。单行法可以分为两类：自然资源保护法和污染防治法。

（4）行政法规。环境保护的相关行政法规是由国务院依法定程序制定的有关环境保护的规范性文件的总称，其主要依据是《中华人民共和国宪法》和《中华人民共和国环境保护法》。按照内容，环境保护行政法规可以分为环境整体保护法规、自然环境要素保护法规、环境标准法规、排污收费法规等。依据不同的内容，可将不同的行政法规称为规定、办法、条例、实施细则等。

（5）国际协议。我国政府签订且未作保留的有关环境保护方面的国际条约、参加的宣言等。

此外，我国民法通则、刑法、治安管理处罚法和经济法中有不少关于环境保护的规定，这些共同构成环境保护法的法律体系。

2. 完善旅游环境相关法规

建立健全旅游环境保护相关法律法规，做到有法可依、切实可行，是依法进行旅游环境保护的先决条件。要以国家出台的相关法律法规为基础，结合各旅游城市或旅游景区的实际情况，建立和完善地方性行政法规，为地区旅游环境的保护工作提供具体的指导和强大的保障。

3. 加强旅游环境的执法

旅游环境管理中要执法必严、违法必究，对违反旅游环境法规，污染

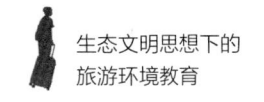

和破坏旅游环境，危害旅游者健康、财产的单位和个人进行相应的责任认定，追究责任人的行政责任（包括行政处罚和行政处分，行政处罚如警告、罚款、责令重新安装使用、责令停产等，行政处分如记过、降级、降职、撤职等）、民事责任和刑事责任（包括管制、拘役、没收财产、剥夺政治权利等）。

（二）旅游环境管理的行政手段

（1）行政管理机构。政府具有行政职能。在我国，文化和旅游部作为国务院直属机构，负责全国旅游业的管理工作，全国各级旅游业还由各省、市、区、县相应的行政管理组织进行管理。政府在旅游业的发展中占据主导地位，在确立发展目标、推动旅游开发、协调各方力量等方面发挥着重要作用，可以说，政府的行为对我国的旅游环境有着巨大而深远的影响。行业管理组织是存在于政府和企业之间的中介性组织，它一方面延伸了政府的管理职能，另一方面又代表着整个行业的利益。我国的行业组织有中国旅游协会、中国旅行社协会、中国旅游车船协会、中国旅游饭店业协会等；国际上的重要行业组织有世界旅游组织、世界旅游及旅行理事会、国际酒店协会、国际酒店环境管理协会等。这些组织机构都能对旅游发展及其产生的环境问题进行引导、监督。

（2）行政管理手段。行政管理手段由旅游主管部门施行，以国家环境保护方面的相关方针政策、法律法规为依据，依靠行政组织和力量，采用下命令、定指标等行政方式对旅游环境进行有效的管理和保护。

旅游环境保护的行政管理手段有行政决定、通告、行政政策、措施、倡议等形式，举办有关旅游环境保护的评选活动，以对旅游市场的专项整治或综合治理等方式进行。具体的如运用行政权力划定自然保护区、环境保护区、生态保护区等，保留、保护珍稀、宝贵的自然景观和人文景观；运用行政手段制约旅游区内的各类活动，调节游客量及制止游客不合理的旅游行为；审批和发放与旅游资源及旅游区开发保护有关的各种许可证。

（三）旅游环境管理的经济手段

经济手段是旅游环境保护管理中的重要手段，是国家或主管部门，运用税收、收费、补贴、信贷、罚款等经济杠杆和价值工具，以及经济合同、经济责任制等方法，调整国家、集体、个体等与旅游开发经营者之间的利益分配关系，把企业的局部利益同社会的整体利益有机结合起来，达到管理和保护旅游环境的目的。

（1）税收。与旅游相关的税收手段主要包括旅游税、旅游资源税和环境资源税三种。其中，旅游税对以盈利为目的而使用各类旅游资源的单位及个人进行征税；旅游资源税主要向旅游区内外受益于旅游资源的单位征收，目的在于调节因资源差异而形成的级差收入；环境资源税以保护环境资源、促进旅游业的可持续发展为前提，以对自然资源的开发、污染、破坏程度为依据，对经营单位及个人进行征税，环境资源税主要包括排污税、燃料税、污染产品税三种。税收手段对旅游经济行为具有调节作用，对环保资金筹集、环保激励作用也具有重要影响。税收资金的主要去向为旅游交通、排污处理、旅游厕所建设等旅游业中的薄弱环节；同时，还可以利用差别税率，对进行合理开发、保护旅游资源的企业给予税负优惠，限制和禁止可能造成旅游环境污染和破坏的项目。

（2）收费。收费是指根据产品本身的特点（一般是具有潜在污染危害），收取一定的费用，如通过向旅游区内获利的经营、服务性项目收取特许经营费，向产生的污染物收取排污费，收费手段能够抬升商品价格，从而达到抑制有污染产品的生产及消费的目的。对生产者和消费者进行收费，所收费用可用来对经营行为中被污染或破坏的生态环境进行修复或补偿。

（3）罚款。罚款作为一种经济型的制裁措施，针对的是违反旅游环境保护规定，对环境造成污染和破坏的经营单位及个人。罚款通过经济刺激，使污染单位或个人能够以相关法律规定的要求约束自己的行为，罚款的最终目的是为了保护旅游环境。

（4）补贴。补贴是政府针对某种特定情况给予的资金补助，旅游环境管理的补贴对象是旅游业经营单位和个人，补贴依据是在环境污染治理和旅游资源保护方面是否做出有利的活动和行为。一些其他产业为旅游业带来了正外部效应，为人们提供了游憩价值，如观光农业、观光工业等。政府补贴可以促进正外部效应的内部化，提高整个社会的福利水平。

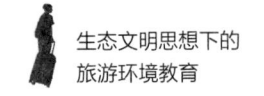

（5）押金。对可能造成污染的产品，如饮料瓶等，相关部门会加收一份款项，这就是押金。当这些潜在的污染物被回收，并且没有产生污染时，押金就会被退回。

（6）保证金。在从事某项经营活动之前，经营者要向相关部门及单位按照比例交纳一笔款项，这笔款项被称为保证金。如果经营者按要求完成，保证金可以退回，反之则予以没收。在旅游资源开发、旅游服务设施建设活动中，可以试行"三同时"的保证金制度：针对可能对环境造成影响的项目，应由主管部门按该项目总投资的 0.1% ~ 0.5% 收取保证金，项目完成后对其进行验收，合格者则返还全部保证金，不合格者则没收保证金，同时还要根据具体情况进行进一步的处罚。

（四）旅游环境管理的科技手段

在现代化旅游环境管理中，科技手段是十分必要的。相关主管部门可以运用现代科学设备和手段，发挥计划、组织、控制、监督等管理职能，对管理对象进行有效管理。现代科技手段包括生物、化学、物理、工程等方法，主管部门应充分发挥各自的优势及组合优势，以更好地实现保护旅游环境的目标。

现代化科技手段最大的优势在于能够大大提升管理工作的效率和管理的可监控性，如可以建立环境管理信息系统，对环境质量监测数据、游客数量、资源开发情况等数据进行及时收集并分析处理，从而客观、准确地对旅游环境做出评价，为主管部门提供决策依据。此外，现代科技手段在节能减排、垃圾无害化处理等方面都具有先进的技术，因此，积极运用科技手段，能够为环境管理工作提供技术支持。

（五）旅游环境管理的教育手段

旅游环境教育是达到旅游环境保护目标的一种途径，通过教育使人们正确理解人与环境的相互关系，唤起受教育者的环境道德意识，树立正确的环境价值观，具备环境道德行为的善恶判断能力，并获得解决环境问题的技能。

1. 自然观察手段

自然观察是营造良好的氛围，发挥旅游者的主动性，让游客在旅游活动中自觉体验、观察和感受自然。

（1）自然欣赏。自然景观可以使旅游者获得大自然的美感，激发对大自然的热爱。名山大川、奇石异洞、湖海泉瀑、红林绿树等都体现着自然的景观美；旅游区的亭台楼阁等古建筑体现着人与自然的和谐美，游客在游览中与大自然进行着交流，被自然生态环境所感染、启迪和熏陶，培养了审美情操，增强了环保意识，实现环境保护情感的升华。

（2）文化观察。旅游者通过对不同地区和民族各异的风土人情、文化服饰、饮食习惯等的观察，了解自然环境对人类的影响，也认识到人类对自然环境的深刻影响，如一些不良的服饰、饮食习惯严重破坏自然环境，为获得饰品，捕杀大象、犀牛、藏羚羊等稀有动物；一些地方追求"珍味"，对野生动植物造成严重破坏。旅游者通过观察了解，获得尊重自然、热爱自然的情感，了解自然生态环境恶化的原因，从而获得环境伦理道德的升华。

（3）文学对比。文学艺术会给人以美的享受，能够陶冶情操，引起心灵共鸣。许多歌颂祖国大好河山，描写自然美丽风光，歌颂、倡导人类保护环境的诗词、散文、绘画、雕塑等文学艺术作品，都能潜移默化地影响人的思想，使人们自觉形成爱护环境、保护自然的意识和行为。在游览过程中，想象文学艺术所描绘的幽雅景色，如古人在漓江留下了众多笔墨，如"桂林山水甲天下""江作青罗带，山如碧玉簪"等。然而，现在桂林地区的河流数量不断减少，漓江流程日益缩短，两岸与自然环境很不协调的人工建筑不断增多，一些山体被人为破坏，漓江的风姿卓韵已大不如前，当美好的想象碰到坚硬的现实后，会深化旅游者的环境认识，激发环境保护的行动。

2. 新闻媒介手段

新闻媒介包括电视、广播、报纸、杂志、网络等，新闻媒介及其他大众传播工具是最重要也最有效的一种环境教育形式。通过新闻媒介的教育功能，宣传旅游环境保护的政策法规和环境资源保护的科学知识，提高公民的环境保护意识，如中央广播电视总台插播的环境、资源和文物保护方面的公益广告。通过新闻媒介的导向功能，引导旅游者的环境行为和活动；通过舆论功能发挥监督作用，表彰旅游中的文明行为，揭露和批评不良行为，从而规范旅游者的旅游行为和活动，避免旅游环境的破坏。

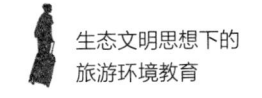

3. 环境解说手段

旅游环境解说系统是旅游目的地的教育功能、服务功能、使用功能得以发挥的必要基础，它是运用某种媒体和表达方式，把环境教育信息传播给游客，帮助游客了解相关事物的性质和特点，并达到服务和教育的基本功能。

（1）自导式解说。自导式解说是通过视听媒体、解说牌、标志、牌示和宣传印刷品等方式来达到旅游环境教育的目的。视听媒体用强烈的视觉冲击和听觉冲击来调动游客求知的积极性，并增强环境教育效果；解说牌应突出教育性，使游客能够更多地认识和了解环境的科学、文化和历史价值；设立提醒游客保护环境、注意卫生等的指示牌；宣传印刷品形式简单，可以把环境知识准确地传达给游客，可以将适当的环境知识渗透到各种旅游商品中，比如在门票、导游图、导游册上增加生态知识和注意事项，从而起到教育作用。

（2）向导式解说。向导式解说是旅游地向游客主动地、动态地、互动地传达环境教育信息，其优势在于互动性，它不仅可以提供丰富的教育信息，还可以与游客进行交流，回答游客提出的各种问题，同时，可以对游客的行为进行示范及监督。

通过讲解人员在较短时间内有计划、有目的地将大量环保知识和概念等内容深入浅出地传递给游客，启发游客的积极思维，使游客形成良好的环境认知观。向导式解说要求讲解人员要有比较丰富的环境保护领域的知识，还要具有运用语言的技巧。内容丰富且具有说服力的讲解，能对游客产生强大的感染力。

4. 体验教育手段

体验教育的本质是快乐教育，它鼓励旅游者亲身体验，参与一些充满趣味性的并有环境教育意义的旅游活动，激发他们的兴趣，强化他们的环境意识，如甘肃马路滩沙漠生态旅游区，每年通过旅游与植树、旅游与科普教育相结合的方式，将旅游转变为参与性的造林绿化活动、国际考察活动和青少年科普教育活动，让更多的人认识和关注生态环境。

（1）角色扮演。角色扮演是为了达到一定的教育目的，管理者或旅游区服务人员精心设计模拟情景，由旅游者扮演其中的角色，进行有规则的寓教于乐的活动。角色扮演是以某个环境问题为主题，鼓励游客参与游戏，在进行游戏时，应有一定的目标、规则和步骤，让游客在娱乐中获得环保知识，培养环境意识。苏格兰爱丁堡皇家植物园与青少年游客一同开展戏剧和角色扮演的活动，如"迷失在丛林中"，对青少年进行生态环境保护教育，取得了良好的效果。

（2）探究考察。通过引导旅游者对具体环境问题的考察、思考、探索，形成环境保护态度，寻求解决环境问题的途径和方法，如通过观鸟旅游活动，考察鸟的活动方式和人类活动对鸟类生存的影响，重新认识人与自然的关系，思考保护鸟类的方法。在游客离开旅游区之前，通过写建议等方式，请他们对旅游区的环保现状进行评价，对旅游区未来的环境保护进行构想，引导旅游者为将来的环境保护做出贡献。

（3）知识竞赛。开展有关生态环保和生态旅游的有奖知识竞赛、有奖问答、摄影比赛和征文活动等群众喜闻乐见的活动，可以调动游客学习环境保护知识的积极性，是普及旅游环境及保护知识、树立绿色消费观念、培养旅游环境意识的有效手段。

（4）夏（冬）令营。夏（冬）令营是由某一单位或团体在暑（寒）假中组织的，主要由青少年参加的一种集体旅游活动。夏（冬）令营寓教于乐，可让青少年在游玩、娱乐等旅游活动中接受旅游环境教育，是向青少年宣传旅游环保知识、提高青少年环境意识的有效手段。

七、旅游业各主体的环境管理

（一）旅游资源的环境管理

1. 旅游资源的利用管理

旅游资源的使用都是有客观代价的，要把旅游资源的消耗，尤其是环境资源的消耗纳入旅游成本进行考虑。为旅游资源制定全面管理的指导性方法，旅游开发所涉及的资源占用必须有计划性，使资源配置符合当地社会的最佳利益。

（1）环境容量控制。旅游的发展必然涉及旅游资源的开发、旅游设施的建设以及各种旅游活动的开展，为了保护旅游资源和环境，要确定旅游区的合理环境容量，把旅游区发展规模和游客接待量控制在环境承载能力的范围内，保护自然环境系统的自净功能，防止旅游活动对环境和资源的过度使用，如依据环境容量确定旅游区内的客房数量、建筑规格和水准，通过限定进入旅游区的车辆数及车辆必须达到的尾气排放标准等来保护旅游区的大气环境。

（2）环境预警机制。旅游资源具有不确定性和不可再生性，决策稍有偏差就可能对环境造成无法弥补的破坏。因此，建立环境预警机制是十分必要的。预警机制能够分析旅游对环境的影响因素及程度，探求环境发展变化的规律，并在此基础上预测环境的变化趋势，这成了主管部门做好环境保护工作、旅游开发工作的重要参考依据。

2. 旅游环境的监测管理

对旅游开发的施工期和运营期均需要进行环境监测，从而全面地对环境质量现状进行掌握，并及时反馈给主管部门，为环境管理工作提供重要的科学依据。举例来说，湖南张家界市建立了一所生态环境监测站，它不仅能够对景区环境进行监测，还能够通过景区入口的电子屏将监测结果滚动显示出来。

保护旅游环境主要依靠旅游景区自身的努力，各旅游区都应建立适合自身特点的、科学的环境监测制度，在景区内进行定期、定点、流动性的监测工作，对监测结果进行细致分析，并编写监测报告报送主管部门。针对景区出现的环境问题，主管部门应及时提出改进要求，并督促其完成。

3. 旅游环境的治理管理

旅游管理部门应建立和完善旅游环境保护的功能，加大环境保护的资金投入，制定旅游环境保护措施，保证科学地进行旅游区开发、建设、经营、服务和消费。通过推广环保技术，增强旅游区污染物处理和达标排放能力，实现控制污染、改善环境的目标。对已受到不同程度污染和破坏的旅游区环境，必须及时进行治理、恢复和重建，使之尽快恢复原貌。

（二）旅游企业的环境管理

旅游区经营者以追求利润最大化为经营目标，这是经营主体从事经营活动时的主要原则。利益优先的原则往往会对旅游环境产生污染、破坏等不好的影响。因此，规范企业的投资、开发等活动，对旅游环境的演变方向和保护工作具有直接的影响。

（1）旅游建设"三同时"。①加强旅游区内环境保护设施的建设工作，以因地制宜为原则，修建垃圾和污水处理设施，保障污染物的排放达到要求标准。②对旅游区内正在施工的项目加强管理措施，施工前进行必要的环境影响评价，施工过程中实行"三同时"制度，即环保工程与主体工程同时设计、同时施工、同时投入使用。③加大监管力度，在开发建设施工期间，相关部门应依法对施工工地进行检查、监督，防止因项目施工而产生的环境污染和破坏。具体应做到以下几点：对施工中产生的污染物，如污水、废气、噪声、粉尘等，要采取有效的治理措施，防止污染物对环境的破坏；施工废弃土方应有统一的堆放地点，同时要完善并随时检查排水设施，以防水土流失；做到边施工边恢复，在建设的同时就通过种植人工草等方式对生态环境进行适当的保护与恢复。

（2）旅游经营"三许可"。旅游企业在从事旅游行业经营活动之前，必须获得排污许可证、经营许可证、环保许可证。排污许可证的目标是改善环境质量，它以控制污染物总量为基础，在排污的种类、数量、性质、流向等方面对经营单位及个人做出了规定；经营许可证代表着进入旅游业、从事经营活动的资格，它是市场准入制度，对旅游业企业的数量和素质进行着把控；环保许可证是更加具体的责任制度，它将旅游环境责任落实到具体企业，对企业相关的责任人、责任范围、责任目标等进行了明确。

（3）旅游管理"三收费"。旅游与环保是密不可分的，因此，应建立旅游与环保相关部门的联合工作机制，设立环保管理机构工作岗位和专、兼职人员，对所管辖旅游区内的经营企业及个人进行监督，实行排污收费制度、罚款收费制度、旅游资源税制度，对旅游企业开发、利用旅游资源，以及经营过程中的环境保护工作进行规范。经营者必须严格执行上述制度，防止或减少旅游经营活动中出现环境污染和生态破坏问题。

（三）旅行社的环境管理

旅行社是旅游业的重要构成部分，对旅行社的环保管理体现在其接待旅游者的工作中，分为准备阶段、实施阶段和总结阶段。

1. 接待准备

（1）培养生态导游。旅行社要大力培养热爱旅游事业、了解环境知识、环境责任感强的导游。通过导游的言传身教，对旅游者进行环境保护教育和旅游活动行为的监督。导游应以身作则，自觉保护旅游环境，在为游客提供讲解服务的过程中，要以游览的景点为依托，将环境教育知识渗透到讲解之中，并及时纠正和阻止游客的环境破坏行为。强化导游的素质和层次要求，加强导游的环境教育培训，培训内容包括旅游资源的功能、特点，自然风光、民俗风情的特色，动植物、生态文化、地学、环境科学、环境伦理、环境法律法规和环境保护建设等知识，以及服务技能和知识等基本旅游职业素养。

（2）控制旅游规模。制订旅游计划时，在人数与地点的选择上要注意环保。旅行团队人数要控制在适当的范围之内，应小团队旅行，便于有效管理，减少对环境的影响及破坏。

2. 接待实施

（1）游客环境教育。通过导游讲解、散发宣传材料、播放视听资料等方式，对旅游者进行环保教育，教育内容包括：生态保护的重要性、旅游目的地的自然人文概况、旅游的行为规范及注意事项、旅游目的地的环保政策法规、垃圾处理措施、有助于旅游区生态保护和经济发展的援助计划等。

（2）组织环保活动。在旅游过程中，向游客建议购买不影响旅游地自然环境的土特产品；组织旅游者向旅游区提供环境保护方面的援助；组织旅游者分发环保宣传材料，参加保护自然的公益环保活动，如植树造林活动，为旅游区的生态保护做广告宣传等。

3. 接待总结

向社区和旅游者征求意见以改进下一次旅游的组织安排，总结和积累经验，征求的意见包括旅游感受、组织安排是否合理、管理方式是否达到要求等。

（四）旅游者的环境管理

旅游者的旅游活动对环境的影响相当大，为了保护生态环境，有必要对旅游者的行为进行规范性管理，管理的基本内容是科学区划分流和疏导游客，合理制定与控制生态容量和经济容量，加强游客环保教育和规范旅游行为等，保护旅游资源与环境。

1. 加强游客环保教育

通过多种手段，把环境教育的相关知识潜移默化地灌输给游客，使游客在无形中形成良好的环境意识，懂得其必须履行的环境义务和责任，杜绝破坏环境的和不健康的消费与活动。

（1）不同阶段的环境教育。对旅游者所进行的环境教育，要采用寓教于游的方式，教育要贯穿于旅游的全过程。旅行前，可对游客进行环境伦理等的宣传教育，交代旅游中的环境保护注意事项，可发放通俗易懂、图文并茂并印有环境教育内容的说明书和导游图，教育游客应学会将旅游活动对环境的破坏降到最低限度的有效方法，并使游客认识到保护环境的必要性，认识到保护旅游区环境是应尽的义务和应具备的文化素养。

旅行中的各个环节都要做到环保。可借助旅游区的宣传栏、宣传画、演播厅、书籍、手册指南以及通过导游解说对旅游者进行环境教育，教育游客不践踏植物、不攀折花木、不随意刻画、不挖掘花草奇石等；在自由活动中，告诫游客杜绝参与黄、赌、毒或带有迷信色彩的活动，不捕猎、不食用、不采集野生生物，不乱扔垃圾、不污染水土、不违章使用火烛等。在游览活动结束后，通过启发、提问和游戏等方式，让游客回味旅游活动过程中的环境生态问题，引导游客深入思考，启发游客的环境责任和危机意识，深化旅游环境教育的作用，使旅游者受到感染，树立合乎生态环境道德规范的文明、绿色消费行为。

（2）不同游客的环境教育。团队旅游者多来自同一地区甚至同一单位，在行动上容易统一，可以采取和旅行社配合进行环境知识教育和引导，或利用导游讲解的形式进行教育；散客旅游者自主性大，行动容易分散，活动范围相对难以固定，要在游客购票进门时就进行环境教育，如在门票上印制相关的环境教育知识，在游览过程中还要做好环境教育和监督工作。

当地旅游者可采取直接教育的方式，用丰富的生态和环境保护知识感染游客、教育游客，努力提高他们的环境保护意识，让游客"游"出快乐，也"游"出知识和责任；外地旅游者可利用广告营销的附属效应，在宣传

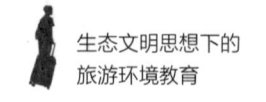

旅游区的同时，附带地宣传当地的自然社会环境，让其了解相关的环境保护知识，必要时也可以派专业人员到社区进行免费知识讲座或散发宣传资料，使旅游者进入旅游区后能主动地保护环境。

对年轻游客的环境教育，主要是加强和完善环境教育设施，如科普馆、标本馆、生态教育馆等，开展生动活泼、知识性、趣味性和参与性强的环境教育活动，激发其环境探索意识，使其在游戏和活动中体验自然，增强环境责任感；对年老游客的环境教育，主要是通过旅游区内设立的宣传牌、警示标语和通过导游讲解，以及利用广播进行环境知识的宣传教育，使游客自觉爱护旅游区资源，保护旅游区环境。

2. 规范游客的旅游行为

通过法规、制度和管理规范，约束旅游者行为，杜绝游客不良游览与消费行为对旅游环境的影响。行为规范主要包括按规定线路进行观光；减少浪费，降低人均旅游环境占用；尊重旅游目的地的文化习俗，不将自己的文化价值强加于人，防止对旅游地居民的不良示范效应；不购买、不采食、不携带野生动植物；爱护旅游区一草一木，不踏踩植物，不乱丢垃圾，不损害和污染环境；积极参与保护生态环境的有益活动。

（五）旅游社区的环境管理

旅游目的地社区环境管理是指相关管理部门通过政策规范、行政引导、经济措施、技术引进等手段和方法，对旅游社区环境进行规范、引导、治理和美化。

1. 强化社区居民教育

社区居民是旅游区资源的利用者，他们对身边环境的认知和行为，直接关系到旅游资源的有效利用和保护，关系到旅游区的可持续发展。通过环境教育，全面提高居民的环境道德意识和信念，支持并参与旅游区的环境保护和环境建设。

（1）环保法治教育。对于社区居民，要耐心宣传国家有关环境保护的政策、法规、条例等，以及各级地方政府制定的各类实施细则和办法，使当地居民具有初步的环境法律、法规知识，使社区成为旅游区环境保护的参与者与监督者。

（2）环境意识教育。对当地居民进行环境意识教育，首先要关注当地居民的利益，为他们提供必要的生产和生活条件，协助他们逐步改变传统的生活及生产方式，杜绝狩猎、伐木、垦荒等破坏环境的行为，及时解决当地居民的实际困难和问题；其次，通过实际生活条件的改善及旅游环境保护方法的宣传，使当地居民意识到，当地的环境和资源对他们意味着经济利益，保护好旅游区的环境就是保护好自己的聚宝盆，只有环境保护好了，旅游业才能得到更好更快的发展，创造出更多的就业机会，使他们得到更多的收益，进而激发他们自觉自愿地参与环境保护。

（3）环保参与教育。当地居民对旅游的参与程度和旅游环境保护的关系十分密切。肯尼亚生态旅游的成功得益于旅游资源的良好保护，而旅游资源的保护在很大程度上依靠当地居民的参与。

当地政府应积极鼓励社区居民参与旅游业，成为旅游环境的保护者，旅游区内的就业岗位要优先考虑当地居民，如导游、解说、护林巡视、防火、绿色食品生产和加工、手工艺品制作、民俗歌舞表演等旅游服务、管理和资源保护工作，让当地居民成为旅游区环境的管理者和保护者，也享受旅游发展所带来的收益。

2. 构建生态补偿机制

旅游者的旅游活动消耗了当地的自然资源，造成了环境资源利用的压力，旅游区通过发展旅游业置换了游憩功能价值，而旅游区居民牺牲了公平利用自然资源的权利，应该得到相应的生态补偿。旅游生态补偿可以矫正外部性，体现对环境的补偿和环境容量的租金，保证旅游给当地居民带来福利效应，改善居民对旅游开发的态度和强化居民的环境保护行为。

生态补偿机制的核心是解决补偿主体、补偿客体、补偿标准以及补偿方式等问题。以生态系统服务价值的评估作为补偿标准的依据，采取机会成本法、市场价格法等对森林、水体、湿地、草场等生态系统的服务价值进行评估，据此确定退耕还林还草、退田还湖等行为的补偿额度。旅游区应根据实际情况，从宏观与中观尺度，建立区内与区际、跨行政区域、流域、地域的旅游生态补偿机制。

3. 建立利益共管模式

旅游地的形成是一个长期而综合的过程，作为一个开放的地域综合体，

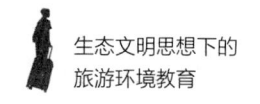

它关系到国家、地方、企业、旅游者、居民五方主体的利益，这五个利益主体对环境与旅游业的发展具有不同的利益诉求。国家要保护生态平衡，地方要实现区域发展，企业要获得经济利益，游客要满足旅游体验，居民要取得收入增长，不同的利益主体之间的目标差异使得旅游区内的经济发展与环境保护出现了现实矛盾。

构建利益主体共管模式，鼓励参与合作，将各种利益主体都整合到管理体制中，有助于各种利益主体的利益平衡，减少各利益主体间的矛盾冲突。为此，旅游地要成立联合管理委员会，以法律、政策、行政、经济、规划、审计、教育、技术等为手段，以和谐旅游为目标，构建利益一体化环境共管模式和社会公共监督的环境保护管理机制，其组成应包括当地政府、与旅游开发有关的非政府组织、企业和当地居民等。

4. 提高社区环境保护

对社区的自然环境、人文环境进行保护。要充分展现社区人文环境，尊重、保持当地社区居民独有的生活方式与习惯，对于具有特殊价值的资源，相关的政府部门应介入监管。要定期整治社区卫生环境，对社区整体环境进行绿化，加大植被种植面积，在原有的基础上改善自然环境，可以进行景观设置，使社区更显温馨亲切，提升社区环境质量，打造良好的社区旅游形象。

5. 提升居民参与能力

旅游地居民只有积极参与并从旅游业发展中获益，才能真正认识到旅游发展的价值和环境保护的意义，才能主动参与环境保护的工作。对于实现旅游业可持续发展的目标而言，社区的参与是十分重要的途径。

第三章

旅游环境教育实施的必要性分析

旅游环境教育借助教育手段，提高人们的旅游环境意识，使整个社会对人类与旅游环境的相互关系有正确的理解和态度，使人们了解旅游环境问题的复杂性和严重性，激发人们保护旅游环境的积极性。本章内容包括生态文明思想的内涵及实践要求、旅游环境教育的内涵分析、国内外生态旅游环境教育的发展、旅游环境教育的相关理论分析以及生态旅游环境教育的重要性。

第一节　生态文明思想的内涵及实践要求

党的十八大以来，习近平总书记从谋求中华民族长远发展、实现人民福祉的全局出发，围绕生态文明建设创新性地提出了一系列高屋建瓴、深刻独到的理念和论述。这些理念与论述以倡导尊重自然、关爱生命、绿色发展、实现人与自然和谐共生为主旨，立意高远、内涵丰富、思想深邃，是对人类生态文明思想的重要发展与创新，同时也是我国新时代推动生态文明建设的思想指引和根本遵循，具有深刻的哲学内涵、深远的指导意义与重要的时代价值。

一、生态文明思想的内涵

（一）生态自然观

自然观的内涵有狭义与广义之分，狭义自然观指的是对自然界的总的看法，广义自然观指的是对自然界及人与自然的关系的总的看法。自然观是世界观形成的基础，任何一种哲学思想体系都必然包含自然观的部分，而人与自然的关系是自然观的核心部分。

马克思主义哲学认为物质是世界的本原，世界的多样性统一于其物质性，而人与自然的根本关系就是"人本身是自然界的产物，是在一定的自然环境中并且和这个环境一起发展起来的"。生态自然观源于马克思主义哲学的本体论与自然观，并从"生命"与"共同体"两个方面对本体论及人与自然对立、依存与统一的关系做了进一步阐述与发展。一方面，在生态自然的思想中，使用"生命"的概念，形象地阐释了辩证唯物主义"物质"本体的存在特征。自然界的本质是物质，物质的存在不是静止的、机械的，而是永不停息地运动、变化和发展的。正是由于这一本质的存在特征，自然界孕育和繁衍了人、山水林田湖及具有不同生命形态的万物；另一方面，

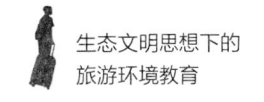

使用"共同体"的概念形象地阐释了自然生态中整体与部分的辩证统一性，并反映了物质的普遍联系性。地球自然生态体系是一个宏大壮丽的生命共同体，由以人和山水林田湖为代表的各种形态的无数生命个体共同构成。每个生命个体虽然是独立的，但因为其物质的根本属性而具有普遍联系性，从而与其他生命形态的个体及生态共同体时刻关联、共生共命。在地球生命共同体的孕育与滋养下，每一生命个体得以绽放出独特的生命之花，而所有生命个体的良好发展，也为生命共同体带来最佳的生态平衡、稳定与繁荣，使其焕发出勃勃生机。

（二）生态价值观

价值是从人们对待满足他们需要的外界物的关系中产生的，而价值观是人对价值的取向与判断，是对事物存在价值的理念、看法和态度。生态价值观是生态自然观的集中反映与表现，对人的生态行为起着指导、支配与调节作用，并深刻影响着人与自然之间的关系。

生命是物质在自然界的基本存在特征。地球生态圈内一切形态的生命都源于自然，也都是生命共同体不可或缺的组成部分。在"生命"的终极参照下，所有自然生命个体都具有同样的"绝对价值"，没有高低优劣之分。然而，人类以对自身需要的满足程度为参照标准，为其他生命共同体成员设定了不同的相对价值，由此形成了人类"相对价值化"的自然观。在这种相对价值化的自然观的引导下，人类的生态价值观发生了扭曲，即只看到自然被物化的经济价值与被工具化的利用价值，却忽视了生命的绝对价值及所包含的环境价值、精神价值、文化价值等其他相对价值，这种错误的价值观导致了环境的污染与生态危机的加剧。

近年来，中国在经济发展方面虽然取得了举世瞩目的成就，但也遇到了资源约束趋紧、环境污染严重、生态系统退化的生态困局。如果不从思想观念上进行变革，树立正确的生态价值观，采取有力措施加强生态环境保护，那么，随着生态系统的不断恶化，社会的发展将不可持续。

人类应该树立尊重自然、顺应自然、保护自然的生态文明理念，合理地与自然界交换物质能量，创造可持续发展的美好生活。

（三）生态义利观

义利观是伦理思想与价值观的重要组成部分，是人认识与处理利益与道义两者关系的基本观念与思想准则。人类追逐经济与物质利益、对自然进行掠夺性开发，这种开发以无限价值扩张为目的，丝毫不考虑这种扩张所带来的政治的、经济的、地理的或生态的后果。这是造成现代社会生态危机的主要根源。

人类在利益与享受的驱动下，割裂地看待自身与自然的本质联系，形成了以满足自我需要为核心的价值观与义利观。在这种义利观的引导下，人类将自己摆在自然的对立面，为最大限度地满足一己之利，不惜掠夺与侵害自然，抛弃了珍重与维护生命共同体的生态大义。为从思想深处改变观念，党的十八大、十九大均强调必须树立尊重自然、顺应自然、保护自然的生态文明理念。以敬畏、尊重、顺应与保护的心态去对待自然，在生态环境保护问题上，绝不为片面追求经济发展而越雷池半步。真正认识到自然生态的美好是实现幸福生活的前提条件，像对待自己的眼睛与生命一样珍爱自然、长养万物，全力促进生命共同体的稳定与繁荣，有效维护人类代内与代际间的生态正义与公平，最终实现生命共同体与人类可持续的和谐共生，这才是人类应该认识与遵循的"生态大义"。

（四）生态发展观

发展观对经济社会的演变起着非常重要的作用。我们要坚持人与自然的和谐共生、走绿色发展之路。绿色发展注重的是解决人与自然的和谐问题，以推进经济增长与自然环境的协调发展建设美丽中国，不让经济社会发展站在生态自然的对立面，而是实现与自然的和谐共生、共同繁荣。目前我国要建设的现代化是人与自然和谐共生的现代化，自然界存在于人类社会之先，破坏自然界与其他生命共同体成员的生存和发展，就是破坏人类赖以生存和发展的根基。人类可以利用自然、改造自然，但归根结底，人是自然的一部分，必须敬畏、尊重、顺应与保护自然，以人与自然和谐相处为目标，转变经济发展方式，找到生态和发展之间的最大公约数；并且在降低资源消耗和污染排放、提高经济增长的质量和效益的同时，加大绿色投资、倡导绿色消

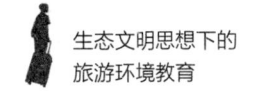

费、促进绿色发展，盘活山水林田湖这个生命共同体，实现人类社会的跨越发展和生态环境的协同共进。

（五）生态社会观

社会观即社会历史观，是人们对社会与历史发展的根本理念与看法。文明的兴衰、社会的变迁往往与自然生态有着深刻的内在联系，著名的古巴比伦文明、古埃及文明与古印度文明最初都起源于良好的生态环境。由于自然生态遭到了严重破坏，青山变秃岭、沃野成荒漠，这些文明也随之陨落，消逝于历史的长河中。

同生命共同体中其他生命体相比，人类无疑最具有影响自然的能力、是站在生态系统最顶端的成员，尽享"山林田湖"等其他生命共同体成员贡献的生态红利。然而，为了追求自身利益的最大化，人类削山毁林、破坏田地、污染大气与江河、随意侵害摧毁其他物种，严重破坏了与自然共生共存的关系，打破了自然物质与能量交换的动态平衡，殃及了整个生态系统的整体性、稳定性与可持续性。

在整个自然生态系统中，物质与能量的转化互换滋养了所有的生命。因此，如果人类善待自然，自然也会馈赠人类，为人类社会的繁荣提供充足的物质保障。反之，如果不能正确认识与处理人与自然的关系，将自然作为征服与侵略的对象，人类社会的文明也将渐渐消散。

二、生态文明思想的时代价值

生态文明思想紧扣中国新时代发展的脉搏，是中国共产党新时代生态文明思想的新理论和新成果，具有深刻而重大的时代价值，必将对人类社会发展产生深远的影响。

（一）推进人与自然关系全社会重构

在宏伟博大、神奇壮丽的自然面前，人类总是显得渺小微弱，但人类并不甘于对自然的服从。随着科技的进步和工业的发展，人类挑战与征服自然的尝试似乎都一步一步地取得了成功。然而与此同时，人类却赫然发现自身已经处在自然环境崩溃的边缘，生态危机一触即发。这一切都源自人类缺乏对人与自然关系的正确认识，将自然作为征服与攫取的对象，做出过度消耗自然资源、随意破坏生态环境的自毁行为。自然是生命之母，人类善待自然，自然会馈赠人类，伤害自然最终会伤及人类自身。生态文明建设关乎中华民族的未来、关乎全社会每个人的未来，是实现可持续发展的必然途径。在生态文明建设中，人的因素是关键，只有每一个人都切实认识到生态文明建设的必要性与紧迫性，在心中牢固树立对人与自然关系的正确认识，形成尊重、顺应、保护自然的全社会合力，才能从根本上停止人类对自然的透支与破坏，转变与改善人与自然的关系，重建绿水青山和碧海蓝天。

（二）指导新时期生态文明建设实践的价值

中华人民共和国成立以来，我国从一个积贫积弱的国家跃升为世界第二大经济体，但经济高速发展很大程度上是以自然资源的大量消耗与环境的污染破坏为代价换来的。当前，中国特色社会主义进入新时代，我国社会主要矛盾已经转化为人民日益增长的美好生活需要和不平衡不充分的发展之间的矛盾。

面对环境保护和经济发展之间的矛盾，生态文明思想首先运用马克思辩证唯物主义和历史唯物主义的方法论，从以"生命共同体"理论为基础的生态自然观出发，揭示出人与自然互为命脉、同生共存的本体关系及互相转化、互为依赖的对立统一关系。这一生态自然观的提出为全社会深刻认识生态文明的内涵与生态文明建设的意义，促进人类生态文明认识与实践的统一，从而把生态文明建设更好地融入经济建设、政治建设、文化建设和社会建设的全过程奠定了深厚的哲学思想基础，对新时代中国特色社会主义生态文明建设具有重要的指导意义。

建设生态文明，打造美丽中国，一方面坚持生态义利观，摒弃以牺牲生态环境换取经济发展的老路，实行最严格的生态环境保护制度，筑牢生态红线，引领绿色生活方式，为人民群众创造天蓝、地绿、水清的美好生态环境，让良好的生态环境成为最普惠的民生福祉；另一方面坚持以"绿色发展、和谐共生"为目标的生态发展观，在承认和尊重自然规律的前提

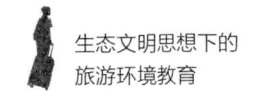

下，以生态环境的承载能力为基础，推动经济结构转型升级、创新绿色科技、转变经济增长方式、发展循环经济、倡导绿色消费和健康向上的生活方式、建设资源节约型和环境友好型社会。

（三）推动"人类命运共同体"全球构建的价值

"人类命运共同体"理念是习近平总书记治国理政思想的重要组成部分，也是中国为在全球构建国际和平、公平正义与生态和谐的新秩序及完善全球治理体系而贡献的高超智慧和独特方案，闪耀着马克思主义哲学的思想光辉，是中国传统优秀文化的当代弘扬。

地球是人类的共同家园，人类处于同一个世界，面对同一个地球，不论是何国籍与信仰，在生态环境的建设与保护方面都是休戚相关、命运与共的。可以说，人类与自然的生命共同体关系决定了全世界人类在生态环境方面的"命运共同体"关系，生命共同体是人类命运共同体的根本基础，全球生态文明的构建是构建人类命运共同体不可或缺的一个重要维度。

生态文明思想超越了人类中心主义与自然中心主义主客二分的认识论局限，站在生命共同体的制高点，运用马克思辩证唯物主义的认识论及中国传统哲学的整体性思维阐明了人类与自然辩证统一的根本关系，为促进人与自然和解及绿色发展在思想理论与实践探索方面做出了重大创新，也为马克思指出的实现人与自身的最终和解指明了方向。由于生态环境保护和绿色发展是构建人类命运共同体的重要内容，他的思想不但为建设美丽中国提供了精神动力与行动指南，同时也有助于在全球树立人与自然和谐发展的生态文明理念，在推动生态环境保护、气候治理、绿色发展及建设美丽宜居的地球家园的同时，为在全球构建人类命运共同体，建立公平正义、和平美好的新秩序及完善的全球治理体系做出重要贡献。

三、生态文明思想的实践要求

生态文明建设关乎人民福祉、民族未来。当前，我国环境保护形势严峻，资源紧缺，而高污染、高耗能的经济增长方式长期存在，人类的发展需求与自然资源供给之间存在矛盾，需要人类建设资源节约型社会。

（一）转变经济增长方式

节约资源，建设节约型社会，转变经济增长方式，是建设美丽中国的必经之路。高消耗、高排放的粗放型经济增长方式必将被摒弃，取而代之以健康的经济增长方式。节约资源是保护生态环境的根本之策。要实现经济增长方式的改变就必须实现资源利用方式的改变，从我国的国情来看，调整优化产业结构，推动资源利用方式将从源头上缓解经济发展给环境带来的巨大压力。

基于历史与自然环境的原因，我国第一产业基础薄弱，第二产业虽然得到了一定的发展但能源消耗巨大，且大多未能掌握核心技术，充斥着产能过剩的现象，第三产业发展尚显不足，推动产业升级，转变经济增长方式已经迫在眉睫。

通过研究国外发达国家经济的增长模式可以得知，发达国家在推行宏观经济稳定政策的同时注重区域规划政策和产业政策的制定，并通过完善保护公共环境的机制以及满足多数人最基本需求的社会保障制度来保障本国经济持续发展。实现经济增长方式的顺利转变，首先要充分发挥市场机制这只无形的手和国家宏观调控这只有形的手的作用，予以经济适当的引导，并给予财政或货币政策支持，从而使社会资源在合理范围内最大限度地被有效分配；其次，从政府角度出发，加大对教育、科技、卫生等其他公共福利方面的投入，使人们在基本生活得到保障的同时更加注重精神层面上对生态文明的需要；第三，国家通过产业政策引导或直接投资扶持有发展潜力的重点产业，尤为重要的是加大对有生态保护发明专利或者低耗能、有治污手段的企业的鼓励与支持，引导其向新型科技为基础、环保低碳的技术型企业发展。

（二）保护和改善生态环境

蓝天、碧水与净土，是广大人民群众对美丽中国最直观的体验，也是美丽中国的显著标志。当前我国的环境污染问题不乐观。

环境污染不仅损害生态系统的正常代谢，也对人类的生存与发展带来危害。保护与改善生态环境是实现生态文明的重要前提条件，只有环境得

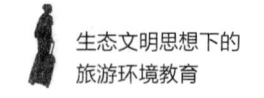

到改善,生态文明建设才会成为可能。环境污染不仅危害人的身心健康,还给我国的经济发展造成了巨大的损失。人类社会是地球生态系统中的一部分,忽视环境保护,一味谋求发展只是"竭泽而渔",人类的生存与发展都离不开生态系统。清洁的环境与健康的生态系统,既是生产力,也是竞争力。我国正处于全面建成小康社会的紧要关头,若不能正确处理经济发展与环境保护之间的关系,我国的经济发展将会受到极大的影响。要改变这一现状,必须全面贯彻可持续发展观,摒弃片面追求经济增长,转变轻视环境的观念,在实施方式上,不仅要依靠行政手段,法律、经济、科技手段也同样重要。

(三)推动绿色发展、循环发展、低碳发展

经济发展与生态环境保护之间有着密切的关系,要大力推进绿色发展、循环发展、低碳发展。绿色发展、低碳发展、循环发展实际上是人类在资源能源危机,环境危机与生态危机后产生的一种新的经济发展模式,它们以生态环境的优劣作为发展成功与否的重要标志。推动经济绿色、循环、低碳发展,就要转变经济发展方式,调整产业结构,形成节约资源与保护环境的空间格局、产业结构,以及生产与生活方式,推动资源利用方式的根本改变,全面增强可持续发展的能力,为建设美丽中国创造更好的生态条件。

传统的发展模式所带来的局限与问题日益突出,主要表现在地球资源的有限性与人类需求之间存在的巨大鸿沟。中国自改革开放以来,以制造业立国,成了世界工厂,巨大的成就背后,是生态环境破坏的高昂代价,制造业的发展与结构升级刻不容缓。提高生产效率,将制造业本身的价值链升级,将优化产品质量与推动产业链的升级作为着力点,加强政府政策引导,避免区域性同质化恶性竞争,同时提高整个产业链的核心竞争力,突出产业的现代性,技术的先进性,管理的规范性。在此基础上,推动传统产业转型升级,以科技发展提升传统产业的竞争力,推进核心技术的自主研发与转化应用,利用新科技提升传统产业,推动工业整体素质跨越式发展,把绿色发展作为改造提升传统产业的突破口。

循环经济是指在生产、流通和消费等过程中进行的减量化、再利用、

资源化活动的总称。循环经济侧重于整个社会的物质循环，遵循"减量化、再利用，资源化，减量化优先"的原则，广泛宣传动员全社会发展循环经济，降低资源消耗强度。

低碳发展以低碳排放为特征。我国正处于社会转型期，工业化中期的发展水平导致了我国的碳排放量居高不下。我国的自然资源中"高碳"能源占绝对主导，节能减排，任重而道远。调整能源结构，大力发展清洁能源，构建现代化能源产业体系，推进产业结构调整，产能过剩行业稳步化解，加快研发、推广节能减排的新技术、新工艺，推动技术进步，提高能效水平，从高碳发展到低碳发展的转型需要全社会的共同参与。从政府的角度讲，低碳发展需要政府加强制度建设，严格的制度与法治是生态文明建设的重要保障，完善经济发展考核体系，把资源消耗、生态效益等生态指标纳入考核体系范围，并建立责任追究制度，坚决打压破坏环境的行为。对社会而言，普及与环境相关的科学知识，着力提高生态文明意识，推广环境保护、生态治理的理念，使得保护环境的行为成为社会广泛认可的主流。对个人而言，理性消费，抵制浪费行为，自觉践行绿色低碳的生活方式，将建设资源节约型、环境友好型社会落实到每一个家庭，让每个人都成为美丽中国的建设者。

第二节 旅游环境教育的内涵分析

一、旅游环境教育的含义

旅游环境是生态环境旅游业发展的主要因素，其中包括两方面中心，一是以旅游者为中心，围绕旅游者的旅游体验，二是以当地旅游资源为中心，旅游资源包括景区的人文和自然环境，综合社会人文因素和自然环境因素，具体可以理解为围绕旅游业发展所需要的各方因素的综合体现。

随着中国经济的快速增长，中国的旅游经济日益兴盛，目前来看已经成为我国第三产业的重要产业之一，旅游业的快速发展一方面丰富了

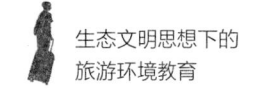

游客的选择性，另一方面带动了地区产业的发展，然而旅游业的快速发展对旅游环境的影响日益加深，这种影响多为负面。为应对这一负面影响，需要唤醒人的旅游环境保护意识，需要继续开展旅游环境教育。环境教育小到学校的卫生教育，大到国家文物的保护，需要人们终身学习。通过终身学习，不断提高人们的环境意识，不断增强人们保护环境就是爱护家园的理念。人的教育不应随着学习的终止而停止，环境教育更多的是对成人的教育，旅游人员构成最多的是成人，造成环境破坏最多的也是成人，所以环境教育更应该从社会层面开展，从舆论和法律监督入手。当爱护环境的理念深入人心，人们就会自发地去保护旅游环境，从而达到保护环境的目的。旅游环境教育所叙述的正是这一原则，让游客在旅游当中自发地建立起保护旅游环境的概念。综上所述，旅游环境教育是社会的终身教育，所针对的是社会中的所有人，正确对待这一教育，将会为中国旅游业向更高标准发展奠定环境基础，同时对人文和自然环境有重要的保护作用。

二、旅游环境教育的体系构建

（一）旅游环境教育的目的和原则

所有教育都有其原因，旅游环境教育的根本是唤醒人们的环境保护意识，增强所有人爱护环境就是爱护家园的概念，同时通过环境教育在社会范围内掀起保护旅游环境的热潮，通过推动旅游环境保护的教育，使人们了解生态环境的脆弱，从而自发地保护旅游环境，积极主动地宣传和引导他人保护旅游资源。旅游环境教育是全面的终身教育，涉及每个人，简单来说就是学校教育和社会教育两部分，针对群体不同，教育的理念和内容也不相同，但是目的都是相同的，那就是保护旅游资源。

1. 旅游环境教育的目的

（1）觉醒：提高人们在旅游环境中获得整体环境及其相关问题的认识和敏感度。

（2）理念：环境教育是通过教育手段使人了解保护环境的重要性和

紧迫性，了解自己在环境保护中的价值和位置。

（3）情感：通过环境教育促使人们自发去保护环境，热爱环境。在人们的意识当中加入随时保护环境的概念。

（4）专技：通过教育学习掌握一定的环境保护专业知识。

（5）审美：通过环境教育了解保护环境的知识和技能，同时也进一步加深对旅游文化的了解，从而了解旅游环境的特点，在推广旅游业上有成熟的审美能力。

（6）获得感：从教育中汲取获得感，这一点很重要，人们有了获得感以后，就会把保护环境视为自己的责任，主动去解决相关的环境保护问题。

2. 旅游环境教育的原则

（1）整体性原则。旅游环境教育必须考虑环境的整体性，从环境观点检视所有的发展与成长，促使人们对环境问题的行为准则做出决策。

（2）长期性原则。旅游环境教育是终生教育，贯穿于个人从学校到社会的各个阶段。

（3）可持续性原则。旅游环境教育应重视现在及将来的环境情况，关切地区的差异性，促进地方的、国内的和国际的合作。

（二）旅游环境教育的主体内容

旅游环境教育的主体由政府、学校、旅游从业者及游客四个方面构成。

1. 旅游环境教育中的政府

政府在旅游环境教育中是一个引导者，对旅游环境教育影响深远。政府应提倡生态旅游，提倡无害环境的休闲和旅游活动，妥善利用博物馆、历史古迹、动物园、植物园、国家公园和其他受保护区，将旅游活动引向深入。

2. 旅游环境教育中的学校

学校是旅游环境教育的主体，是通过专门的场所教育以达到旅游环境保护目的的地方。学校教育分为课内教育和课外教育两种形式。

一是课内教育。学校要在日常的地理课、历史课、政治课、化学课、生物课等课程中向学生灌输旅游环境保护的基本知识，提高学生的旅游环境保护意识。

二是课外教育。学生除了接触家庭和学校环境之外，接触其他不甚熟悉的环境也很重要。旅游环境教育最重要的一个方面，就是组织学生们走出去，到旅游目的地去，将自己在学校学到的知识运用到实际当中，亲身地感受身边的一切，只有身在生态环境中，学生通过自身体验，才能在旅游实践中受到无形的教育，将自己在课堂上学到的知识具体地技能化，通过旅游活动实现学生的环境教育，增强学生的环境保护意识，培养学生的环境保护理念。

3. 旅游环境教育中的旅游从业者

旅游从业者在旅游环境教育中处于核心位置，是最直接接触旅游的群体。所以不论是对自身素质的提高还是对旅游环境的保护，都是最直接的宣传员和受益者。旅游从业者大致可分为旅游行政人员、旅游景区规划人员、旅游服务接待人员以及当地居民四个部分。

（1）旅游行政人员。旅游行政人员是旅游环境的规范者，是旅游环境教育实施的推动者。首先要使行政人员认识到旅游环境和旅游环境教育的重要性，认识到旅游与环境保护相互依存，相互促进，旅游能够有效地促进环境保护和生态建设，增强他们环境保护的历史责任感和危机感，提高他们环境保护的政策法规水平和科学决策能力。

（2）旅游景区规划人员。旅游景区规划人员是旅游环境的设计者，同时旅游景区规划人员是景区统筹管理者、日常设施维护者，景区的各项工作开展都需要这些专业人员，这些专业人员，必须掌握必备的环境保护技能，旅游环境教育重点是加强执行者和行动者的责任意识。

（3）旅游服务接待人员。旅游服务接待人员是景区各项工作人员的统称，包括景区外部的导游人员和景区内部管理人员，旅游者在旅游中的第一体验需要旅游服务接待人员实现，同时所有的景区服务接待人员又是景区环境保护的重要组成因素，通过景区服务接待人员的引导可以更好地实现景区生态环境的保护，营造好的旅游环境，使他们充分认识到"人人都是旅游环境，人人都是教育亮点"。景区管理者是景区的核心组成部分，对景区环境起主导作用。这种主导作用主要体现在：第一，及时设置和更新景区保护环境设施，通过导向指示牌和环境保护牌及时为游客指明信息；第二，设立相关讲解人员和场所，不断对景区游客讲解环境保护知识；第三，及时检测景区游客的最大接待量，防止过度旅游造成环境和资源的破坏；

第四，全面监督景区旅游对环境造成的影响，最大程度上减少旅游资源的超负荷运转。旅游的组织部门和人员是旅游环境保护链中的重要节点，主要起到推进作用。这种推进作用主要体现在：第一，规定适当的接待人数，不造成环境的破坏；第二，采取有效的措施在计划阶段坚决杜绝对环境造成破坏的事项；第三，针对性地培训景区导游，树立环境责任意识，不采取破坏环境的方案；第四，政府要重视对本地区旅游业的扶持。

旅店是旅游环境教育的重要组成部分，对旅游环境教育起辅助作用。这种辅助作用主要体现在：一是选择对环境产生最小影响的地方为旅游者提供食宿；二是建筑物的设计应尽量减少对当地自然和文化的影响；三是时刻注意能源利用和排水等诸多问题对周围环境的影响。

（4）当地居民。当地居民是旅游环境教育的基础组成部分。游客意识可以通过景区监督实现，但是当地居民为了利益，会对环境造成破坏。从法律层面上向当地居民强调环境保护的重要性，在家园意识上对当地居民进行教育，使当地居民了解环境保护对家园的重要性，工作的重点是解决当地居民就业和生活的具体困难，形成良性监督。

4. 旅游环境教育中的游客

旅游业的主体构成部分是游客，景区质量的好坏取决于景区的受欢迎程度，景区价值最终要靠游客来实现。游客在景区环境链中既是保护环境的主体，也是环境好坏的监督人员，没有好的环境保护的景区自然没有游客光临。旅游环境教育的主体应该是游客，增强游客自身保护环境的意识，使其认识到一些不文明的小习惯、坏习惯会导致旅游景区价值降低。很重要的一点是，著名景区应该学会倡导游客错峰旅游，现代旅游环境的最大破坏因素是人，超出景区游客接待量造成的环境影响更大，范围更广，所以在景区营造美好环境的教育中，应当对游客重点教育。其一是加强游客的环境保护意识，这一点在前面已经陈述，重要的是景区的管理者应当有这一概念，在景区建设中，最大接待游客量是多少，景区的环境保护设施有多少，都应该在环境教育中重点讲解。

（三）旅游环境教育的主要内容

旅游环境教育概念涉及广泛，涉及人类社会的方方面面，本节选取其

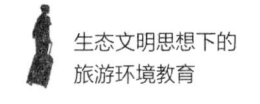

中一些方面加以陈述：

（1）旅游环境中的人文和自然景物的科学保护知识。教育的理念是传道授业解惑，环境教育理念的重点是传递环境保护的科学知识。旅游环境的保护不是单纯的口号和简单的随手捡垃圾，旅游环境涉及国家人文历史和自然资源的保护，随手一个动作有可能对景观造成不可逆的破坏，所以人文和自然景物保护的科学知识是环境教育的重点。

（2）增强旅游环境中的法律意识。法律是约束人们的重要手段之一，也是保障景区有序工作的基础，蓄意和恶意破坏环境的人员都要受到法律的制裁。环境教育的法治观，告诫人们在景区当中遵守景区的秩序，用法律手段严禁人们肆意和无意破坏，其中主要包括各种旅游资源保护法律法规等内容。

（3）倡导旅游环境下的价值观念。为什么有些人保护环境的意识强，而有些人保护环境的意识淡薄？归根结底是人们观念上的差异，从小让学生树立正确的价值观念，树立良好的环境保护意识，在社会层面上不断增强人们的社会主义价值观念，在价值观念上形成强烈的环境保护责任意识。

（四）旅游环境教育的基本形式

（1）新闻媒体及其他大众传播工具。旅游环境教育形式多样，新闻媒体及其他大众传播工具是最重要也是最有效的一种教育形式。新闻媒体及其他大众传播工具不仅通过其导向功能引导人们的环境行为和形式，还通过舆论功能发挥强有力监督作用——表彰旅游中的文明行为，揭露和批评不良行为，而且还通过其教育功能不断宣传旅游环境保护的政策法规和科学知识，提高国民的旅游环境保护意识。

（2）课堂。课堂是旅游环境教育教学的主渠道，课堂教学可以极大地提高旅游环境教育的效率。课堂教学的最大优势在于可以充分利用义务教育和专业教育过程。教师可以联系教材实际、生活实际、学生实际，主动深入挖掘旅游环境教学的内容，充分运用讲授、实验、野外观察、问题解决、模拟、游戏、快速联想法等多种教学方法，使学生基础知识牢固，具备一定技能。

（3）其他形式。旅游环境教育除大众传播工具和课堂外，尚有知识竞赛、夏令营、冬令营等许多其他较好的补充形式。

青少年课堂以外的教育形式可以结合现在优势的互联网资源，将环境教育的形式从课内转到户外和社交媒体，利用多样的网络知识竞赛和新颖的户外组织活动，在活动过程中，将环境教育潜移默化地深入青少年的知识体系。

旅游环境教育的主体众多，内容丰富，形式多样，但由于当前对旅游环境教育的认识不足，所以旅游环境教育体系尚未完全构建。在当前人类环境意识不够、旅游环境教育相关人才不足、应试教育局面很难改变的状况下，学校与社会需要共同积极构建合理的旅游环境教育体系。

第三节　国内外生态旅游环境教育的发展

从严格意义上讲，生态环境教育活动发起于第一次世界环境运动，并在此次活动中得到快速发展。20世纪70年代前后，生态旅游环境教育出现在大众视野中，促进了生态旅游、环境教育协同进行。此次教育活动促使人们面对世界生态问题、环境问题、资源问题等问题的意识觉醒。

国外生态旅游环境教育开展的时间较早，领域较广，并且得到了相关学术研究成果的指导，因而在实践中既产生了具有典型意义的方法、手段，同时也涌现了一些具有成功经验的旅游地[①]。

一、国外生态旅游环境教育实践

生态旅游自产生后，在全球发展迅速，促使越来越多的国家、地区增强了对生态旅游环境教育的重视，大大加强对其开展力度，并且有些国家在此方面制定相应措施，能够为其他国家生态旅游环境教育的实施提供参

---

① 王璋，尹美群，张继东. 旅游教育与人才培养现状特征分析与研究[J]. 河北旅游职业学院学报，2015（04）：68~76.

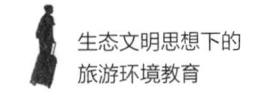

考。例如，尼泊尔、澳大利亚、美国等国家。另外，某些国家因在此方面运用比较特殊的实践方法、设施建设，形成在国际范围具有影响力的生态旅游基地。

（一）美国生态旅游环境教育

美国早在19世纪70年代就建立了世界上最早的国家公园——黄石国家公园，在世界上首开自然保护区制度之先河，并建立了一套由自然、历史、游乐三大类单元所组成的全国荒野游憩系统。早在生态旅游环境教育开展之前，美国政府就针对因荒野游憩造成的区域环境退化等问题，对大众开展户外运动技术、户外运动道德等方面的研究教育，并且在后期的实践中得到迅速、连续发展。20世纪80年代，这场户外运动教育之后，生态旅游环境教育随之出现，并结合其相应特征，得到快速崛起。从整体方面来看，美国生态旅游环境教育的发展历程主要分为五个阶段。

第一，早期正式教育。由国家户外领队学校领导，主张开展针对公众在游憩时降低环境影响方面的计划。

第二，经典口号提出。有关生态环境机构、部门针对游憩问题发起"打包进，打包出"等类似口号。

第三，宣传手册印发。为进行深入教育，美国国家公园机构、美国土地管理局、美国林业局等联邦机构刊发不留痕迹的露营、荒野伦理、礼节等相关生态环境保护的宣传手册。

第四，初级教育项目运作。为降低游憩带来的生态影响，荒野管理机构开展各式各样的教育项目，或是通过教育方法的直接采用，或是管理游客的休息、娱乐活动。

第五，高级教育项目运作。美国国家户外领队学校与相关联邦机构合作，通过与林业局构建良好的生态旅游环境教育伙伴关系，提出相对正式的教育项目。

在美国阿拉斯加州的德纳里国家公园，生态旅游环境教育方案最新被推出，加强生态旅游环境良好建设，提高公众环境保护意识。这所公园的管理机构利用实时网络操作系统，对进入公园的游客开展针对游憩产生的最小不利影响知识、遇到熊的相关安全知识等内容的入园资格考试，游客需要提前获取入园参观许可券、在公园野营区域获取露营同意认可。最后，入园考试满分通过的游客才能进入露营区域开展露营活动。

（二）澳大利亚生态旅游环境教育

澳大利亚也是生态旅游环境教育开展得较好的国家之一。澳大利亚政府1994年制定了《生态旅游发展战略》，针对生态旅游环境教育中的教育活动、设施建设制定相应方案、措施，促进生态旅游认证计划的推行，促使澳大利亚的众多生态旅游公司陆续开展生态旅游环境教育活动，并且邀请具备生态环境知识、具有一定资历、沟通表达能力较强的专家承担旅游导游员工作，为游客提供相关服务并讲解生态知识，着重阐述游客在旅游文化区的行为注意事项，保护脆弱的环境以及敏感的文化，促进生态环境绿色、安全。当然，其也成为生态旅游公司吸引游客的关键手段。

（三）尼泊尔生态旅游环境教育

尼泊尔也针对生态旅游环境教育问题实施相应措施。在尼泊尔的首都加德满都开展的环境保护教育计划，意在公众提高生态环境保护意识，使游客在旅游时关注生态环保问题，将文化、环境带来的不利影响降到最低。其中，尼泊尔开展的生态旅游环境教育具体方案有：建造游客信息中心、开展生态旅游环境教育讲座和知识培训、建造能够保护历史文化资源的相应设施。另外，生态旅游公司还组织刊发《负责任的旅游指南》，保障将游憩影响降到最低。

另外，澳大利亚、某些欧美国家也加入了生态旅游环境教育行列，响应"取走的只有照片，留下的只有脚印"号召，加强游客在野营时的生态环保意识，提倡"影响最小化"的环保理念。这些措施受到许多公众的普遍认可，在世界各地被广泛效仿和应用于各种生态旅游活动的氛围营造和游客教育管理中。

此外，在生态旅游环境教育的典型做法方面，国外的各种形式的与生态旅游相关的认证标准的制定与实施也是一支推动生态旅游环境教育的重要力量。除澳大利亚实施的《澳大利亚自然与生态旅游认证程序》外，从时间序列上看主要还有《欧洲蓝旗》《"绿色全球"标准》《国际生态旅游认证标准》等。这些认证标准的制定与实施之所以在一定程度上推动了生态旅游环境教育的展开,是因为标准中的指标体系均包含程度不同的环境教育要求,如《欧洲蓝旗》的标准中就包含一部分对所有国家具有强制性的要求,一部分则根据具体情况仅具有指导性的环境教育信息等;而《国际生态旅游认证标准》的基本目标是推动环境可持续的生态旅游发展,它规定的生态旅游产品应当具备的八大核心原则之六就要求"在对本区域现存文化的讲解与涉入中保持敏感",同时对解说内容、教育信息、解说计划、人员培训等方面也提出了要求。

(四)厄瓜多尔加拉帕哥斯群岛生态旅游环境教育

厄瓜多尔加拉帕哥斯群岛同时为厄瓜多尔的野生动物保护区、世界遗产地、海洋自然保护区,另外,其也是人与生物圈保护区、国家公园。因此,选择去加拉帕哥斯群岛游玩的游客,他们所乘坐的游船上必须有一位具备资格证的自然学导游,不仅为游客讲解各种生态知识,还管理游客的行为,若遇到不遵守规则的游客,自然学导游能够直接制止他们的行为。厄瓜多尔加拉帕哥斯群岛目前已成为全球范围生态旅游成功典范。

(五)菲律宾生态旅游环境教育

菲律宾的苏峨兰哥岛针对生态旅游环境教育实施了相应措施,规范导游、游客的游览活动,并为他们制作了相关操作方案,意在降低人类对生态环境影响。苏峨兰哥岛生态旅游综合环境保护、自然景色游览、社区扶贫以及环境影响最小化管理等优势,成为生态旅游环境教育的实验性案例。

二、国内生态旅游环境教育实践

国内的生态旅游在 20 世纪 90 年代经国际会议的推动而兴起,因而生态旅游环境教育的发展历史相对短暂,历程相对简单,主要经历了从旅游环境教育或游客教育阶段到生态旅游环境教育阶段的演变。

国内的生态旅游起步晚,相应地,国内的生态旅游环境教育也相对较晚。不过，尽管生态旅游本身目前在国内并未出现公认的定义，同时环境教育在生态旅游中的地位及价值也尚未出现统一的说法，但是人民大众已认识到生态旅游环境教育在生态旅游中的重要性，越来越多生态旅游企业、景区开始实施针对游客生态旅游行为的行为准则，举办知识讲座、指南、培训等相关生态旅游环境教育活动，甚至某些区域还有教育的成功案例，为其他景区提供了相关措施、手段参考，使人类对环境影响最小化。例如张家界国家森林公园以及九寨沟国家级自然保护区形成的生态旅游环境教育实验性案例。

（一）国内生态旅游环境教育的发展

从时间上看，国内生态旅游环境教育的发展主要经历了学术会议推动、旅游规划推行、生态旅游区推行以及国家推广四个发展阶段。

1. 学术会议推动阶段

20世纪90年代以来，生态旅游逐步成为旅游会议的中心议题，不只在国内形成较大影响，还引起国际范围的关注。其中，最具有实验典范的旅游会议是第一届东亚国家公园自然保护区域会议，其针对生态旅游的概念做出表述。生态旅游是指相关机构、景点为游客提供生态环保教育活动，提倡游客在旅游过程中维持生态环境健康，降低环境影响。因此，生态旅游应该使旅游者在认识自然、享受自然的同时得到环境教育，以达到保护自然的目的。该定义的提出对生态旅游环境教育产生了积极的影响。

2002年，中国社会科学院就生态旅游问题向全社会人员提出倡议，呼吁全国大众开展生态旅游环境教育知识、意义的宣传工作，大大提升全社会的生态环境保护意识，用自己的实际行动充分认识生态旅游对生态环境的重要性。

通过不同级别或层次的学术会议来宣传生态旅游环境教育的重要性，实际上是对各种教育客体包括生态旅游的管理者、经营者、旅游者（包括广大民众中的潜在的生态旅游者）以及其他利益相关者所进行的广义的环境教育，这种教育的意义非同凡响，尤其是在公民的环境意识养成方面具有重要作用；而且，在当时生态旅游景区（点）的环境教育还比较缺乏的情况下，其实际上处于一种主导的地位。

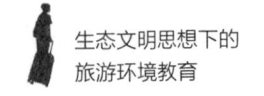

2. 旅游规划推行阶段

在旅游规划方面的规则或规范尚未对游客教育设立强制性的要求或国家有关行政主管部门尚未要求编制专门的生态旅游环境教育规划以前,国内旅游规划界就有一些有识之士,撰写生态环境保护活动、生态旅游规划以及生态旅游环境教育方面的文章,向大众传达生态知识,提高其环保意识。其中,吴章文教授以及吴楚材教授是我国较早开展环境教育规划的有识之士。在《广州流溪河国家森林公园总体规划》项目中,他们增加旅游教育这一内容,并制定环境教育的相关方案。

相比之下,国内的中南林业科技大学景观可持续研究中心的钟永德教授和罗芬博士等人在旅游规划推动环境教育方面又更进了一步,他们在国内率先编制旅游解说系统规划,例如2006年、2008年、2010年他们先后受委托编制了《江苏苏州依可绿乐园植物园旅游解说系统规划》《广西姑婆山国家森林公园生态文化解说规划》《张家界国家森林公园黄石寨景区环境解说规划》等。这些规划增强了环境解说、生态文化解说的系统性和可操作性,对推动生态旅游环境教育的发展做出了实质性的贡献。

3. 生态旅游区推行阶段

生态旅游区推行主要体现在对相关项目的实施以及对相关企业、管理、产品或服务的认证上。

(1)组织发起、贯彻落实自然保护区管理项目。国家林业和草原局、世界银行参与建立生态自然保护区计划,并探索这些区域设施设备、游客行为的管理方案。"全球环境基金(CEF)中国自然保护区管理项目"就是其中重要的环保规划之一,此项目由我国五个省份开展,目前已实施六年,具体实施内容有自然保护区的科学研究、设施建设、人员培训等。国家林业和草原局野生动植物保护司为配合上述项目而编写的《自然保护区生态保护教育》教材设置了"自然保护区的宣传教育"和"自然保护宣传教育材料的设计与制作"两个章节,这两个章节就生态教育的设施、解说形式和活动方式等方面提出理论指导和实践指南。事实上,这一项目也推动了国内其他各级各类保护区的环境教育建设。

(2)开展生态旅游认证计划。生态旅游认证体系的建立能够为生态旅游企业提供旅游管理指导,并敦促他们提高生态环境服务建设。制定相关生态旅游标准体系、行为规范，可以对旅游经营者管理的景区开展各方面的评定工作，若其符合标准规定，则能够得到与生态标识类似的认可方式，促使旅游产业为人类、为生态做出一定的贡献。生态旅游经营者为得到生态旅游标准认定，为游客开展相应生态旅游环境教育活动和培训，使越来越多的游客提升环保意识，并用实际行动改善生态环境建设，推动生态旅游的可持续发展。虽然，我国现在还未成功建立全面的生态旅游体系，其发展仍处于初步阶段，但是仍有部分旅游景区成功达到生态旅游认证标准，不仅使游客在游憩时产生的不利影响最小化，而且能够通过生态旅游环境教育，呼吁更多人树立正确的生态环境保护意识，自觉用自己的实际行动贯彻生态环保意识，并将这一旅游层面的意识扩增到生活的各个方面，主动选择对生态环保有利的方案，为绿色生态做出贡献。

4. 国家推广阶段

国家推广阶段是我国生态旅游环境教育的最后阶段，国家级的行政部门、立法机构确立具有国内普适性、国家标准的行为规范，规定一定教育主体的教育义务，或者从游客层面制定旅游行为规范。国家推广阶段体现在六个层面。

第一，在2001年，《全国野生动植物保护及自然保护区建设工程总体规划（2001—2050）》在全国范围内确立、开展。此总体规划对国家自然保护区建设工程、全国野生动植物保护建设工程给予重点关注，是具有社会公益性的事业，强有力地宣传了生态环境和野生动植物的保护意义，呼吁社会大众在生态环境保护中认识到人类与环境、动植物的密切关系，提高国内群众的生态环境保护意识，充分发挥生态旅游环境教育、环境伦理教育的社会公益作用。

第二，《关于做好"十一五"时期环境宣传教育工作的意见》在2005年颁布，主要由中华人民共和国教育部、中共中央宣传部以及环境保护部等部门联合制定，意在提高全社会人员的生态环境保护意识，做好环境保护工作，各相关部门也应该积极开展各种生态环保教育活动，面对不同群体，建立独特的、形式各异的生态环境教育基地，提供环境保护知识学习的多种渠道。国内已有大量的各级各类自然保护区被命名为各级各类环境教育基地，如衡水湖国家级自然保护区2006年被正式命

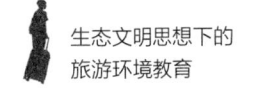

名为"衡水市环境教育基地",王朗自然保护区、攀枝花苏铁自然保护区 2008 年先后成为首批"四川省环境教育基地"之一等。自然保护区成为环境教育基地无疑会加强其环境教育功能,并促进保护区生态旅游环境教育的开展。

第三,《中华人民共和国国家标准(GB/T 20416-2006)自然保护区生态旅游规划技术规程》在 2006 年发布,主要由国家标准化管理委员会、国家市场监督管理总局提出。此项规程强调履行"科普性"原则。相关部门在实施生态旅游规划时,需要将自然科普知识、生态旅游协同发展,重点关注自然生态保护相关内容的传达,组织举办形式各样的自然科普生态旅游活动,使游客将内心思想层面的环保意识提升至外在行为活动层面,实现自然保护区观光旅游、知识宣传、环境教育融合发展。另外,文件也推出生态旅游活动的"衍生品",例如自然科普考察游、湿地生态旅游等。当然,生态旅游的环境解说牌、游客服务中心等环境服务设施的指导建设也对生态环境保护产生重要的影响,提高生态旅游环境教育功能,为社会全体成员的生活水平、环保素质的提升做出重要贡献,产生巨大的社会效益。

第四,《中国公民国内旅游文明行为公约》《中国公民出境旅游文明行为指南》2006 年在全国范围内提出。它们的提出同样是为了发展生态旅游环境教育,制定相关测评机制、教育约束机制、教育激励机制,使国内各区域确立相对完善的职业规范、学生守则、市民公约等行为规范,使生态旅游、文明旅游、绿色旅游与社会管理机制相互融合、共同发展。这实际上是通过国家干预的方式对现实旅游者和潜在旅游者进行系统的"游中"教育和"游前"教育,可以为生态旅游市场培育客源,有利于将一般旅游者培养成为生态旅游者,并为在生态旅游中进行较高层次和较为系统的环境教育打下良好的人文基础。

第五,2008 年《全国生态旅游发展纲要》(以下简称"纲要")发布,该纲要将"生态教育、生态认知"列为生态旅游方式的重要内容;给出生态旅游具有"引领绿色消费、培养绿色生活方式"的重要意义;对旅行社及旅游组织者,生态旅游区的旅游住宿、餐饮设施和服务提供者,旅游购物和娱乐服务提供者以及生态旅游示范区均设定了一定的环境教育义务,如要求旅行社及旅游组织者应努力做到"提示游客保护生态环境，规范自身行为，尊重当地文化。对生态旅游的导游进行环保知识培训，让导游了解生态环保知识，进而使游客也能获知相关知识，树立环保意识。另外，旅行社也应该积极向游客推荐对环境有利的相应产品，将环境影响最小化。生态环境服务提供者、相关餐饮行业经营者需要面向游客讲解当地的历史文化资源、自然生态保护知识，并主动与生态环保教育部门、环保组织沟通交流。另外，旅游休闲娱乐服务行业和旅游景区购物提供者需要向游客提供环保产品购买建议，如当地的土特产、农副产品，其不仅顺应了环保政策，而且承载了当地历史文化、风土民情，促使游客在风景游览的同时传扬当地传统文化和风土民俗。对于生态旅游示范区来说，生态环境教育设施的建设、环保知识的讲解传授都必不可少，例如解说牌、信号标识。不仅如此，示范区也应该积极开展生态旅游环境教育活动，搜集相关生态知识材料、传统文化信息，联合志愿组织团体、非政府组织机构实施生态教育活动，在示范区实施更加完善的生态环境教育、生态系统管理，并将"开展生态文明教育"列为纲要的六大"重点工作"之一，将"推广生态文明教育培训"列为四大"保障措施"之一。纲要对生态旅游环境教育给予了相当大的重视，对不同的教育主体均设定了一定的教育义务，对教育设施的建设也提出了具体的要求，纲要的实施必将对生态旅游环境教育产生更为直接和深远的影响。

第六，全国人大常委会在2018年10月26日发布了《中华人民共和国旅游法（2018）》，意在提高生态旅游发展的可持续性。旅游行业是多种产业的组合体，与其他的单一产业不同，其具有涉猎范围广泛、形式多样化、内容分散性、自然资源消耗少、产业相关联程度高、综合效益发展好等特点，旅游业可充分带动社会服务产业发展，促进产业结构转型升级，创造更多的就业机会，提高社会全体生活水平，将行业发展上升到新水平，为社会营造健康、和谐的发展环境。此项法则的提出，为旅游行业的科学管理、健康发展提供政策指导，推动国家发展、社会繁荣、文化建设、绿色生态协同促进。从学术会议推动到国家推广再到政府推广，这是生态旅游环境教育方面的最新进展，是一个历史性的进步，具有里程碑式的意义，因为只有当政府真正重视生态旅游环境教育并通过标准加以固定和强化进

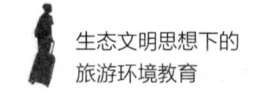

而全面实施相关标准时，生态旅游环境教育才可能真正落到实处，成为一种必须履行的义务和应负的责任。

（二）成功实践的旅游地

国内的个别生态旅游区由于在生态旅游环境教育设施建设和教育活动中采取了相对独特的做法而成为具有国际或区域影响的生态旅游地。比较而言，这些旅游地以九寨沟自然保护区、张家界国家森林公园、千岛湖风景名胜区为代表。

1. 九寨沟国家级自然保护区的成功

九寨沟因"童话世界"般的优美环境，1992年被列入《世界自然文化遗产名录》，1995年被列入世界生物圈保护区推荐名单。九寨沟在环境教育方面有三大特色：其一，管理部门具有强烈的环保理念与追求，通过大量的环保设施（如环保道路、环保汽车、环保垃圾桶、环保厕所等）的建设来塑造环境教育氛围，达到"环境育人"的目的；其二，积极承办生态旅游类的学术会议和培训活动，并通过对学术会议和培训中有关环境教育主题的宣传来推动景区的环境教育建设；其三，通过良好的社区参与并受益于旅游开发的举措实现"保景"与"富民"的和谐统一，有效调动了广大社区居民积极参与环境管理和环境教育活动，被联合国专家卢卡斯高度赞扬"解决了世界难题"。

2. 张家界国家森林公园的成功

张家界国家森林公园成立于1982年，系国内设立的第一个国家森林公园。1992年和2004年，先后被联合国教科文组织列为世界自然文化遗产和世界地质公园；2007年，被评为全国首批AAAAA景区。张家界国家森林公园自成立后，森林生态旅游发展迅速，并在环境教育方面取得了突出的成就。张家界国家森林公园在环境教育方面有四大特色：

第一，管理部门高度重视环境保护、环境教育工作，以"珍爱世界遗产，共创旅游文明"为主题，广泛开展了争创"全国文明风景旅游区示范点"和"全国文明风景旅游区"活动，通过开通景区环保车、推行景区环保快餐、建设生态停车场、更新景区环保车等举措来营造环境保护和环境教育的良好氛围。

第二，在核心景区内按国际标准设立了游客中心、科普长廊、标牌、解说牌、导游图、指示牌、指路牌、景点牌和警示牌，开通了电子语音导游以满足游客进行自我教育的需求。

第三，提高专职环卫人员素质，要求他们在对游客乱扔垃圾的问题环境行为进行干预时，以以德服人的方式进行日常卫生管理和对游客的教育。

第四，注重在环境教育方面与高等院校进行合作，如张家界国家森林公园管理处联合中南林业科技大学旅游学院，向广大游客发出倡议，号召全体游客立即行动起来，兴起践行生态文明热潮，提高生态环境意识，积极充当生态文明宣传志愿者，坚持绿色消费，多参观张家界国家森林公园的游客中心、科普长廊、解说牌等传播场所，为张家界国家森林公园的可持续发展做出积极贡献等。

3. 千岛湖风景名胜区的成功

千岛湖风景名胜区位于杭州淳安，处于浙赣皖区域旅游合作体的中心部位。淳安旅游局将生态环境保护置于工作的中心，对导游员开展生态环保知识培训，为其开展生态旅游环保知识讲座，维持千岛湖风景名胜区健康、绿色的生态环境。导游员是生态环保工作开展的重要入手点，相关部门、机构应加强对导游员的培训、审核工作，增强环保意识，引导导游员积极自觉向游客宣传环保知识，提出"保护千岛湖，从我做起"的号召，维持千岛湖风景名胜区健康、绿色的生态环境。

三、生态旅游环境教育的启示

（一）生态旅游环境教育的特点

研究全球范围内生态旅游环境教育活动的开展情况，发现其具有六种特征。

（1）生态旅游环境教育主体多元化。参加环境教育的主体主要涉及旅游企业、政府和非政府组织、导游员、普通群众等，他们都为生态旅游环境教育活动贡献出自己的力量，致力于建立良好的互动机制。

（2）客体的多元化。除游客外，政府管理者、企业经营者、社区居民等都被纳入客体的范畴。

（3）生态旅游环境教育媒体多元化。生态旅游设施的建设除了自然历史图书馆、游客教育中心之外，还包括解译中心、环境教育中心等，这些教育媒体充分展现了环境教育的重要作用。

（4）生态旅游环境教育内容系统化。最大程度降低环境影响、环境伦理教育、环境保护技能、传统文化知识和风景民俗、生态系统知识等教育内容都是其组成部分，且涉猎范围全面、系统化。

（5）教育要素的融合化。将环境教育要素与自然风光观赏、环境低影响管理、环境保护、社区扶贫等生态旅游的其他要素有机融合。

（二）生态旅游环境教育的国际经验

国外一些国家的生态旅游及环境教育的实践起步较早，均已进入较正规的阶段，出现了一些独特的、富有创意的做法。国外的下列做法仍值得国内研究和借鉴：

（1）注重教育性和教学性的统一。即不仅注重导游员、领队、巡逻员的讲解，还十分重视以环境知识和技能传授为目标的正规课程的开设。

（2）强调环境教育媒体、自导式环境解说技术的充分利用。

（3）强调生态旅游环境教育形式的多样性、创新性，加强对进入景区的游客开展知识教育。

（4）重视对导游员的环保知识培养、层次要求、素质提升，实行专业导游员、备用导游员的分类措施，积极吸纳生态环保专家开展指导工作。

第四节　旅游环境教育的相关理论分析

生态旅游环境教育是生态旅游与环境教育的有机结合。因此，关于生态旅游的理论基础一般认为有生态学，包括景观生态学和生态理论、可持续发展理论、伦理学理论、经济学理论、管理学理论等。

关于环境教育的理论基础一般认为有可持续发展理论、环境科学理论、心理学（环境心理学）理论、哲学理论、系统论理论、生态学理论、地理学理论等。

在众多指导生态旅游环境教育发展的理论中，生态学理论、教育学理论、伦理学理论、可持续发展理论、心理学理论、社会学理论、传播学理论、美学理论等是生态旅游环境教育最为重要的理论基石。

一、生态学理论

生态学是一门自然科学，研究所有生物有机体（有生命的个体）与环境之间的相互作用关系。环境分为非生物环境（阳光、水、空气、有机质、岩石等物理化学因素构成的环境）和生物环境（同种或异种其他有机体构成的环境）两大类。20世纪中叶以后，随着环境污染、资源枯竭、人口剧增、全球变暖等问题日益突出，越来越多人开始重视这些问题并站在生态学角度寻求切实可行的解决方案。由此，生态学越来越受到世界关注和重视。

生态学的理论为生态旅游提供了深厚的发展基础。生态旅游与传统旅游的最大差别在于注重保护自然生态，以对旅游者的生态教育为核心要素，同时关注不同利益群体尤其是当地社区的生存状态，追求生态效益与经济效益和社会效益的和谐统一。因此，其在生态旅游发展规划、建设和管理中必须坚持以生态学基本原理为行动指南和活动规范。生态学原理有助于世人更准确理解生态旅游的含义，并为生态旅游的开展提供指导。只有通过生态设计、生态补偿、生态产品及生态管理等措施，才能真正实现生态旅游，达到自然环境与人类协调进化。生态旅游就是以生态学的观点和理论指导欣赏、探索和认识自然和文化遗产的活动。

生态学理论对生态旅游中的环境教育具有至关重要的启发和指导作用，具体表现在：

（1）学校开展环境教育工作时，通常将生态学的基础知识和原理作为环境教育的基本要求、基础内容和第一发展目标来实施。生态旅游中的环境教育也应借鉴学校教育，将生态学知识，特别是与旅游区生态系统密切相关的生态学知识作为主要内容传播给游客。

（2）旅游区的开发建设要尽量避免影响区域内生态环境及其他生物的生存活动，如环境教育标识及相关宣传栏等设施的设计、位置摆放等要有景观化意识，与自然环境协调统一；景区内交通路线的规划、交通工具及音响设施的使用等要重视环境保护，尽量减少噪声等污染；要将游客的一系列休闲活动对环境的影响降到最低等。

（3）要重点向游客介绍旅游区现在正面临的生态问题、问题的危害及有效解决措施等，以此来激发游客的生态环境保护意识，使其自觉主动地约束自身的各种不合理行为。

（4）要向旅游者解释生态旅游与生态学的关系，重点诠释旅游手册等环境教育媒介承载的内容中所体现的生态学理论，使旅游者对生态旅游的理念和目标产生认可，并获得和保持"生态旅游意识"或保持对自身"生态旅游者"的身份意识。

二、教育学理论

教育学是研究、阐明人类教育现象、问题等教育活动，探讨和揭示种种教育规律的社会科学。重点研究学校教育，但因为教育本质是培养社会有用之才的活动，所以其他形式的社会教育也属于其研究范畴，共同遵循和影响教育学的一般规律。

站在教育学概念外延角度来看，教育、环境教育、社会环境教育、旅游环境教育、生态旅游环境教育五个概念之间是逐层细化、层层包含的关系。由此可见，生态旅游环境教育是教育活动中不可或缺的一部分，教育学的一般规律对其同样适用，教育学是其研究发展的理论基础。

生态旅游环境教育以旅游为载体，以生态旅游为特征，利用各种各样的教育方式向游客传播环境保护相关知识和技能，从而让游客深入了解环境和人类之间相互依存的关系，明白环境保护对人类的重要意义，引导其树立科学正确的环境保护意识和价值观念，坚守可持续发展理念，掌握环境保护的方法和技能，以切身行动来有效保护和改善旅游区的生态环境。

教育学理论同样对生态旅游中的环境教育具有至关重要的启发和指导

作用，具体表现在：

（1）教育学的基本原理、一般规律等能为生态旅游环境教育提供基础的理论指导，比如教育开展的原因、内容、主体、客体、场所、方式、渠道、原则、评价等，有助于生态旅游环境教育制定科学明确的教育目标、确定意义深远的教育内容、选择行之有效的教育方式、公正合理地评价教育成果等。

（2）生态旅游环境教育既要坚持教育性又要坚持教学性，这是教育学的重要原则之一。教育性表现在要注意培养游客的环境保护意识和价值观念，引导其树立尊重自然、敬畏生命、保护环境、爱护地球、与自然和谐相处的正确理念；教学性表现在：要注意相关环境知识、理论及技能方面的教育，帮助游客掌握系统的环境知识，形成完整的知识体系。只有二者之间协调统一，相辅相成，才能有效提升生态旅游环境教育的质量和效果，充分发挥其各项职能作用。

三、伦理学理论

伦理学概念最早出自希腊文，是研究人类道德问题（意识、活动、规范、本质、原则、利益关系等）的科学。伦理学包含的学科类型丰富多样，其中与生态旅游环境教育密切相关的是生态伦理学。该学科是研究生态伦理或生态道德的应用性伦理学科，是在伦理学与生态学知识理论基础上生成的边缘学科。

生态伦理学同时从生态学与伦理学的层面出发来审视和探究人与自然的同生共荣、相辅相成的依存关系，将人类之外的自然存在物及生态系统都纳入伦理关怀的范围内，与人类一样具有特定的权利和义务。生态伦理学认为自然万物对人类社会而言具有丰富的价值，具体包括科学价值、娱乐价值、医疗价值、文化价值等，而且自然万物与人是平等、公平的关系，其也有权利按照自然生态规律可持续地发展和生存下去。人类要充分尊重和遵循自然系统的发展演变规律，使各类生物和自然环境按照既定的方向和谐共处、协同发展。人类在利用自然发展生产力、提高生活水平的同时，也要坚决保护其他生物的生存条件，保持和促进生态环境健康、平稳、长远发展。要坚持开明、平等的生存法则，用不威胁其他生物生存的资源来

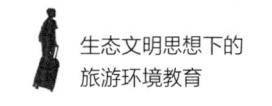

保证和促进人类生存，用不威胁人类生存的资源来保证和促进其他生物的生存；总之，万物的生存高于一切。

生态伦理学为生态旅游提供理论向度，是指导生态旅游规划、实现生态旅游可持续发展的理论基础，是进行生态旅游、健康旅游的行为准则。生态伦理对生态旅游的伦理支持和伦理定向，使生态旅游具备了明显区别于一般自然旅游和大众旅游的"伦理标识"，换句话说，生态旅游和其他旅游相比，最本质的区别就是其具有"伦理性"。生态伦理理念在世界范围内的深入、广泛普及，促使越来越多热爱自然旅游的人群走上生态旅游之路，因此也可以将生态伦理看作是生态旅游者出现的核心原因。生态伦理强调的生态整体性、生物平等性、人与自然同生共存、保护生态多样性等经典的观念和内容，是开展生态旅游的基本要求和原则。

生态伦理与旅游的结合催生出全新的生态旅游伦理道德观念，即人类在生态旅游过程中有意识、有目的、有计划地去保护自然环境与资源的思维意识及道德素质、行为规范等。

伦理学理论对生态旅游环境教育具有重要的启发和指导作用，具体表现在：

（1）要着重培养有责任感的游客。在生态旅游教育工作中，要加强游客的生态伦理道德教育，帮助其树立正确的环境伦理意识形态和价值观念，并在正确思维观念的指导下切实做到尊重生命、善待自然、保护生态等；而且要鼓励和引导游客向真正践行生态伦理的自然景区流动，以此来进行道德施压，督促旅游行业做出道德决策，表明他们的道德主张和伦理立场，践行真正的包含具体的伦理内容、合乎伦理规范、由专门的"环境守则"所指导的生态旅游，而非"标签性"的生态旅游。

（2）在生态旅游环境教育中要介绍旅游景区开发中所面临的伦理问题、这些问题的社会后果以及解决这些问题的伦理学途径，以激发旅游者的伦理自觉意识和伦理使命感。

（3）要向旅游者解释清生态旅游与伦理学的关系，重点诠释旅游手册等环境教育媒介承载的内容中所体现的伦理学思想，使旅游者对生态旅游的理念和目标产生认可并获得和保持"生态伦理意识"，保持对自然和其他旅游者的尊重。

（4）生态环境伦理思想是所有参与生态旅游事业的人必须具备的意识和伦理素质，尤其是作为教育主体的景区管理者、旅游企业（导游员等）应具备更高的生态伦理水平，以胜任其进行伦理教育的重任。

（5）通过多主体、多目标、多时空（"游前""游中"和"游后"）的生态旅游环境伦理教育，可在社会的各个层面培植生态文化，为最终通过全社会的生态文明建设来消弭生态环境危机积淀丰厚的人文底蕴。

四、可持续发展理论

可持续发展简单来说就是发展模式既要满足当代人的需求，又不能侵害和破坏后代人的利益，是积极向上的变化过程，即在发展变化中自然资源的开发、投资活动的导向、科技研发的方向、组织结构的改革等各个方面都呈现出协调统一、相辅相成的态势，而且具有强大的发展潜力和价值。

可持续发展是学术界广泛认同和接受的生态旅游建设发展基本理论。生态旅游是对可持续发展理论的生动实践，既注重人和社会的发展，又关注人类社会活动与自然的和谐发展。

可持续发展理论对生态旅游环境教育具有重要的启发和指导作用，具体表现在：

（1）教育工作通过提高游客及旅游行业的环保意识和行为来为生态环境减压，保证旅游经济发展与自然生态环境之间的协调统一。在深入保护景区自然、人文景观等资源，促进其可持续利用的同时，加强代际间利益分配的公平、协调。可以说生态旅游环境教育的过程就是可持续发展理论的实践和检验过程。

（2）可持续发展理论使环境教育经历了一次重大的转向或飞跃，即从一般过分强调保护的环境教育转向为"将发展与保护列为同等重要的内容"的可持续发展教育。同样，生态旅游环境教育也应实现相应的转向，可持续发展的理念等应该成为生态旅游环境教育的重要内容之一，应在对教育客体的知识、意识、伦理观念、技能、行为、意愿等方面的具体教育中渗透生态旅游可持续发展教育。

（3）可持续发展观与和谐社会建设理论以及科学发展观等实质上是一系列一脉相承的发展观念，教育主体在进行生态旅游可持续发展教育时要向教育客体理清其中的脉络，阐明其中的逻辑联系，使其融会贯通，以有效地利用旅游者的"游前"相关教育经历和知识积淀，提高生态旅游环境教育的整体效果。

五、心理学理论

心理学是研究心理现象和心理规律的一门科学。心理学在不同的研究领域产生了不同的分支，如教育领域有教育心理学，在旅游研究领域有旅游心理学。在心理学众多的流派中，认知心理学、格式塔心理学和人本主义心理学等的某些理论对生态旅游环境教育具有基础性的指导意义。

认知心理学研究人的高级心理过程，主要是认知过程，如注意、知觉、表象、记忆、思维和语言等。认知心理学关于学习的理论主要有观察学习理论。

个体基本认知能力发展的过程可以区分为四个阶段：感觉动作期（0~1.5岁）、前运思期（2~8岁）、具体运思期（8~14岁）、形式运思期（14岁以后）。

现代教育心理学按照现代认知学的理解，将广义知识分为陈述性知识和程序性知识，后者又包括对外办事知识（智慧技能）和对内调控知识（认知策略）。而认知策略知识体系中的元认知就是对认知活动的认知。推此及彼，元认知控制的作用对象就是个体自身的认知行为，对其进行自觉的、持续的监视、控制和调节等。

记忆其实就是将接收到的信息内容经过识记存储到思维中以便使用时提取再认的过程。现代认知理论按照记忆内容保存的时间长短划分为瞬时记忆、短时记忆和长时记忆三种类型。

态度是人对特定对象（事物、概念、观点、现象、他人等）产生的相对稳定的主观评价和心理倾向。态度的三个结构维度：情感、行为和认知之间是相克相济、一定程度上又协调统一的关系。格式塔理论认为整体并不是所有部分相加起来的总和，其往往大于总和。整体的特性是基本的，但是每个部分的特性则要看它们在整体中所占的比例和所处的位置。而且，有机体在与环境持续性的相互作用和交流中，不断地对自身或者对环境发挥组织或完形作用，以此来更好地适应环境。这一过程就是学习，体现学习的实质。

就生态旅游环境教育而言，上述心理学理论有助于从不同角度了解、认识环境学习现象，从而进一步掌握旅游者的环境学习规律。从广义上讲，旅游行为既是"游前"学习的结果，也是"游中"学习的过程。生态旅游环境教育的教育主体要分析旅游者的心理与行为，进而确定环境教育的内容与形式，根据态度形成的机理来设计环境解说的技术路径。从而教人们学习旅游，学会旅游，让旅游者在游览过程中学习知识，树立正确的环境意识，去除其不良的环境习惯。

心理学对生态旅游环境教育的启示意义具体表现在：

（1）利用典范模型进行观察教育时，模型在吸引力、社会地位、自身能力等方面必须有模仿价值，是正确适宜的。在生态旅游环境教育过程中，导游员等环境教育主体是旅游者注意与模仿的"模型"，他们的吸引力等是影响观察学习效果的重要因素，因此他们要注意树立可依赖的"模型形象"，尤其要注意环境行为自律，注重"身教"与"言传"的有机结合。

（2）对于自然保护区的旅游者构成而言，假日家庭游客中的幼儿大多处在前运思期，学校团体参观的学生绝大多数属于具体运思期。因此，在安排环境教育干预（如科学展览、口头讲解等）的内容概念时，应根据某一时段主要的游客的具体运思期特征，选择适宜的科学知识进行教育。

（3）教育旅游者习得元认知策略。一方面，不仅要让旅游者了解所要学习的内容，而且要使旅游者意识到他们的学习过程，并不断对学习过程进行积极自觉的监控，即培养旅游者的学习意识，以提高学习效果；另一方面，不仅要让旅游者了解游憩活动可能造成的环境影响方面的知识，而且要让旅游者对自身正在进行的游憩活动的现实影响保持持续的关注，以培养旅游者的环境影响敏感意识或保持对环境影响的敏感度，从而有效地监控和调整自身的游憩行为的内容和方式，以有效地降低游憩行为对环境的冲击。

（4）环境教育主体在传播环境知识或进行环境行为（如垃圾处理行为等）干预时，应设法强化旅游者的"留意"，使信息由感觉记忆转移到

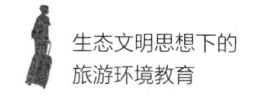

短期记忆，并设法提醒或引导旅游者对知识进行消化和吸收，进行"详细审查"，使信息经过这一过程或更深层处理转移到长期记忆。其中，使旅游者的环境伦理知识转移成长期记忆是其环境意识养成的关键；而开发伦理与组织伦理知识的记忆的"长期化"又是其社会伦理观念养成的关键；至于消费伦理（在消费时关注他人的消费便利等）知识既存在着"短期记忆"的问题，又存在着现时活动践行的问题。因此，教育主体的反复提醒使旅游者做出反应可有效地克服习得的知识或反应的消退或遗忘现象的发生。

（5）人们往往偏向于孤立地关注某个环境事件或环境问题，或注重旅游开发中的某项效益、某个利益团体而忽视其他效益、其他利益团体，由此造成认识的片面化、效益的失衡或利益的不公。通过格式塔的作用来为旅游者厘清部分与整体的关系，尤其是树立关于自然生态系统的系统观念，对旅游者生态意识和生态伦理观的培育具有积极的作用。

（6）根据需要层次论，一般来说，旅游者的外出旅游行为是在其基本的生理需要与安全需要得到满足后寻求更高层次需求满足的一种社会行为。特别是生态旅游者其出游目的主要是亲近自然、了解自然、享受自然、保护自然，其对人与自然和谐的价值追求、对生态经济社会可持续发展的期盼等具有复杂的爱、尊重及自我实现的成分。因此，出游需要的高层次性是生态旅游与大众旅游的重要区别之一。旅游管理者及服务者的任务是尽可能满足旅游者的多种需要，同时通过教育干预引导旅游者的需要向更高层次提升，并激发旅游者在"游后"对此种需要的满足产生持续的动机。

六、社会学理论

社会学是社会科学的一种，是专门研究人类社会群体及其生活行为的学科。其利用多重科学合理、实事求是的研究方式和手段深入探讨和分析社会现象、行为、关系、问题等，以此来揭示和总结人类社会发展不同阶段的社会形态、结构、规律等，为人类更加全面、清晰地认识社会、改变社会奠定知识基础，为社会职能部门更加科学、合理地解决社会问题提供经验和依据。社会学众多理论中，与生态旅游环境教育密切相关的理论有以下两个：

第一，亲社会行为理论。亲社会行为是指一切有益于他人和社会的行为。具体表现在社会交往中的谦让、合作、共享、帮助等行为。亲社会行为涉及个体内部的行为动机，既包括了自愿帮助他人，不期望得到任何回报的利他行为，也包括了为了某种目的，有所企图的助人行为。

第二，理性行动理论。该理论认为在个体理性的前提下，态度和主观准则能有意识地影响自身行为，并对这一影响下所要产生的行为做出合理的预测。也就是说，个体态度及主观准则虽然不能直接、明确地预测到具体行为，但能够预测到某种行为产生的概率，即个体的行为意向（倾向）。

社会学理论对生态旅游环境教育具有重要的启发和指导作用，具体表现在：

（1）生态旅游环境教育各主体应当尽力采取各种措施积极、正确地引导和加强游客的社会行为，并将此种积极正面的行为扩展到自然环境保护中，在有效降低游客之间某些敌对行为的同时，让游客自发地减少甚至避免对旅游生态、人文资源的破坏；同时，营造良好的"亲社会行为"氛围，于无形中影响和感染其他游客的行为，使其不自觉地加入环境保护、与人和善的行动中。

（2）理性行动理论能在一定程度上帮助预测某些生态旅游环境教育活动的实施效果是否达到预期目标。受时间及费用等方面因素的制约，实际操作中通常很难有效观察、预测到游客的某些行为，比如伤害国家保护动植物等危害生态环境平衡的消极行为，但是这些行为指标又是评估生态旅游环境教育效果时必不可少的基本指标。为有效解决这一问题，可以尝试借助问卷调查的方式来了解游客的行为倾向，并以调查结果作为参考来预测游客的行为指标分数。

七、传播学理论

传播学是研究人类信息传播行为及其规律的综合性学科。传播学者们把信息、控制、反馈、系统等概念引入传播研究，提出了一系列新的理论模式，包括"传递者—信息—接受者模式"和"大众传播效果依赖模式"。

传递者—信息—接受者模式，就是传递者把将要传送的信息根据不同传播渠道要求的形式予以加工处理，并通过这些渠道精准、快速地传达给接受者。此种传播模式下，接受者在接收到信息后要及时给予传递者结果反馈，以便其详细了解信息传播的精准度和效果。

大众传播效果依赖模式就是社会系统、媒介系统、受众群体及传播效果之间相互依存、相互影响的互动模式。其关键理念就是随着现代社会传播学的发展，不同受众个体会依赖从各种传播媒介上获取到的信息内容来架构自身知识体系、发表见解和看法，进而产生认知、情感和行为等各种效果。

传播学理论对生态旅游环境教育的启示意义具体表现在：

（1）环境教育的主要内容是向游客传播景区的各类优势资源及环境保护、旅游注意事项等相关信息，其本质是有明确计划、组织设计和执行目标的信息传播过程。而环境教育的效果就是通过信息传播过程中某些具体的、可辨识的要素引起游客行为改变的结果，这种改变通常是可以具象观察、预测到的。所以，教育活动的重要工作之一就是研究和探索与游客开展有效交流、互动的方法，从而保证信息传播保持高标准的准确度和可接受度。

（2）在"传递者—信息—接受者"传播模式中，旅游信息解说员通过口头语言或者传播媒介的方式将信息传播给游客，游客反过来将接受结果反馈给解说员。在这一过程中，解说员既是信息的传递者又是信息的接受者，所以，应该在信息解说传递过程中有意识地详细观察游客的各种反应，以此来判断游客对信息接受的程度和兴趣度，从而及时做出调整和改善，保证传播效果。

（3）根据游客反应层级模式，生态旅游环境教育的第一步应先设法抓住游客对教育事务的注意力，然后开始传递信息及提供良好的体验，使游客对教育主题获得认知，达成对环境的敏感度，增加环保行为意图，进而产生态度改变乃至行为改变，最后升华至形成意识与伦理观念的最高层次。

（4）大众传播效果依赖模式包括认知、情感和行为三种效果，从生态旅游环境教育层面来看，分别对应表示游客的知识学习效果、主观感受情意效果、各种娱乐行为效果。最后一种效果又包括外显行为和内显行为两个方面，前者是具体的行为，可直接利用观察法来测定效果指标；后者是态度认知方面的改变,是抽象的行为,直接观察较为困难,所以通常借助问卷调查的形式来评测效果。问卷调查的方式适用于大部分的环境教育效果评估。

八、美学理论

美学是依托人与世界的审美关系,将艺术作为研究关键,探索和分析审美范畴、审美意识、美感体验及美的发展规律等内容的学科,其研究对象有美、审美范畴、审美对象、美学思想、美感教育等。

随着大众对生态环境建设的关注度越来越高,生态美已成为美学和生态旅游研究领域的重要组成部分。生态美是近些年产生并发展起来的新的美学概念,其理论观念产生的基础依据是生态人文价值观,具有重要的生态哲学意义,是生态文明社会背景下人类共有的审美期望和追求,与自然美有本质区别。其独有的美学特征包括活力美、和谐美、创造美、参与美四点,是生态旅游建设发展的灵魂,是生态旅游开发建设者、管理者及游客的共同追求和努力方向,是游客的审美对象。生态美理论与伦理学理论、可持续发展理论一起并称为生态旅游的三大理论基石。

美学理论尤其是生态美的理论对于生态旅游环境教育的启示意义在于:

(1)生态旅游环境教育的过程一定程度上是向旅游者展示、诠释生态美的过程,也是一个引导旅游者进行生态审美的过程——即"生态美育"过程。教育主体要着力培养旅游者的生态美审美意识,增强其对生态美与"生态丑"(被破坏的生态美)的识别能力,提高其审美技巧和能力以及审美体验的愉悦度。

(2)教育主体在进行"生态美育"时,对教育内容和形式的安排本身要考虑到普遍的美学要求,同时又灵活地展现美学思想。如在讲解语言的内容和形式的选择上既要做到正确、清楚,体现语言的规范性,又要做到生动、灵活,体现语言的艺术性和艺术美;在旅游解说步道的选点、设计和解说牌示设计、安置上,要体现景观美等。

(3)教育主体要注重引导旅游者提高审美的层次,实现从自然美审美到生态美审美的过渡。如在介绍候鸟时,不仅要介绍其形态美,还要介

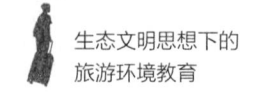

绍其在科学研究中的价值，更要阐释该鸟的种群在传播种子、维护生态系统平衡中所起的作用。

（4）教育主体要遵循"感知—想象—理解—情感"这一基本审美心智运算路径，注重引导旅游者在获得审美愉悦的同时，形成生态价值观，塑造生态情操，构建"尊重生命、尊重自然、爱护自然"的生态伦理，达到个人与审美客体的高度和谐统一。

九、其他理论

除以上理论外，生态旅游环境教育还与管理学、经济学、系统论等理论有关，它们在一定程度上也可被认为是生态旅游环境教育的理论基础。

（一）管理学理论

利益主体理论是管理学范畴的重要理论观点之一，其在研究和探讨生态旅游环境教育的利益主体方面具有一定的参考价值，即利益主体包括当地政府、社区、旅游企业、游客、各种非政府动物环境保护组织、媒体等，这些都是生态旅游环境教育的相关主体或客体，虽然角色分工不同，但都会在一定程度上对环境教育的效果产生影响。

（二）经济学理论

经济学中的"产权理论"强调的是规范个人行为的重要性，并把明确界定人们利用和保护资源与环境过程中的权利和义务，作为规范个人行为的关键。它所强调的内容实际上也是生态旅游环境教育的内容之一；同时，经济学中的"外部性"理论提出外部性有两个含义：第一是经济主体使其他经济主体受损的外部经济，第二是经济主体使其他经济主体收益增加的外部经济。不论是生产上还是消费上，生态旅游资源开发均存在着外部不经济问题，而实施生态旅游资源开发的外部经济战略即内化外部不经济性又面临观念、利益、体制、素质和资金等五大主要障碍。在克服上述障碍上，尤其是在克服消费方面的观念障碍和素质障碍上，生态旅游环境教育可以有较大的作为。一方面，可以通过某种方式让旅游者意识到旅游活动本身的外部不经济现象；另一方面，生态旅游环境教育的目标之一即降低或内化旅游开发的外部不经经济现象。

（三）系统论理论

系统管理理论在系统论基础上建立，是系统论的重要组成学科之一，具体包括系统哲学、系统管理和系统分析三部分。其将管理对象视为由相互关系的要素组成的一体化系统，必须站在系统整体的角度来研究各个子系统，不但要研究和探讨子系统内部各要素之间的关系，还要研究其与其他子系统之间的关系以及与系统外部环境的关系等。该理论观念对生态旅游环境教育具有一定的指导意义：在生态旅游环境教育过程中，要坚持系统观点、整体观点，对生态旅游环境教育进行统筹规划与科学运作，使环境教育的内容和形式与旅游区的生态环境相适应、相协调，与旅游区的环境教育资源相协调，与旅游者的人口统计学特征及游憩行为特征相协调，以优化生态旅游环境教育的整体效果。

第五节 生态旅游环境教育的重要性

从学理上进行探讨或进行经验式的描述和解释，生态旅游环境教育的地位主要体现在四个方面：环境教育是生态旅游的主要标准、核心内容、关键要素或环节；环境教育是生态旅游的基本服务及（或）特殊（主要）产品；环境教育是生态旅游产品的特性、本质特征或规定；接受环境教育或从事环境学习是生态旅游者的旅游动机或需求之一。

一、生态旅游环境教育的社会地位

（1）作为标准的生态旅游环境教育。环境教育是生态旅游的主要标准、核心内容、关键要素或环节。或者说，不具备环境教育功能的旅游活动即使发生在自然区域，也只能被称为"自然旅游"，而不能称之为"生态旅游"。不少生态旅游的定义中均出现"环境教育"这一关键词，表明环境教育成为生态旅游定义的一个重要标准或主要要素之一。生态旅游环境教育也因此成为评价某种旅游活动或旅游形式是否是生态旅游的标准之一。

（2）作为产品的生态旅游环境教育。环境教育是生态旅游的基本服务及特殊（主要）产品。一般来说，在保护区等生态旅游区开展生态旅游的目的之一是进行环境教育，即环境教育是（生态旅游开发经营者）提供的服务或产品。作为服务，环境教育是生态旅游中的基本服务；而作为产品，环境教育则是一种特殊的旅游产品，也是主要产品。

（3）作为本质的生态旅游环境教育。环境教育是生态旅游产品的特性、本质特征或规定。生态旅游一词本身就包含了教育等内容，这正是它与自然旅游的区别所在；对旅游者、旅游从业者、当地居民的教育，建立资源有限的认知，树立资源意识，促进道德责任感和道德行为是生态旅游的众多基本特征之一，是区分生态旅游与非生态旅游的"试金石"。

（4）作为动机的生态旅游环境教育。接受环境教育或从事环境学习是生态旅游者的旅游动机或需求之一。生态旅游者或"明确地学习并理解自然""研究未经破坏的地区的动植物及当地所具有的文化特征"或"研究敏感环境中特定的自然要素""学习研究干扰比较少或没有受到污染的自然区域的风景和那里的野生动植物""了解当地环境的文化和自然历史知识""得到欣赏和教育的满足"是其参加生态旅游或者自然旅游的"首要欲望"或"主要欲望"。对生态旅游者来说，接受环境教育是生态旅游的主要目的之一。

二、生态旅游环境教育的重要功能

从学理上进行探讨，或进行经验式的描述和解释，生态旅游环境教育的功能主要体现在六个方面：环境教育是生态旅游的（正）效益或价值要素；环境教育是环境保护或者平衡环境保护与旅游开发、经济社会发展的手段或措施；环境教育是对生态旅游者进行管理的内容或措施；环境教育是生态旅游者获得知识、意识等的载体或途径；环境教育是生态旅游教育性的实质体现及其精品性的保证；环境教育是生态旅游发展的需要、趋势或战略[1]。

（1）生态旅游环境教育是生态旅游正效益或价值要素。生态教育是生态旅游开发环境效益中的正效益之一；"学习、教育价值"是保护完好的原生生态环境和人工生态环境之所以成为生态旅游资源所必须具备的价值要素；对旅游者等所有与旅游有关的人员进行相关行为准则教育，树立可持续发展的旅游伦理观念，特别是树立旅游生态伦理观念，是内化旅游业外部不经济性的一个重要而有效的途径。

（2）生态旅游环境教育是环境保护和生态旅游发展的手段或措施。为社会公众提供环境教育是有助于自然保护和可持续发展的方式之一；"教育"是实现"自然区域保护"目标的手段之一；对游客进行环境保护

---

[1] 张素梅.全域旅游背景下我国旅游教育的现状分析及对策[J].大学教育，2016（12）：64~65.

知识普及和教育是消除或减少生态旅游可能带来的弊端的途径之一；环境教育在满足旅游者需求的同时，可降低对环境的负面影响，实际上也都是实现可持续目的手段之一；游客教育是保护旅游资源的可持续性、保护生态环境的平衡以及提高游客游览水平和体验质量的重要手段。

（3）生态旅游环境教育是对生态旅游者进行管理的内容或措施。即认为，教育是成功的生态旅游应采取的首要教育综合管理措施，是最核心的间接管理措施或游客管理的核心内容；在一定程度上，对游客实施生态环境意识教育是旅游目的地实施生态旅游的关键条件及生态旅游区游客管理措施之一。

（4）生态旅游环境教育是生态旅游者获得知识的载体或途径。"求知、探索"是生态旅游促使旅游者获得知识乐趣和增强热爱自然、保护环境的意识，促进环境优化的载体之一或生态旅游者求知、求美、求乐的主要途径。

（5）生态旅游环境教育是生态旅游教育性的实质体现及其精品性的保证。生态旅游的教育性是通过环境教育来实现的。生态旅游通过环境教育这一产品，给生态旅游者带来知识、美感和参与的乐趣，提升了旅游者的旅游体验，因而环境教育是生态旅游精品性的保证。

（6）生态旅游环境教育是生态旅游发展的需要、趋势或战略。加大宣传教育是生态旅游可持续发展的客观要求。环境教育是生态旅游发展过程中不可逆转的趋势，生态旅游中的环境教育是一种现场教育，它寓教于美的享受和娱乐活动之中，对于这样一个把生态旅游大众化的国家来说具有较为广泛的宣传意义和实践价值。通过生态旅游环境教育的大众化可促进大众化的旅游环境教育的开展。

第四章
环境因素对旅游生态发展的影响研究

生态旅游业，是以生态环境为资源依托的特殊的产业形式。在产业发展中，没有良好的生态环境，就没有生态旅游业的可持续发展。本章内容包括生态旅游与生态环境的关系分析、生态思想下的旅游环境因素分析、自然环境因素对旅游生态发展的影响以及文化环境因素对旅游生态发展的影响。

第一节 生态旅游与生态环境的关系分析

一、环境是生态旅游可持续发展的基础

环境与包括生态旅游的社会经济发展同人民生活的关系非常密切。旅游业，特别是生态旅游业，是以生态环境为资源依托的特殊的产业形式。

旅游产业的可持续发展离不开良好的生态环境保护，旅游产业当中居于主体地位的应该是生态环境，旅游景区的价值体现就在于生态环境，良好的生态环境是游客选择景区旅游的第一要素，良好的生态环境保护状况有助于景区形象的维护，有利于景区旅游的可持续发展，同时旅游环境的保护也响应了国家号召，更利于激发人们旅游的热情。旅游的两个方向，一是人文景观，二是自然景观，依托于自身的优势展开旅游资源的开发，优美的自然环境和壮丽的人文自然景观是旅游业生态环境旅游的重要因素。

旅游环境资源的破坏日益严重，保护旅游资源生态环境已经刻不容缓。随着旅游产业标准的提升，各地区自发开展环境资源的整治，以保护生态环境利于可持续发展。一方面投入资金解决薄弱的基础设施，建立相对完整的旅游配套资源，减少不必要的资源浪费，另一方面加大景区旅游环境的整治，低碳绿色成为景区主题，从根本上解决景区环境资源的破坏和浪费问题，更加有利于景区的价值实现，也促进生态旅游的可持续发展[①]。

二、健康发展的生态旅游利于生态环境的保护

第一，生态旅游促进第三产业的发展，符合可持续发展战略。旅游业

---

① 邓谋优.我国乡村旅游生态环境问题及其治理对策思考[J].农业经济，2017（04）：38~40.

是现代经济发展的低碳节约型产业，有利于环境资源的保护和开发，同时旅游产业促进当地第三产业的发展，符合可持续发展目标，有利于生态环境的可持续利用。旅游生态环境的发展促进旅游业的发展，旅游景区当地尤其以生态环境为依托的景区，多为山区，各方面条件比较落后。而旅游业的发展可以弥补这一短板，发展旅游，可以把当地的人文要素发挥出来，增加景区居民的收入，减少贫困增加致富，近十年来，环境保护问题日益凸显，尤其是山区林业居民，长期靠山吃山的生活方针，导致当地资源严重浪费和污染。旅游业的发展增加了居民收入，同时给当地居民以新的生活致富方式，又从根本上解决当地居民为生活造成环境资源的浪费和污染问题。

第二，生态旅游的发展反过来提升各地环境保护的重要性。旅游业的发展归根结底是生态环境的竞争，好的生态环境会增加游客的旅游热情，会持续加大游客对景区的良好印象，有利于景区的可持续向好向上发展。景区的发展利好对当地政府的业绩和居民收入有很重要的作用，而作为游客，生态环境的良好发展，会反过来督促游客健康旅游，当生态旅游产业的发展影响到每个人时，人们从中汲取好处，会更加保护赖以生存的生态环境。

第三，生态旅游的发展为环境保护带来新的资金渠道。生态环境的保护一直是我国重点支持的项目，国家和政府每年使用大量的资金支持维护生态环境，为各地政府带来很大的资金负担。而生态旅游的发展可以有效地解决这一问题，通过各地旅游资源的开发，实现旅游业的发展，配合景区资源的配套设施，不仅给当地景区带来不菲的收入，也增加当地居民的收入。以往，自然保护区的建立需要国家和政府不断地投入资金和人力，当地居民收入低，被迫做一些违反环境保护理念的事情，不仅破坏环境资源，而且破坏正常的保护措施。野生动植物有很高的价值，诱发当地人铤而走险，这些都是政府迫切需要解决的问题。生态旅游的开发弥补这一短板，良好的生态环境吸引更多的游客，为景区带来大量收入，也为当地居民的就业选择带来机遇，同时带动当地居民对环境保护的责任心。近些年来，自然景区或者国家保护区的违法乱纪事例越来越少，很大程度上因为旅游业的发展，生态环境资源的保护让更多人参与其中，保护景区环境爱护保护区动植物，已经成为每个人心中的职责，总而言之，旅游业带动了政府和居民的收入，让景区环境资源的保护良性发展。

三、不合理的生态旅游给环境安全带来破坏

第一，盲目开发生态旅游景区。生态旅游的盲目开发不利于生态旅游环境的保护，有序开发，有计划开发，有底线开发是生态旅游可持续发展的要素。利润当前，很多景区的开发完全不顾景区的客观存在事实，无意义开发、盲目开发、私自乱建成为景区环境破坏的最大因素。生态旅游的配套工程应该在合理条件下进行，不能豪华奢侈，以赚钱为目的。秦岭别墅、各地削山造别墅已经成为社会的热点话题，归其原因是利润导致政府和开发者大肆破坏生态环境，不按照法律法规的引导执行，为获取最大的经济利益完全忽略环境保护的客观因素。其中政府负有很大的责任，政府为了短期的政绩对生态环境造成长久的破坏和污染。景区的开发过度商业化、城镇化导致生态环境增加了人工痕迹，破坏了自然和谐，盲目过度地开发旅游资源，不利于景区和生态环境的可持续发展，对整个生态系统也具有很大的破坏性。

第二，旅游业中生态环境的污染问题，旅游业的快速发展，各方面条例和法律监督不足，导致各地区生态环境资源污染和浪费。超景区接待人数，尤其是黄金周节假日，各地景区因为利润不惜牺牲当地的环境资源，当地居民无意识保护景区环境，各种垃圾废品大肆破坏景区环境，这些问题都会对生态旅游景区造成很严重的破坏。

第二节 生态思想下的旅游环境因素分析

环境为人类的生活提供了生存保障，是人类基本生活所必需的物质条件。环境可以分为两大种类，第一种是非生物构成的自然生态环境因素，比如阳光、水分、温度等。第二种是人类以及与人类有各种关系的社会文化环境，社会文化环境比前者更加复杂。在上述环境因素构成的生态系统中，微生物和其他生物元素相互连接并相互作用，形成适合人类居住和生活的生态系统。当生态系统受到干扰时，如果生态系统的结构和功能超出其自身的调节能力，则将被破坏，无法恢复到最初相对稳定状态，从而导致生态失衡，严重的生态灾难会发生。生态旅游本该是一种环境代价很小

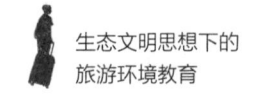

的可持续旅游形式，但近些年来，受市场需求拉动和商业利益的驱动，过大的生态旅游规模与过快的发展速度以及不适宜的发展策略加剧了环境的损耗和地方文化特色的削弱。科学规划和有效的宏观调控，对于今天的生态旅游业来说不仅非常必要，更十分紧迫。

一、太阳辐射生态效应

太阳辐射是指太阳向宇宙空间发射的电磁波和粒子流。地球所接受到的太阳辐射能量仅为太阳向宇宙空间放射的总辐射能量的二十二亿分之一，但却几乎是地球生命活动的唯一的能量源泉。太阳辐射的强度、光谱质量、辐射时间和周期性变化对生物的生长发育会产生深刻的影响。

（一）太阳辐射光谱

地球大气上界的太阳辐射光谱的 99% 以上在波长 0.15 ~ 4.0。大约 50% 的太阳辐射能量在可见光谱区（波长 0.4 ~ 0.76），7% 在紫外光谱区（波长 < 0.4），43% 在红外光谱区（波长 > 0.76），最大能量在波长 0.475 处。由于太阳辐射波长较地面和大气辐射波长（约 3 ~ 120）短得多，所以通常又称太阳辐射为短波辐射，称地面和大气辐射为长波辐射。太阳辐射通过大气层时，约有 43% 被云层所反射，14% 为大气中的尘埃、水蒸气、二氧化碳、臭氧吸收，仅有 43% 以直接辐射和散射辐射的形式到达地面。

人类和动物会受到红外辐射的影响，而且其影响与波长有着很大的关系。当人或动物的皮肤被红外线照射时，会吸收大部分红外线。皮肤的表面会吸收长波红外线，而更深的皮肤会吸收短波红外线，从而导致血液和深层组织被加热。植物在被波长略大于 0.76m 的红外线照射时，远不足以吸收足够的红外线，但会吸收远红外线。红外线对植物有益，可以促进植物茎的生长，促进种子发芽，并提高其温度。

在可见光中，红橙色光和蓝紫色光可以被植物色素吸收，植物吸收光之后开始光合作用，被称为生理有效辐射，是具有生理活性的辐射带。绿光很少被用到光合作用中，绿光会被植物的叶子吸收，然后反射出去，此被称为生理无效辐射。红光在光合作用中用处更大，有助于产生碳水化合物，蓝光有助于合成蛋白质。红光会影响植物的花、茎和种子的生长，而蓝紫色的光则与之相反，会使植物变短抑制其生长。

不同波长的紫外线的生态效益不同。波长为 0.36 紫外线能起到有效的杀菌作用，0.34 至 0.24 的紫外线杀菌效果更明显，紫外线辐射可以阻止一系列对植物有害的细菌、真菌、病毒的入侵和线虫的卵的繁殖生长。因此，紫外线对于抑制天然传染性病原体非常重要。紫外线对人体也很有好处，可以促进合成人体生长所需的维生素 D，但紫外线并不是只有好处，也会对人体造成坏处，可能会引起皮疹和皮肤癌，人患上老年性白内障的主因之一就是长期被紫外线照射。

（二）太阳辐射的时间

太阳辐射时间在变化方面和日照长度相似，都具有季节性和每日性特征，地球不同地方的生物通过不断进化逐步适应日照长度的变化。他们对日照时间每天和每年变化的反应称为光周期。植物的光周期反应主要是诱导芽的形成和休眠的开始，而动物的光周期反应是协调代谢活性并进入休眠阶段。根据植物对光的适应时间长短，可以分为长日照植物、短日照植物和中间性植物。

长日照植物是指仅在日光时间长于特定值，通常超过 14 小时才可以开花的植物，例如冬小麦、大麦、油菜、菠菜和萝卜等。短日照植物是短于特定值，通常在黑暗中超过 14 小时的植物，例如菊花、牵牛花、月见草、水稻、棉花和烟草等，这些植物在此类环境中成长得更好。中间性植物对光的长度要求不大，只要除了光以外的其他生态条件都合适，这一类型的植物就可以在不同长度的阳光下开花，例如蒲公英、黄瓜等。

许多动物的行为也表现出太阳长度的周期性。鸟类、野兽、鱼类、昆虫等繁殖以及活动都受光的长度影响。

（三）太阳辐射的强度

太阳辐射的强度不仅与辐射的波长有关，而且受太阳、海拔高度和空气污染程度等各种因素的影响。太阳高度与海拔越高，空气污染越少，太阳产生的辐射强度越大。从大气层外部垂直于太阳光线的平面，在 1 分钟内照射到 1 平方厘米区域上产生的太阳辐射热为 $8.24\ J/(cm^2 \cdot min)$，该

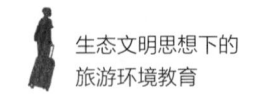

值称为太阳常数。到达地面的一些太阳辐射被土壤和植物吸收，转化为热量，还有一些会反射回大气中。

叶绿素是植物的光合作用器官，其形成与光的强度密切相关，其实，其他许多器官的形成也取决于特定的光照强度大小。当植物处在无光环境中时，植物显示为"黄色"。当植物的光周期诱导和萌芽完成时，照明时间变长，强度增加，并形成更多有机物。光的强度有助于水果的成熟，并且对水果的质量也有很好的作用。

不同的植物对光强度的反应不同，并且根据适应光强度的植物的生态类型来区分，植物可以分为三类，第一类是在强光环境下能主动生长，但在弱光环境下不能很好发育的植物称为阳性植物。阳性植物通常具有稀疏的树枝和树叶，透光性强，大部分生长在旷野和沙漠区域。先长树叶后开花的植物和普通作物都属于此类。第二类是阴性植物，是在弱光条件下生长更好的植物。阴性植物通常具有茂密的枝叶，透光率低，生长在茂密的森林或者是偏潮湿阴凉的区域。自然界中的植物，有着绝对属性种类的数量并不多，大多数植物在强烈的阳光下生长良好，但也可以在弱光下成长，这一类被称为中性植物，中性植物也可被称为耐阴性植物。

光照强度大小与许多动物的行为有着更深层次的联系。有些动物适合在强光下工作，所以他们会白天活动，例如灵长类动物、有蹄类动物，还有蝴蝶。另外一些动物则与之相反，它们被称为夜行动物，适合在黑暗的地方活动，例如蝙蝠、家鼠和飞蛾，与强光相比，它们可更加适应弱光。但是，还有一种介于两者之间的动物，既能适应强光也能适应弱光，比如田鼠，白天或者夜晚都会出来活动。

二、温度和生物的生长发育

（一）温度对生物生长的影响

温度是重要的生态因素，所有生物都以一定温度存在于外部环境中，并随着温度变化产生变化。地球表面的温度并不是恒定不变的，其会随纬度、高度而变化。随着时间的流逝、季节的更替，无论是一年四季，还是白天黑夜，温度都会随之变化。这些温度变化会在不同层面上对生物产生深远影响。

生物生化过程必须在特定的温度范围内才能发生。通常，这一过程会随着温度的升高而加速，导致生长发育的过程变快；当温度下降时，生化反应则减慢，生长和发育的速度也会变慢。研究表明，当温度从热带降至极地时，生物的生产力呈现降低趋势，而生产力最佳时需要的温度为 15℃ –25℃，这一合适温度范围与光合作用一致。如果环境温度不在生物体可以承受的温度范围，则会抑制生物体的生长和发育甚至会让生物体死亡。一定的温度范围，是生物体能健康生存的必要条件，但是，生物在不同发育阶段和其他生物所需要的温度范围却大不相同。这一适应的温度范围是生物体在一定温度下对生活长期形成的生理适应性。恒温动物的能量来源是食物，依靠新陈代谢来维持恒定的体温。然而，不属于恒温动物的种类则需要一定的总温度才能完成生命周期。由于这种温度变化使动物或植物的体温变化，因此，这些动物或植物通常不能承受低于冰点的温度，通常是因为细胞的冰晶会影响蛋白质的结构，让其受到伤害。

（二）温度和生物分布

在浩瀚的宇宙中，生命始终是一种特殊存在，生命可以在 –200℃至 100℃的范围内生存，即温度范围为 300℃。某些生物可以在非常低的温度下以静态状态在短时间内生存，而某些微生物则可以在接近100℃的温泉中生存和繁殖。然而，大多数物种的存在和活动仅限于较窄的温度范围。极端温度通常是对生物分布造成影响的重要因素。例如，由于温度，在自然条件下，桦木和云杉无法生长在华北平原，而苹果、梨和桃子则无法在热带地区生长。在长江流域这一区域，福建、广东和黄山的松树不能在1000 米的海拔高度生长。高温成为限制生物分布因素的原因在于，高温会破坏生物体内的正常代谢过程，影响光合呼吸平衡，其二是植物无法完成发育阶段，因为它们没有接受必要的低温刺激。

对于生物分布来说，较低的温度对其作用更加明显。对于植物以及变温动物来说，水平分布上限和垂直分布上限的主要决定因素是低温，因此

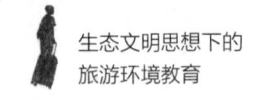

很容易区分这些生物的分布边界。例如，北纬 24° 大概是橡胶分布的北边界，而北纬 26° 大概是剑麻分布的北边界。长白山的红松主要生长在海拔 800-1200m 的地方，云杉和冷杉在 1200m 以上区域生长。尽管温度对恒温动物的分布没有直接限制，但其会影响例如食物的其他生态因素，从而对恒温动物的分布产生间接影响。例如，其影响昆虫的分布，间接影响该纬度上的食肉蝙蝠和鸟类。许多鸟类无法在高纬度地区生活，不仅是因为秋冬季节温度太低，而且还因为食物不足，白天的进食时间很短。所以候鸟的季节迁徙，既可能与温度适应性有关，也可能与食物短缺或其他生态条件改变有关。

三、大气的生态意义

（一）二氧化碳与氧气的生态作用

1. 二氧化碳的生态作用

二氧化碳是植物进行光合作用时所需的主要原料，植物在活跃生长期间需要很多二氧化碳。光合作用是一种生物化学过程，在这一过程中，植物、藻类和某些细菌利用叶绿素将二氧化碳和水转化为有机物，并通过照射到的可见光来释放氧气。每天，1 平方厘米的叶子面积如果想产生 20mg 干物质，需要约 29mg 二氧化碳。但是，农田土壤每天每平方厘米叶面积能提供的二氧化碳数量大小为 1mg 至 10mg，其余主要通过空气传播的方式，获得空气中运输的二氧化碳。地球上森林的碳含量在 400 万到 5000 万吨之间，每年约有 150 亿吨二氧化碳经过各类作用转化为树木，因此，二氧化碳对植物和森林的生长具有重大影响。在空气中，二氧化碳含量和产生的变化不大，因此，对动物生命的影响通常很小。地球上二氧化碳的来源主要是动植物呼吸、有机物的分解，还有煤、石油等矿物质的燃烧，火山的爆发等。由于大量燃烧化石能源，地球上的二氧化碳含量逐步增多，导致全球气候变暖，给整个生态环境带来了危机。

2. 氧气的生态作用

绿色植物需要通过氧气进行呼吸。对于陆地植物，氧气通常不是限制因素，因为环境中存在大量氧气，其含量稳定且易于获得。但是，由于水体中的氧气含量有限且不稳定，因此氧气通常是水生生物生长的限制因素。氧气对陆生动物也有很大的影响。例如，在低于约 1000 m 的大气中，动物对氧气的需求能完全保证，但是海拔越高，空气越稀薄，由于缺乏氧气，动物的种类就越少。生活在海拔高地区，缺氧条件下的动物适应性特殊，其红细胞数量和血液中的血红蛋白含量都高于常规水平。海洋中来自空气中的氧气扩散和水生植物的光合作用的溶解氧含量会限制海洋中生物生长和发展。全球变暖使海水中的浮游植物数量激增，这些微细的水生植物死后会沉淀海底，而微生物分解这些沉淀物时会同时消耗水中的氧气，导致海水氧含量下降，危害其他海洋生物的生命。随着土壤空气中氧气的减少，二氧化碳浓度相应增加，物质分解速率下降。氧通过对需氧微生物的限制作用，对土壤生物的生存也产生重要影响。大气中氧的主要来源是植物的光合作用，另外，也有少量来源于大气层中的光解作用。

（二）风的影响

1. 对植物的影响

风能直接影响植物的生长和发育。通过风传递花粉的授粉方法称为风媒，以此种方式授粉的花称为风媒花。大多数禾本科和木本植物，例如橡树、杨树和桦树都是风传粉植物。还有很多植物种子和果实，带有有利于传播的附属物，例如植物的翅和冠等，种子通过风被转移到各个地方。如果风的强度超过 10 m/s，会对树木造成破坏性影响。此种情况下，如果植物的根部太浅，那么其很可能会被连根拔起，此种现象被称为"风倒"。还有一种情况，有些植物长期受到病虫侵害，生长缓慢或衰老，当强风来袭，植物的茎或树干很容易被折断，此种现象被称为"风折"。

环境中不止温度，湿度还有二氧化碳浓度大小等都会受到风的影响，从而影响植物的生长环境。

风能加速水分蒸发和植物蒸腾，降低环境和植物体的温度。对于生长在炎热地区的植物来说适度的风的作用有利于植物的生长发育，但是，当植物生存在寒冷环境中，强风会对它们的新陈代谢造成很大影响，从而造成伤害。植物在强风的作用下会加快自身的蒸腾作用，在结构特性

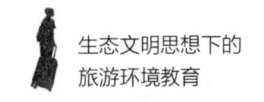

上和旱生植物相像，常见的表现有叶小、发达的根系和生长矮小。如果植物长期受干燥的热风或干旱风影响，会导致更明显的旱生特性。从长远来看，树木在单向风的作用下树冠通常呈旗状，针叶树年轮会更大。风还可以促进环境中气体的均匀分布，并加速循环，为植物的生长提供更好的环境。在某种意义上，风的扩散作用可以减少空气污染给植物带来的损害。

2. 对动物的影响

风虽然不能对动物的生长造成直接影响，但是风可以让其体内的水加速蒸发，让其体内的热量加速散失，这些都间接影响动物的生长和发育。

动物的行为也直接受到风的影响，例如猎物、运动等。风对昆虫和蝙蝠等飞行动物的生物学特性和行为有更大的影响。在无风的天气下，昆虫选择出来觅食的情况会更多，强风下，动物则在可以避风的地方筑巢。在沿海和岛屿、草地、沙漠和南极洲更多的是无翅昆虫，而有翅昆虫大多生活在低海拔和微风环境中。一些小型动物在传播中会利用风，而且其是必不可少的工具。许多淡水原生动物在生活的水域变得干涸时，会进入休眠状态，风可以将它们带到全世界。当风特别强劲时，强大的气旋可使一些颈椎动物卷到半空中，降落在远离原先很远的地方。一些"不幸"鸟会因为强风迷路，偏离自己原先的飞行路线。其实，在广阔的自然世界中，风对动物的影响远不止于此。风也能给动物带来方位信息，不少哺乳动物会逆风觅食，它们这正是依靠风的气息确定方向。

四、地形和土壤因子的生态作用

（一）生态因子的垂直分带性特征

随着海拔的增高，以温度为代表的各种生态因子会发生有规律的变化。

（1）对流层中气温随海拔高度增加而降低。就全年论，整个对流层气温直减率平均为 6.5℃/km。通常，夏季的垂直降温速率最高，冬季最低。山的方向和坡度的方向对温度的影响主要由山两侧之间的温差来决定，从而引起完全不同的气候现象。阳坡的温度较高，变化较大，而阴坡的温度较低，变化较小。山峰和山坡的日、年温度范围都比较小，而山谷和盆地两者之间温差会较大。

（2）通常来说，降水量随山海拔的增加而增加。当山的海拔到达一定高度，气流中水蒸气的量减少，随着高度的增加，降水会相对减少。侧面的表现是迎风坡上的降雨量比侧面坡多。降雨的巨大差异，尤其是在高山两岸，极大地改变了植被景观。山区地形也影响降水的每日变化。通常，山顶的降雨量会很多，山谷盆地通常在晚上下雨。

（3）海拔越高，风速越高。风速在山的山顶、山脊和通风口处较高，而在谷底和灌木丛中则较低。高山风速通常晚上高，白天低，下午最低。与之相反，山麓和山谷则表现不一样。

（4）对于湿度来说，水蒸气的气压随高度的增加而逐渐降低。通常，由于山的顶部温度更低和云层更多，因刺激，山的上部相对湿度高于下部。但是也有与之相反的情况，即冬季的高山地区，山顶云雾较少，因此相对湿度较低。山谷的相对湿度在晚上较高，白天则较低。在山顶，每周相对湿度的变化通常很小。

受此山地垂直方向上生态因子的变化影响，当山地海拔高度达到一定程度时，生物群落就会发生明显的垂直带性更迭。这种垂直分异只有在一定高度的山体上才会出现，而且纬度越低，分异越显著。例如，我国长白山，由于海拔高度及其自然环境因子的垂直变化，使山地生物群落明显形成垂直带分布，即自山麓到山顶出现山地针阔混交林带、山地针叶林带、山地桦林带和山地苔原带。

（二）地形对生态环境的影响

1. 地形和水热条件

地形通过重新分配光、温度、水和养分来改变生态环境。海拔和坡度不同，温度、湿度、土壤特性、动植物类型也不同。与北坡相比，南坡的温度更高，湿度更低，水的蒸发量更高，土壤水分更少；南坡的植物更喜欢温暖的阳光，抗干旱能力更强；而北坡却完全相反，北坡的温度更低，更耐湿并且水分蒸发更少。植物生长和发育与南坡相比，南坡更快。在高海拔地区，北部温度较低，生长的多是抗寒性较高的物种，

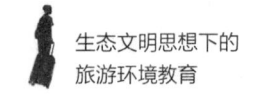

且越往高处植物抗寒性越增加。通常，平坦土地上的土壤更加肥沃，适合于种植作物，此处能提供充足的水分，以及容易施肥，农作物能很好生长。而斜坡上更容易生长树木，此处土壤厚实，排水良好，树木能茁壮成长。

2. 地形和物质循环、生物移动

在重力和风的作用下，水分和土壤颗粒会沿着地形的坡度和方向流动。因为水的流动方式，所以盆地和山丘很容易成为水的源头，山谷、湖泊、河口等地方则是水的交汇之地。尤其是氮和磷等农业肥料、家庭污水和工业厂地生产排出废水中的各种化合物也与水一起移动。高山是生物通过的障碍，而山谷可以用作生物运动的场所。不仅如此，污染物的传播方式也会受到地形的影响。由于局部气流，地形的走势会影响风向。在低洼的山谷中，如果存在严重的污染源，很容易对环境造成巨大的破坏。许多生物在山区高海拔和低海拔之间移动。如云南香格里拉马鹿栖息地海拔高度为3500m～5000m，夏季在香格里拉迪庆藏族自治州4600m～4800m处活动，冬季则向低海拔处迁徙。

3. 地形和抗干扰性

地形会影响一些自然灾害的频率、强度和空间模式，对生物的生活环境造成影响。塌方、水土流失、泥石流等不仅很大程度上受地形影响，而且会因为受到的影响和改变而形成新的地形。崩塌是指在重力作用下，岩石及岩石的碎屑迅速发生的下坡移动，崩塌会破坏森林的正常生态环境，并威胁到动物和人类的生命安全，较为严重的滑坡会严重影响动植物的生存。由于乱砍滥伐，植被覆盖率低，斜坡的土壤被严重侵蚀，土壤被雨水冲洗后变得贫瘠，土地生产力持续降低，也在影响着生态平衡。

（三）土壤的生态作用

在岩石圈中，土壤位于疏松表层，是陆地动植物生活的基本保障。植物成长所需的养分和水都必须从土壤中获得，除此之外，土壤为动植物的生存提供场所。植物的根系与土壤的接触面很大，那么植物与土壤之间会发生较多的物质交换，因此为了让植物更好生长，提高产量，可以控制土壤的具体因素。对于动物而言，土壤提供的生活环境比大气环境更加稳定，并且由于温度和湿度变化的范围更小,因此土壤通常为动物提供了绝佳的庇护所。从一开始,土壤与生物就有着不能分割的联系,生物在土壤上进行的各种活动也影响着土壤的形成,两者之间相互作用,相辅相成。土壤中存在着各种微生物,这些微生物不仅能够让土壤的肥力更好,还能促进土壤上植物的生长,这就是土壤的生态作用,这些因素对于自然界中的每一环来说都是重要的、不可或缺的生态因素。

土壤的物理和化学性质会对陆生生物的结构以及生存方式造成直接影响。土壤由固体、液体和气体三部分组成。土壤的质地是土壤最明显的表现形式,土壤中矿物颗粒(例如砾石、沙子、淤泥和黏土)的相对含量就是土壤的质地。土壤的质地越细,土壤的表面积越大,就能保留越多的营养物资,其潜在的生产力也就越高。土壤结构是指土壤颗粒如团块、圆柱等排列情况。团状结构是土壤结构的最佳形式,因为其可以协调土壤水分、空气和养分三者之间的关系,能够有效改善土壤的物理性质和化学性质。土壤的化学成分关系着动植物的生长和发育,因为其会直接影响植物的成分,因为植物受到了影响,间接导致动物的营养受到影响。土壤中的pH值不仅会影响土壤的物理性质和化学性质,还会影响土壤中微生物活性,从而影响植物的生长。例如,在酸性土壤中,雨水会带走土壤中的大量养分,如果pH值大于8,则会抑制氮化作用,从而影响土壤的肥力。

五、生物生存和繁衍的水分条件

水是所有生物必不可少的成分,生物的水含量通常在60%至80%这一范围内,某些生物的水含量会高于这一范围,比如水母的含水量为95%。可以说,如果没有水,就不会有生命。生物体中所有代谢活动都需要水,营养物质的运输,废物的排放,激素的输送以及生命体内发生的其他化学反应只有在水溶液中才能进行。植物会通过根部来获取土壤中所需要的水和无机盐,然后通过茎将其运输出去。为了进入和离开生物细胞,环境中的所有物质都必须溶解,因此水总是出现于有机体和环境的交换之间。通常,在100克水中,99%的水都会被蒸发,只有1克

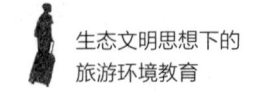

保存在体内，因此，必须有足够的水分供应才能保证植物正常生长和植物的水分平衡。植物通过水分的蒸腾作用，降低了体温，完成了养分的吸收、运输和利用。

水有着人类不能忽视的环境功能。由于水有着很大的热容量，热量吸收和释放缓慢，因此水体的温度变化不如空气温度快，并且受温度波动的影响较小，使得水为生物提供的生存环境非常稳定。与此同时，水在3.98°C时具有最大密度，由于此种性质，水体不会被同时冻结，但是在3.98℃以下时，冷水在表层，温水处在水体的底层，而水冻结是从上到下缓慢进行的。这对于冰河时期的形成和当今较冷地区中生物的生存非常重要。

生物起源于水环境，生物进化90%的时间都是在海洋中进行的。水分同温度一样，也是现代生物分布的主要限制因子。全球各地的降水量分布不均，其空间分布受地理纬度、海陆位置、大气环流、天气系统和地形等多种因素的影响。

第三节　自然环境因素对旅游生态发展的影响

一、生态旅游和地貌及土壤环境

典型的地质地貌是重要的生态旅游资源和旅游景观的重要组成部分，也是生态环境的构成基础，不适宜的生态旅游活动将对地质地貌及土壤环境产生不利影响。

（1）过量的生态旅游活动破坏原始地貌形态，加速水土流失过程。一些旅游景区超容量接待游客，对当地原始地貌及土壤环境造成过度干扰。通过游客频繁的脚踏及对其上覆植被的破坏，导致土壤结构紧实，容重增大，孔隙度降低，蓄水能力也明显减小，这样便大大加速了土壤被侵蚀过程。有研究结果显示，随着旅游干扰强度的增加，土壤容重和pH值呈递增趋势，水分和物理性黏粒呈递减趋势。

（2）基础设施建设对地貌及土壤环境产生不利影响。为扩大接待规模，许多旅游区大兴土木，进行基础设施建设。在景区内，大规模砍伐森林，过度开采地下水，进行开山炸石等活动，改变原始地貌形态，造成水土流失。特别是道路等设施建设会加剧滑坡、崩塌、泥石流等自然灾害的发生，一些旅游景区的登山索道架设也对周边地貌形态及土壤结构产生不利影响。

（3）机动车辆的使用导致地貌及土壤环境的改变。近些年，随着景区内游人和车辆的增多，给景区管理带来了一些新的问题，特别是车辆逆行、乱停乱放、碾压绿地、碰撞树木等现象时有发生。从科学规划的角度讲，生态旅游景区内不应行驶机动车辆，这不仅仅是因为机动车辆所产生的尾气污染和噪声对生物环境会造成有害影响，同时，随意停靠和四处行驶的交通车辆也会破坏局部地貌形态，损坏植被，改变土壤结构，加剧景区的水土流失。为此，生态旅游景区必须强化对交通工具使用的管理，原则上禁止在生态旅游景区内使用机动车辆，对各种车辆允许的行驶区段、时间、停靠场所、车辆密度等做出严格规定，并进行有效监控。

（4）生态旅游活动及旅游者不文明行为的作用。不当的生态旅游活动和不文明的旅游者行为会破坏生态旅游景区地貌的保育和土壤环境。如澳大利亚昆士兰沿海大堡礁、埃及和约旦及以色列的红海沿岸娱乐性跳水、潜水以及生态旅游者的踏、踩、攀缘等活动，使珊瑚破碎，礁石损坏。一些不文明的旅游者随地乱扔垃圾，特别是随意丢弃的废旧电池将会对景区土壤环境造成严重破坏。废电池当中的重金属严重超标，当废电池经过风吹日晒之后，电池表面被腐蚀，其中的化学成分就会穿透地表，渗入土壤内，参与到水循环当中，人们一旦使用了受污染的水，这些重金属元素就会进入人的体内，参与到新陈代谢、血液循环当中，在人的身体中沉积下来，会对人的身体健康造成危害。

二、生态旅游和大气环境

清洁的大气环境是开展生态旅游的必要条件，我国众多享有盛誉的生态旅游区几乎无不是以其良好的空气环境而著称。然而，生态旅游区众多的宾馆、车船及其生态旅游垃圾如果处理和管理不当,产生的污染物也会对生态旅游区的大气环境造成污染。

(1)生态旅游区宾馆的排污。旅游生态区的主要污染来源就是宾馆住宿区域的排水和供水、供热等环节,在这些环节中,锅炉烟囱和煤灶等排出来的废气,会进入大气当中,而废气的主要成分是二氧化硫、二氧化碳等,长此以往,废气累积会对环境造成很大的影响,可能会带来酸雨等危害,环境的改变,不但会使气候产生很大的改变,甚至还会破坏基础服务设施。

(2)汽车、轮船等交通工具的排放物。景区内的人流量、车流量都很高,大量的机动性交通工具,势必会带来大量的尾气排放,景区内的环境就会受此影响。汽车尾气在社会环境中已经是主要的污染来源,更何况是在车流量极高的景区内,其会给景区的生态环境带来不好的影响。

(3)垃圾等固体废弃物及封闭环境中的大气污染。景区内的人流量高,所产生的固体垃圾也就很多。景区内的固体垃圾有机物含量很高,如若景区内没有很好的处理措施,固体垃圾堆积处就会滋生大量的细菌和病毒。尤其是堆在底层的垃圾,长时间封闭隔离,缺乏氧气,固体垃圾上的厌氧细菌快速繁殖,就会造成病毒部落堆积,对健康有极大的伤害。生态景区的卫生间同样也是关键位置之一,尤其是夏季,夏季气温高,垃圾不及时清理,不仅会带来恶臭,还会增加大气中的含菌数,会给游客造成不卫生、不安全的体验。在生态景区的封闭条件下,一些娱乐场所除了受到外来游客的影响,还会受到内部污染物的影响。主要的内部污染物就有旅游者所释放出的二氧化碳。在日常生活中,二氧化碳并不是主要的污染源,但由于场地内的封闭条件,空气流通不畅,其对人体会造成一定的影响,主要反应有头晕目眩、食欲不振、精神不佳等。

三、生态旅游和水环境

水环境的污染主要来源于三个方面:

(1)游客游玩所产生的垃圾。生态旅游由于先天条件限制,所位于的场地一般处于郊区,远离城市,交通和购物相对不便利,游客在进入景区之前,通常会自带一些饮料、食物等,这些饮料食物的包装所遗留下来的垃圾，如果不能及时处理，就会遗留在景区内，造成生态污染。由于景区内道路崎岖，环境因素限制了景区内的垃圾收集，尤其是游客不按照规则，不将垃圾丢弃在相应的位置，就会导致垃圾处理不利，可能会流入河流中，对当地的生态旅游和水环境造成极大的破坏。

（2）旅游接待设施对于水体的污染。如今生态旅游处于快速发展的状态之下，不仅仅是观光旅游，企业为了吸引消费者，还会有一些宾馆、饭店、度假村等为消费者提供更多的娱乐场地。而这些场所生产的废水排入河流当中，就会对水资源的生态环境造成污染，造成水体质量下降，甚至污染地下水，威胁饮用水安全。在一些河口湿地，污水没有经过处理就进入环境当中，会打破原有的生态平衡，对当地水生物造成影响，水中产生的一些重金属元素又会对水体造成污染，导致水体的循环出现问题，直接影响水体作为景区的自然价值和经济价值存在。所以必须要重视旅游接待设施当中的水体污染。

（3）各种水上旅游活动威胁水体安全。在生态旅游景区内的河流、湖泊、水库、海域等各类天然或人工水体上开展水上旅游活动将污染水体或水源。如燃油驱动的船艇对水体造成油污染，这些油物质的分解要消耗大量的水体溶解氧，进而破坏水生生物的生存环境。同时，受到油污的水体景观质量下降，会大大降低旅游者的旅游满意程度。有些旅游区将餐馆直接建在水上，或利用船舶建造水上餐厅，餐馆经营及游客餐饮所产生的垃圾直接排入水体，对水体环境造成严重污染。一些水上旅游活动及水域周边排放的化合物，如含铅汽油、含磷洗涤用品等，排入水体沉积在水底，给生物并间接给人类带来危害。身体与水接触的水上运动、生活污水等可能将各种水媒介传染病毒带入水中，造成疾病传播。

四、生态旅游和植物环境

人的生存固然离不开自然物，但人并不是在任何时候都可以对自然物做任何事情。动植物环境是生态旅游的依托和最为宝贵的旅游资源，但缺乏规划和管理的生态旅游活动对包括森林植被在内的生态环境会产生不良影响。

（1）旅游活动影响植物的覆盖率。生态旅游区的开发活动，如道路的修建和宾馆等接待设施的建设等，占地面积广，对土地资源会造成一定的侵害，开发土地资源，势必会破坏当地的生态结构，损害表皮植物，也有可能会对当地的濒危物种造成危害，甚至导致生态链断裂，旅游者如果不慎重管理，就有可能引发自然危害，例如森林火灾等。还有旅游区的自然环境建设，会征用一些树木，或用于薪柴，任意砍伐树木，使周围植被覆盖率降低。

（2）旅游活动影响植物的生长。位于生态旅游景区内的旅游接待设施所排放出的废气、污水和固体垃圾会改变周围地区的大气、水及土壤环境，进而影响植物的生长和发育。一些知名度较高的生态旅游区，到了旅游人群增多的旅游旺季，景区的人流量增多，景区内人满为患，无从下脚，游客就有可能会不遵守景区规则，产生践踏草坪等行为，加剧一些植被破坏的程度，植被受损的地区容易寸草不生，树木生长不良，这就会导致当地旅游资源被破坏，对景区效益造成一定影响，受到环境污染的生态旅游区植被的抗病力下降，生长脆弱，也使病虫害有机可乘。

（3）旅游活动影响植物的种群结构。在一些生态旅游区，当地居民及游客对鲜花、苗木和真菌等过量采集，会引起植物物种组成成分的变化，破坏生态系统平衡。旅游纪念品的制作往往是以当地植物为原料的，一旦这种纪念品销路好，便会导致该种植物被大量采集，甚至造成濒危或灭绝。

五、生态旅游和野生动物保护

动物是生态旅游中的重要组成部分，而动物的数量、结构以及生活习惯都会影响生态系统的平衡，也会对其他生态链中的平衡造成一定影响。生态旅游的一个重要的内容就是观赏动物形态，因此野生动物本身就是重要的生态旅游资源。旅游活动的类型、范围、强度、时空分布等成为对野生动物干扰的主要因素。

（一）旅游基础设施建设对动物环境的破坏

云南玉龙雪山在近些年出现了令人心痛的现象，如玉龙雪山的雪线不断后退,经研究和考察发现,原因在于玉龙雪山的景区开发过度,游客量过高,已经大大超出雪山能够容纳的客流量,环境污染严重,造成雪山消失的速度加快。雪线后退,野生动物的生存环境遭受破坏。20世纪末,学者考察了张家界国家森林公园的野生动物数目,发现一些野生动物的数目开始减少,甚至一些野生动物开始消失。当地的生态链被破坏,野生动物的生存空间受到严重威胁。珊瑚礁是一个非常脆弱的生态系统,对其进行旅游开发必须慎重行事。然而,在红海的沿岸埃及,当地的填海行为已经对生态环境造成了极大危害,破坏了珊瑚的结构体,并且这些危害都是无法挽回的。由于泥沙的堆积,珊瑚甚至窒息而亡,商业填海行为和游客污染行为都对海洋系统造成了无法扭转的危害,导致珊瑚的生存环境极度恶化。

(二)旅游纪念品的制作对野生动物的威胁

蝴蝶的观赏价值和美学价值世人皆知,在我国文学艺术、诗歌、绘画、服饰中处处可见它的踪影。云南是蝴蝶的故乡,蝴蝶更是西双版纳重点开发利用的观赏昆虫,蝴蝶标本的制作与出售生意在这里十分兴隆。而开发蝴蝶观赏效益也会对环境造成一定的危害。对蝴蝶的过度开发,会影响蝴蝶的繁衍,可能会造成蝴蝶资源的不可持续发展。如果不针对这一威胁出具相应的方法和管理措施,那么蝴蝶的繁衍和未来就会岌岌可危,对于生物多样性只会有害无利。

大象和犀牛都是南部非洲重量级的野生动物,由于象牙雕刻及犀牛角极为贵重,大象和犀牛便成为贪婪者猎取的目标,导致大象和犀牛等野生动物被大量捕杀,已濒临灭绝。在赞比亚的卢安瓜峡谷,由于过量的狩猎活动,当地大象的数量急剧减少。为了抑制这一行为,保护大象的生物多样性,当地政府建立了针对大象、黑犀牛等珍稀动物的野生生物保护区,这一保护区不但保护大象、黑犀牛等不被捕杀,同时还吸引世界各地的游客前来观光,观光产生的旅游收益足以支撑野生动物保护区的发展,甚至还可以支持当地的一些公共服务措施发展,比如建造学校、诊所等。当地居民从中获得实际利益,会对野生动物保护的举措持赞同态度,从而使大象和黑犀牛等野生动物得到有效保护。

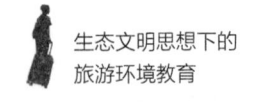

(三)旅游活动导致动物习性的改变

在经常有旅游者观光的区域,野生动物的习性与没有旅游者出现的地方不同。野生动物在长期没有人出没的地区已经养成自身的生活习惯,构建了相对平衡的生态链,而人在观光过程中所遗留下来的固态垃圾,进入野生动物的生态环境,会对野生动物造成一定的影响,打破原有的生态平衡。人们对野生动物引诱性投食,会改变野生动物的生活习性,野生动物觅食垃圾,更有可能会导致其误食一些有害的东西,造成不可扭转的危害,甚至会威胁到生命。

除此之外,游客的观光行为在某种程度上会造成生态环境恶化。比如美国的黄石公园,由于游客不经意间引入肉食性湖鳟,其生物链被打破,引发了一系列生态问题。湖鳟不断猎杀生物链中的某种动物,造成了生物链被破坏,影响了当地依靠这些食物存活的野生动物发展。

我国针对自然保护区的发展出台了一些法律规定和政策,并设立了一些实验区。实验区的规划虽然在最初已经避开一些野生动物的集中地区,但由于我国的人口基数庞大,每年的旅游旺季,一些地区的旅游管理不完善,野生动物锐减的现象还是出现了。所以,应该及时重视野生动物的可持续性发展,严格按照国家规定的法律法规行事,关注人与自然之间的和谐关系。旅游地区的发展要关注可持续性发展的问题,不能只关注眼前的利益,而是要注重长远的发展,不能过度开发资源,要控制生态容量,争取做到人与自然和谐发展。

第四节 文化环境因素对旅游生态发展的影响

一、文化生态的内涵阐释

人类区别于其他生物的是,人不但具有自然属性,同时还具有社会属性;人不但是自然人,同时也是社会人;人类的居住空间,不仅是一个自然空间，同时也是一个文化空间，带有鲜明的历史传承性和鲜明的民族特性。因此，作为人类生存和发展的各种外界条件的总和的生态环境，除了生物与非生物等自然因素之外，还包括文化因素，涵盖生活方式、历史传统、风俗习惯、民间工艺、聚落形式、建筑风格等诸多文化内容。以生态学为视角，可以把人类生存与发展所依赖的具有天然属性的生物与非生物环境称作自然生态，而把人类与自然共同创造的，人类在长期生态适应中形成的一种特定的文化模式及其环境称作文化生态。人类的生存发展离不开良好的自然生态，人类和自然的和谐发展，同样也离不开良好的文化生态。文化生态所蕴含的丰富的历史意义、文化意义和社会意义，对于人性的形成、人的素质和品格的培养，以及不同民族性格与精神的造就，具有重要的影响和作用。因此，文化生态系统是在自然生态基础上形成的，又远比自然生态系统更为复杂。在包括生态旅游在内的旅游业大发展的背景下，它不仅面临着各种外来文化的冲击，同时也面临文化创新的重要课题。

一般来说，文化生态更多的是代表了人类与自然和谐相处的一种状态。一种文化现象的产生与存在既与相关的生产方式、生产力的发展水平有关，也与产生这种文化的土壤与背景——包括民族、地域的独特生活方式、文化传统、文化心理、审美原则、风俗习惯有关。因此，不能仅仅以生产力的发展水平及其物质生活的发达程度来判断某种文化生态现象的"先进"与"落后"，更不能以自己的审美原则和审美习惯来衡量完全不同的文化环境中产生的文化现象。在生态旅游的开发与管理中，充分理解并尊重各地区业已形成的文化生态，在妥善保护的基础上加以合理利用，以促进生态旅游产业与区域文化生态的共同发展，是目前的重要任务。

二、生态旅游对目的地传统文化的影响

（一）当地文化被同化

人类语言正处于亟需保护的状态，包括民族语言在内的各种民族文化，在经济全球化时代正在遭受被同化的危险。

所谓文化同化，是指两个独立存在的文化体系或民族传统不同的个人或群体经长时间接触，其中一方单方面朝另一方接近的调整方式或现象。根据调整方式的不同，文化同化通常可分为强制同化和自然同化两类。这个变化过程，如果是用暴力或特权等强制手段实现的，就叫强制同化。相反，如果这个变化过程是在自然情况下实现的，如通过国际贸易往来、人员交往、旅游等活动来实现，称作自然同化。生态旅游目的地往往是那些具有古朴、原真文化特质的文化区，与生态旅游者所在的经济发达的区域文化形成鲜明对比。在民族文化同化过程中，文化的替代是一种基本趋势。

随着我国旅游经济的深入发展，以民族文化为旅游吸引物的民族旅游、文化生态旅游正吸引着越来越多的海内外游客。应该承认，生态旅游在促进民族地区经济与社会发展方面发挥着重要的作用，但随着旅游的发展和人员交往的增多，民族文化被同化的现象也十分突出。例如世居云南宁蒗县的摩梭人，从南北朝时定居此地已有上千年历史，具有悠久的历史和丰厚的民族文化。独特的摩梭文化体系支配着社会生活的各个方面。但随着改革开放后人员交往的增多，特别是当地旅游业的不断发展，古老平静的摩梭社会文化发生了剧烈震荡。过去多是其他民族单向地融合于摩梭人中，现在却是向相反的方向转化。他们开始过上了汉族的春节、端午节，穿上了轻便灵巧的汉族服装，古朴苍劲的摩梭民谣与现代流行的通俗歌曲同时回荡在泸沽湖畔。[①]。

（二）当地文化被庸俗化

由于地域文化和民族文化都是重要的旅游资源，一些生态旅游的开发商和旅游经营者为片面满足部分旅游者低俗的欣赏要求，对民族文化、地域文化或过分渲染，或低格调猎奇、标新立异，或生搬硬套、肆意拼合，将民族文化庸俗化。

许多民族文化是人们在特定的区域长期适应自然生态环境而形成的独具特色的文化形态，它与当地的自然已经构成了完整的一体，成为具有相

---

① 李文明. 生态旅游环境教育效果评价实证研究 [J]. 旅游学刊，2012（12）：80~87.

对稳定性的文化生态系统。民族文化的存在有着特定的缘由，并与特定的时空相联系。蒙古族的长调在人们听来，实质上就是用高亢、嘹亮、悠长的音符和曲调，描摹此起彼伏、连绵不断、天低草长的大草原的轮廓。蒙古族人的那达慕盛会是在草绿花红、马壮羊肥的季节举办的盛大体育游艺活动，射箭、赛马、摔跤比赛与草原特有的资源环境及其生产、生活方式相联系，是对草原民族文化的典型写照。然而，一些地方为了迎合部分游客的猎奇心理，对民族文化任意曲解，把一些本民族已经摒弃的糟粕当精华展示，或是把一些本民族视为禁忌的习俗进行庸俗化的表演，这种行为已严重违背和伤害了各民族的意愿和感情。

文化生态是一种特殊形态的旅游资源，对文化生态旅游资源的开发不仅要以市场为导向，充分满足旅游者的消费需求，更为重要的是要注意发挥文化的指导作用。缺乏文化指导作用的旅游开发只能是带来旅游地资源品位的降低和文化格调的下降，导致民族文化、地方文化的庸俗化，并最终丧失民族文化的旅游价值。

（三）当地文化的不正当商品化

近些年，为了满足旅游者对旅游纪念品的需求，一些生态旅游地的民族工艺品被大批量生产，很多粗制滥造的产品充斥市场。这些所谓的工艺品并不能代表其传统风格和民族工艺，会使当地工艺形象和文化价值受到损害和贬低。有的根本不是当地或不代表当地文化和技艺水平的工艺品也列入地方纪念品销售给旅游者，产生非常坏的影响。剪纸不再是剪纸，不是用剪刀剪出来的，而是用模子刻出来的，成了地道的刻纸；一些雕刻作品也不是雕出来的，而是用模板压制出来的。适应大众化旅游需要，富有民族特色的手工艺品开始进入了规模化的现代流水生产线。还有，一些民族节庆活动和习俗不再有严格的时间和地域限制，活动的内容和表现形式也按照时尚要求进行现代包装，只要有游客需要，随时都会被搬上舞台，加以游戏式的"表演"和"展示"。看了这些东西也许会一时感觉喜庆，带来些快乐，但过后细细品味起来，带来更持久的则是说不清的无奈和伤感。当古村落成为景区后，热情好客、淳朴善良的乡风民俗受到市场经济和现代文明的冲击。

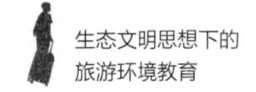

一个民间艺术品，一项民族节庆活动，往往蕴藏着传统文化的最深的根源，包含着难以言传的意义和不可估量的价值，保留着形成该民族文化的原生状态以及各民族特有的思维方式。开发包括民族文化在内的生态旅游资源，必须深入挖掘文化的优秀内涵，通过适度的商业化经营手段，实现文化生态保护与有效利用的"双赢"。

第五章

生态文明思想下旅游环境教育的体系构建

教育性是生态旅游的核心要素之一，环境教育是提高生态旅游相关者环境素质的重要途径，环境教育的成功与否也体现在生态旅游相关者的环境素质有无提高上，因此生态旅游环境教育的对象是环境教育的关键一节。

本章内容包括生态文明思想下旅游环境教育的要素分析、生态文明思想下旅游环境教育的内容与目标分析、生态文明思想下旅游环境教育的师资建设、生态文明思想下旅游环境教育的运行机制与干预体系构建以及生态文明思想下旅游环境教育的评价体系构建与完善。

第一节 生态文明思想下旅游环境教育的要素分析

一、生态旅游环境教育的主体

生态思想下的旅游环境教育是施与受的过程，教授知识的主体、教授知识的媒介、接受知识的客体是教育的重要组成部分，关系着教育的最终结果。

在开展环境教育活动时，策划、组织和举办活动的人，是环境知识的施予者，也就是人们常说的环境教育过程中的主体。环境教育的形式多样，在教育的主体中体现为组织者不同，例如政府引导的、非政府机构组织的、政府机构与非政府机构合作组织的、旅游所在地工作人员组织的、旅游机构组织的等，这些活动的组织者将环境教育知识授予别人，他们即环境教育的主体。

环境教育的主体包括机构和组织等团体性主体，即法人主体；同时也有个人自发组织的，即非法人主体。无论是法人主体还是非法人主体组织的教育活动，最终都将由活动的主要发起人来承担活动的责任，任何活动的最终承担者总是非法人主体，虽然这些非法人主体可能来自不同的机构和组织，甚至不属于任何机构组织，但可以把这些主体归为一类，不会出现重复归纳的情况，并列在一起并不会造成统计结果的失误。一般来说，生态旅游环境教育的主体主要有如下五类：

（1）自然保护区、森林公园、风景名胜区。我国主要依托自然保护区、森林公园和风景名胜区发展生态旅游、开展生态旅游思想下的环境教育活动，在举行活动的同时增强对景区生态的保护，这些景区在环境教育的法人主体中占有重要地位。

（2）导游人员。无论是出国旅游，还是在国内的自然保护区、风景名胜区旅游，都会有导游人员陪同游客讲解景区知识，这些导游人员就是

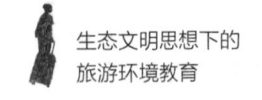

生态旅游思想下环境教育的非法人主体，且其在非法人主体中的地位是最重要的，这是国际都认可的常识。

（3）其余旅游从业人员。除了导游人员之外，许多从事旅游服务业的工作人员，包括景区安保人员、景区管理员、景区保洁人员等，经过专业的旅游服务教育，深刻了解旅游生态环境教育知识，且将之贯彻在服务时的一言一行中，会对游客产生潜移默化的影响。

（4）小区住户。小区住户通过参加环境教育活动，学习生态环境保护相关知识，将学习的知识落实到生活中去，以身作则，可对旅客起到警示作用，提高生态旅游环保知识传播的效率。不仅如此，部分小区住户自发组成环保团体组织，推广环保知识，监督其他小区住户和旅客的行为，有效地维护了景区的生态安全。这些都是小区住户在生态旅游环境教育中发挥的独特作用。

（5）环境保护组织。国际上的大型环境保护组织以及国内大小型环保组织，都在生态旅游环境教育中贡献着自己的力量，环境保护组织在生态旅游环境教育方面发挥了巨大的作用。

其他环保个体包括如林业或环保方面的专家学者，高等院校相关的教学研究人员等。这些专家学者有着丰富的环保知识储备，具备专业的环保教育能力，可通过举办个人讲座，分享个人研究心得，为生态旅游的相关人员提供专业的环保教育。

二、生态旅游环境教育的客体

生态旅游环境教育客体（以下简称"客体"），从广义上讲包括一切与生态旅游相关的个人和组织，具有全民性，因为任何公民均有可能成为生态旅游者，均是潜在的客源。不过，从狭义上讲，最重要的客体是旅游者和旅游从业者，当然也包括与生态旅游区的保护与开发有密切关系的社区居民等利益相关者。

（1）旅游者。旅游者是生态旅游的关键一环，生态旅游的实现离不开旅游者的支持，无论是任何身份的旅游者，在旅游开始的那一刻，就自然而然成为生态旅游思想下环境教育的客体，必须接受生态旅游环保教育。

（2）旅游从业者。旅游服务行业的工作人员必须接受专业的生态环保教育知识培训，增强生态旅游环保意识，具备专业的环保服务能力，才能确保为旅客提供优质的生态旅游服务。需要注意的是，在生态旅游的整个环节中，旅游从业者不仅要接受环保教育培训，同时还要向旅客传播生态旅游知识，培养旅客的环保意识，在这一过程中，他们不再是环保教育的客体，而是自动转化为环保教育的主体。正因为旅游从业者在生态旅游环保教育中的复杂身份，其接受环保教育培训显得尤为重要。

（3）社区居民。生态旅游区开展的生态旅游活动可以给社区居民带来可观的利益，包括提高社区居民居住环境质量、带动旅游区周边经济发展等，因此社区居民参加旅游区的生态活动也是给自身带来利益，居民参与的积极程度，也直接影响着旅游区生态环保教育的落实情况。社区居民参加旅游区环保教育活动，可以提高居民的环保意识，减少居民对居住环境的破坏，同时形成生态环保的生活氛围，逐步带动社会全体自觉投身到旅游区环保教育进程中。

（4）其他客体。举办旅游类（特别是生态旅游规划、旅游景区管理、导游员等）专业的各级各类学校是培养未来生态旅游从业人员的重要场所，从某种意义上来说，这些场所也是重要的生态旅游环境教育基地，这些学校里相关的教师和学生也应该成为生态旅游环境教育的当然客体。

三、生态旅游环境教育的媒介

（一）媒介与媒介的种类

生态旅游思想下的环保教育离不开传播媒介的支持，环保教育的主客体是互不关联的个体，要实现主体向客体的知识输送，就必须架构起两者沟通的桥梁，媒介便承担了这一功能。主体将环保教育知识上传至传播媒介，客体在媒介的另一端接受知识并及时地反馈知识，实现环保教育的施与受。传播媒介作为环保教育的重要实现手段，在国内外得到了广泛应用，取得了显著成果。

传播媒介类型多样，从广义上看，一切可以实现环保教育知识传播的

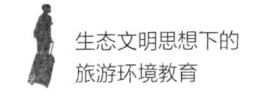

载体都可以称之为媒介，这类媒介应用较为广泛，包括口口相传、制作相关图片和多媒体工具等。而狭义上看，传播媒介则常常指传统的固定的实体环保教育形式。

生态旅游环保教育的传播媒介还可以根据输出知识的方式划分为两个部分，一些传播媒介诸如旅行指南、景区告示等，游客通过这些媒介自主学习环保知识，称之为自导型的传播媒介；而另一部分的传播媒介则需要导游人员、景区工作人员面向游客细致解说旅游区内容，称之为他导型的传播媒介。

（二）媒介的使用情况

各类环境教育媒介的性质不同，功用各异，再加上存在国家和地区差异，因而其发挥的作用和使用的频率也各有不同。

在美国生态旅游市场中，导游册的出现在提高游客环境保护方面的意识中扮演着重要角色，宣传册、地图、标识使用频率最高。

在中国，专业人员的指导具有环境教育功能的基础设施和用品，如讲解员和饲养人员的指导、动物说明牌、标识、广播、甚至包括旅游商品中的生态产品（含天然食品、饮品）等、印有"取走的只有照片，留下的只有脚印"口号的废品收集袋等均被用作环境教育媒介。

值得注意的是，实践中，生态旅游环境教育很少使用单一的媒体，两个或两个以上媒介组合使用的情况比比皆是，多媒介综合使用的环境教育效果往往要更好。

随着旅游产业及相关信息技术的不断发展，游客教育技术水平也将不断提高，一个包含卫星遥感网络、多媒体等先进技术在内的由多种传送媒介组成的综合型、现代化的环境教育系统将逐步建立起来，旅游者将能从不同角度、不同空间获得旅游知识、接受环境素质教育。

第二节　生态文明思想下旅游环境教育的内容与目标分析

一、知识目标

教育目的的达成需要教育目标的具体实现，当下生态环境教育目标的实现形式以受教育者的环境保护知识增长为依据，生态旅游教育的目标实现最终回归到环境保护意识的提升，生态环境教育教材内容的设定很重要。生态环境教育教什么，教给谁，受教育程度多高等，都是生态教育内容的具体表现形式，生态旅游教育涉及人群广泛，知识量范围随着旅游业的快速发展也在无限扩大。基础性的教育和高层次的教育同等重要，受教育群体可以是游客，也可以是景区工作人员。生态环境教育可以是课堂形式教育，也可以是景区讲解式教育，更可以是景区潜移默化的文化知识性教育，具体的教育内容可以是人文历史由来、生态保护常识、珍稀动植物知识，设定相对应的知识大纲，有明确的讲义。

（一）生态学相关知识

生态学知识是生态旅游环境教育中最重要的知识单元，这绝非仅从"生态旅游"这个专业词汇中包含"生态"二字的角度来考量，更重要的是环境教育是一种"关于环境的教育"与"为了环境的教育"与"在环境中或通过环境的教育"的有机结合。因此，以自然环境生态知识为主体的生态学知识，包括生态系统生态学中的生态系统的概念、组成与结构、食物链和食物网，生态系统中的能量流动和物质循环以及地球上生态系统的主要类型及其分布等知识，应用生态学中的全球变暖与环境污染、人口与资源问题、生物多样性与保育、生态系统服务以及旅游生态学知识（如旅游生态系统的结构与功能等）等知识是生态旅游环境教育所必须传播的知识。

（1）生态系统知识。包括生态系统的概念、组成与结构、尺度、地球上生态系统的主要类型及其分布方面的知识。其中，在生态系统的概念方面,各生物成分(包括人类在内)和非生物成分(环境中物理和化学因子),通过能量流动和物质循环而相互作用、相互依存的关系,以及根据生态系统的概念所演绎出的旅游生态系统知识(即旅游生态学中的旅游生态系统的结构与功能等知识)是重点内容。

(2)生态系统的能量流动和养分及水循环知识。能量流动知识主要是指从太阳的辐射能向植物的热能、化学能继而向动物的热能和机械能的生物能量转换过程的知识。养分循环知识主要是指生态系统中的三种主要元素 C、N、S 的循环知识。水循环知识主要指水对生态系统的输入、在系统中的移动、储存以及输出,各种植被对降水的再分配过程等知识、水的主要来源、水的蒸发、大气中水蒸气的移动和分布、降水等方面的知识。

(3)食物链与食物网知识。包括食物链及食物网的概念、复杂食物网及简单食物网的区别、食物网中的关键种、食物网对生态系统平衡的重要意义、特定生态系统中各种动物在食物链或食物网中所处的地位等。

(4)特定生态系统的概念。包括对国内外特定生态系统定义、多样性的知识介绍。

(5)特定生态系统的价值知识。特定生态系统的社会功能价值主要指该生态系统在游憩观光、提供就业、产业发展(拉动产业经济)及科技进步(科学研究)等方面的社会服务价值。有学者称之为特定生态系统的属性。

这一特定的生态系统属性是生态系统存在的价值体系,是生态旅游的内外推动原因。不同于其他地区,生态旅游景区有其独特价值。例如敦煌莫高窟的历史人文属性、万里长城对于中华民族的象征,人们通过特定的生态环境找寻心灵慰藉。

(6)特定生态系统的经济价值体系。生态系统内部有充足的资源体系,这些资源可以为生态地区直接带来经济效益,使得景区生态价值实现最大化,特定生态系统内的资源可以得到充分利用。特定生态系统的经济功能即其产品服务价值,包括提供生产产品(提供工农业原材料等)和生态产品两部分。

(7)特定生态系统的生态功能知识。特定生态系统的生态功能是生态系统价值的最大体现,生态环境的多样性和协调统一需要生态功能的实现，生态功能的实现可以使自然环境得到最有力的保障，资源得到最大化节约，树林可以保护土壤不流失，生态雨林可以减少二氧化碳的排放，良好的生物资源可以使景区植物得到最好保护，特定生态系统的生态功能体现，有学者称为功能服务价值，包括能量贮存、养分积累与循环、涵养水源、改善水质、净化大气、保持土壤、调节小气候、生物多样性等功能。特定生态系统作为地球生态系统的一个重要类型具有多重功能，包括经济功能、社会功能和生态功能，有学者将其统称为生态系统服务功能。

（二）保护区相关知识

保护区相关知识并不是一个单独的知识体系，与保护区相关的知识是一个整体概念，从基础的环境保护、资源节约到各保护区标准的制定和推广，再到生态系统和谐相处，保护区在知识层面上可以分为保护对象知识和保护区主要作用。

（1）保护对象知识。不同的保护区有不同的保护对象。如鄱阳湖保护区，作为内陆湿地型自然保护区，其主要保护对象为白鹤等珍稀候鸟及其越冬地。在本保护区的生态旅游环境教育中，环境解说系统有必要强调本保护区上述特定的保护对象，用来宣传保护区区别其他景区的具有独特性能的环境要素。综合来看保护对象知识可以具体分为保护对象的分类、保护对象的辨认、保护对象的历史，例如景区生态环境内动植物生态习性的不同，根据这些不同属性分辨出不同的动植物种类，不同种类的历史知识又值得游客细细品味。

（2）保护区的主要作用。保护区是国家设立的自然保护区，主要作用是保护区内珍稀动植物资源，维持生态系统的平衡，其次是旅游功能和科研作用。

生态旅游环境教育的内容组成，除了系统地介绍基本知识外，还应结合特定保护区的特点，重点介绍动物观赏旅游及生态观光休闲旅游这些有关生态旅游功能方面的知识，做到有所侧重。

（三）生态旅游相关知识

生态旅游知识这一领域主要是关于生态旅游的一些常识，如生态旅游

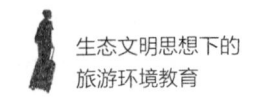

的定义与内涵、生态旅游的旅游地、生态旅游的活动内容、生态旅游对旅游者的特殊要求等。生态旅游知识主要包括生态旅游的概念与内涵和生态旅游对环境教育的特殊要求两个方面。

1. 生态旅游的概念和内涵

国内外关于生态旅游的定义尚无统一的说法,对生态旅游的内涵和特点也没有形成统一的意见。生态旅游环境教育主体却可向旅游者介绍国内外获得较多共识的生态旅游定义及内涵。如在内涵上生态旅游强调旅游活动的自然性、高品位性、教育性、保护性、合作性属性,显示了其与其他旅游形式的明显区别。将生态旅游概念及内涵介绍给客体(尤其是旅游开发者、旅游经营者、旅游者和社区居民),有利于使客体形成对生态旅游的理性认识,并结合具体的旅游开发、服务、消费等活动,与感性认识相结合,进而形成一种具有积极意义的"生态旅游意识"以及对自身上述生态旅游活动的元认知,增强环境保护意识和环境学习意识,促进生态旅游的各项功能的实现。因而,客体对生态旅游概念与内涵的掌握程度可以作为衡量生态旅游环境教育目标达成程度的重要指标之一。

2. 生态旅游对环境教育的要求

按理说,生态旅游对环境教育的特殊要求是生态旅游的内涵之一,这里将其从前一生态旅游知识类别提取出来,是为了凸显环境教育在生态旅游中的特殊地位。在生态旅游的理论研究成果或管理实践中,环境教育往往被视为生态旅游的核心要素或必备要素,对环境教育的特殊要求使生态旅游获得了与其他旅游形式的本质区别。将生态旅游对环境教育的特殊要求介绍给客体,有利于使客体形成一种具有积极意义的"环境学习意识"以及对自身环境学习活动的元认知,增强环境学习的效果。因而,客体对关于生态旅游对环境教育的特殊要求内容的掌握程度可以作为衡量生态旅游环境教育效果好坏的指标之一。

3. 生态旅游的政策与法规

在国际上,生态旅游的政策法规往往以宣言、倡议书、指南、公约、标准、战略、计划或认证的形式予以固定。政策法规既有国际性的,也有区域性和国家性的。生态旅游环境教育的客体,特别是从事生态旅游的政策制定、生态旅游业的行政管理或提供生态旅游产品的客体，这些生态旅游的政策法律法规的学习有助于其把握相关立法、执法等方面的国内外动态，吸收国际经验，充实相关知识，培养生态旅游管理的法治精神，提高立法或执法的水平。

（四）地域相关知识

地域知识主要指保护区所在地的自然历史知识及文化历史知识。生态旅游环境教育不能缺少这方面的知识传播，否则会使客体缺乏对保护区历史及文化跨时空的宏观把握。地域知识主要包括地域自然历史知识和地域文化历史知识。

第一，地域自然历史知识。生态环境旅游重点是自然生态环境的知识传播，地域自然环境历史有其独特性，不同自然景观的历史形成因素不同，在后期成为生态环境保护区景区所建设的环境保护设施，重点是后期景区保护区建成当中人为因素的历史知识的教育对生态环境的保护尤为重要。

第二，地域文化历史知识。人文历史是景区生态旅游吸引游客的重要因素，中国历史悠久，民族众多，在民族融合的历史变迁中，各地域不同的人文历史风貌得以形成，例如泰山风景区众多历史人物的足迹印记，在人文历史的教育中，潜移默化地告诉人们这些历史的重要性，以及现存生态环境中人文景观保护的迫切性，使其自发地形成保护人文历史的意识。

（五）环境保护的政策法规相关知识

环境保护的政策法规应当涉及环境保护中具体的问题，各级各类政府和组织同时制定和遵守相关的法律和政策，环境保护政策法规的实施，有利于各个国家政府和组织在大环境下形成一套完整的环境保护体系。所有的国家政府和组织都要严格遵守这一环境保护体系，通过环境保护法律法规政策的制定，提醒人们环境保护的重要性，培养人们保护环境的法律意识，从立法到执法，再到守法，从国家组织到个人，逐级制定遵守。

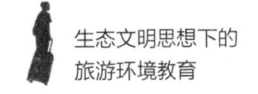

（1）环境保护的政策知识。相关规划、意见、指南、公约和构想虽非全部专门定向于环境保护，但环境保护却是最重要的政策制定动机之一。它们被列为广义的生态旅游环境教育内容，对广义的客体和狭义的客体均具有重大的环境教育普及、生态旅游文化营造和生态旅游市场培育意义。

（2）环境保护的法律知识。从位次序列看，国内上至国家根本大法《中华人民共和国宪法》，下至基本法《中华人民共和国环境保护法》和单行法如《中华人民共和国森林法》《中华人民共和国草原法》《中华人民共和国水法》《中华人民共和国野生动物保护法》等均明确规定了与生态旅游相关的环境保护内容。这些法律所保护的对象大多均可成为生态旅游和生态旅游环境教育的资源，如森林是从事森林生态旅游的场所，草原是从事草原生态旅游的场所等。这些法律的制定有利于规范生态旅游的管理者、开发者、经营者和消费者的相关行为。因此，相关条文应该成为生态旅游环境教育的内容。

（3）环境保护的国际公约知识。我国缔结或参加的有关保护自然资源的国际条约有《联合国气候变化框架公约》《生物多样性公约》《联合国海洋法公约》《保护世界文化和自然遗产公约》《濒危野生动植物物种贸易公约》《拉姆萨尔湿地公约》《联合国防止荒漠化公约》等。同样，因为这些公约所保护的对象大多均可成为生态旅游和生态旅游环境教育的资源，如海洋是从事滨海生态旅游的场所，湿地是从事湿地生态旅游的场所等。这些公约的缔结或参加有利于规范各国国家（包括我国）生态旅游的管理者、开发者、经营者和消费者的相关行为。因此，上述公约中的相关条文也应该成为生态旅游环境教育的内容。

二、技能目标

生态审美技能简单来说就是能够通过生态环境教育使被教育者了解生态环境的重要性和价值性，在意识上对生态环境的保护极其看重。生态环境教育更多的技能目标是习得一些环保技能，这些环保技能在行为规范上对人有教育作用，由于人们对生态审美技能概念的淡薄性，生态审美技能往往在生态环境教育中得不到重视，全面的生态环境教育应该把生态审美技能作为教学重点，游客的生态审美技能实现可以有效促进人们对生态环境的热爱，从而潜移默化地形成环境保护的观念，所以在生态环境教育中，应该把生态审美技能作为教学重点。

（一）生态审美技能

生态审美技能是个人终身需要学习的技能之一，对个人认识世界有重要作用。在生态环境教育中，生态审美是衡量个人是否可以独立认识自然和谐的标准，生态审美告诉学习者生态的美在哪里、生态的焦点在哪里，生态审美属于精神层面的教育，满足人们日益增长的精神文化需求，其中包括客体游客的教育，也包括导游人员的教育。需要充分认识到人与自然的和谐统一，才能在生态旅游环境保护当中起到双重保护作用。游客在旅游当中，通过生态审美教育，可以将自己充分融入生态环境中，而导游员通过生态审美教育，可以利用自己的讲解将游客带入生态环境优美的世界当中。生态审美技能教育充分发挥了人与自然同命运共呼吸的环保理念，其中不止有个人，更有集体和组织参与其中。

地域不同，生态环境各异，但有一个共通点就是游客，此处可以把生态旅游环境教育的生态审美技能细分如下：

1. 生态系统的和谐审美技能

生态系统的和谐审美技能在于生态旅游的多样性，生态系统的多样性需要和谐统一，不同生态系统存在地域人文的差异性，生态系统和谐审美技能需要客体尊重这一原则，不能人为干预，通过不断研究生态系统的合作与竞争，发现生态系统内部生机原理。在植物生态系统中，由于地域和气候因素的不同，南北东西植物的分布密度和分布规律有很大的差异性，南方亚热带阔叶林，北方温带针叶林，从高海拔到海平面植物分布也不相同。动植物之间的生存方式是构成生态系统的重要部分。

生态系统和谐审美技能的教育内容应该符合生态系统和谐发展规律，通过生态系统和谐审美技能的掌握学习，客体意识上发生变化，领悟大自然和谐共生的魅力。从低层次到高层次，从基础到高阶，生态系统和谐审美技能教育可以分为多个层面的内容：第一，和谐审美技能有助于客体融

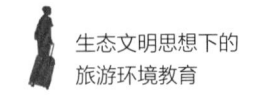

入自然，更好地感悟自然，获得更好的旅游体验。第二，潜移默化下客体意识发生变化。第三，能够透过表象了解内部基因，通过眼睛所见联想所学技能，产生不同的思想变化。旅游是缓解工作压力的最好形式，将旅游中不同的体验和感悟与工作结合，又会有新的灵感。第四，在意识上形成尊重生态系统多样化的理念。

2. 动物观赏与审美技能

动物观赏与审美技能在生态旅游范畴内主要是对动物保护区内部的国家珍稀动物而言，气候不同，地域地理位置不同，动物的分布地域和生活习性也不相同，欣赏的角度不同，需要从专业角度去看待这些动物。生态环境教育中的动物观赏与审美需要在动物生活习性、国家珍稀价值以及动物自身形态方面展开教学，相对来说动物的观赏与审美有一定的专业性，但是容易理解，生态环境保护重点是科学研究价值和社会存在重要性的研究，从侧面也对生态系统具有重要的保护作用。

3. 植物观赏与审美技能

同理，植物的观赏与审美技能教育同样具有特定的教育群体，针对这一群体，重点教学内容应该是不同地域不同气候分布的珍稀植物，包含植物的生存习性、珍稀价值等方面，例如我国稀有野生银杏树、红杉树等。对珍稀植物的国家保护政策，通过这一针对性教育可以有效地在人为层面对野生稀有植物做到保护，生态环境教育重点研究稀有植物的社会和人文价值，增加稀有属性，在生态系统内部做到特有的审美技能教育，在知识层面加深对稀有植物的保护意识。

4. 民俗文化的观赏与审美技能

民俗文化的观赏与审美技能是不同旅游地域文化中潜移默化的教育技能，没有各地区的见闻见识，那么民俗文化的观赏与审美只存在于书本中，并不会对人产生影响。民俗文化是地区民俗与自然相融合的特定文化，例如傣族的泼水节、黎族的火把节、蒙古族的那达慕大会，南北东西各族文化差异巨大，有人文因素的影响，但更与当地的自然环境息息相关，南北东西多样的自然环境造就了民俗文化的多样性和特色性，在自然环境的基础上，充满民族特色的民俗文化也是吸引游客的重要因素。

民俗文化的观赏和审美技能是生态环境教育实现的重要技能目标之

一,也是构成生态旅游游客教育技能的有机部分,当然要实现对这一技能的学习和掌握,需要游客亲身前往体会,通过自身体验民俗差异性、生态系统的多样性。民俗文化观赏与审美技能在另一方面对游客也有很大的辅助作用,不同地域的风俗文化不相同,尊重民族文化的差异性,才能避免在旅游过程中出现不必要的误会,同时自身也能更好地体会和欣赏真正多样的民俗文化。

(二)低影响技能

低影响技能,通过前文的叙述简单概括来讲就是减少游客为生态旅游环境带来负面影响,这种影响更多的是无意识影响,也就是游客的无意识行为会造成景区生态环境的破坏,生态环境教育通过不同的教育方式,将无意识影响减到最低,生态旅游最大的客体是前来旅游的游客,如果无意识影响不在教育层面加以引导,那么大量游客的无意识负面影响对生态环境的破坏不可想象,开展低影响技能教育有利于保护资源环境,最大程度地减少无意识的负面影响。

低影响技能是生态旅游教育当中的基础性教学内容,重点是帮助游客在没有技术含量的环境问题上不出现大的错误,此处,教育的群体多为游客以及当地居民,另外专业性知识比较重要的新能源使用,其受教育群体多为景区设计管理和维护人员,所以低影响技能又可以分为以下多种技能要素:

1. 固体废弃物的收集与投放技能

固体废弃物的收集与投放是游客在景区游玩期间需要面对的问题,也是基础教育阶段需要学习的常识性知识。在旅游过程中,需要用正确的方式处理随身产生的固体废弃物。垃圾分类原则适用于景区固体废弃物的收集,游客所需要做的就是不随手乱扔垃圾,这是基本技能,也是景区教导游客需要遵守的原则之一,就目前旅游业的发展来看,游客的素质普遍提高,随手乱扔垃圾问题初步得到缓解,景区需要帮助游客及时把手中的垃圾按点收集,景区管理者应当充分利用垃圾分类原则,在景区内设置更多垃圾分类处理点,帮助游客辨别垃圾种类,或在垃圾箱(桶)上明确标出果皮、废纸、塑料瓶等字样。

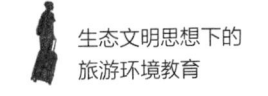

2. 资源节约技能

资源节约技能概括来说可以分为两个方面，其一是节约现有资源，避免资源的浪费，例如我国比较稀缺的水资源、稀有矿物资源等，这一点在生态环境教育当中属于基础性知识技能教育；其二，充分发挥资源的有效价值，在现在资源利用基础上开发新的代替能源，例如风力水力资源等，这些知识技能教育属于专业领域的高阶教育。

生态环境的破坏更多的是资源的无节制使用开发，要节约资源，避免资源浪费，从两个层面着手，一方面是群众节约资源意识的增强，从我做起，从自身做起，在小处开始节约每一滴水，节约每一度电！在旅游过程中倡导低碳绿色出行，合理使用公共设施，做到资源的最大利用；一方面是政府层面的引导，政府开放景区需要引导景区游客节约资源，在景区配套服务中，把节约资源写入景区政策规章制度当中，倡导节约理念，这些节约资源的教育属于基础性教育，需要每个人增强责任心，不需要专业的人才培训，更多的是价值观伦理观层面的培训，但是基础教育需要反复培训，不断增强环保资源意识。

充分发挥现有资源的价值，在现有资源的基础上找到新的能源代替，这属于专业性知识，受教育人员属于特定的群体。在生态旅游环境当中，重点培训景区设计和管理人员，新能源可以理解为可持续可再生无污染能源，例如前文中提到的风力和水力资源、太阳能资源，如果可以把新能源充分运用到景区日常管理和维护中，那么对生态旅游环境资源的保护有重要促进意义。利用新能源带来的优势，景区可以发展健康绿色旅游，让人们参观新能源投入，为景区建设提供新的方向，需要专业人员对特定群体实施更专业的培训。

3. 旅游活动的低影响技能

生态旅游活动包括徒步旅游、攀岩、登山、山地自行车、露营、骑马、高尔夫球、帆板（船）、漂流、垂钓、潜水和滑雪等。生态旅游活动能否对环境造成损害，除了依赖于环境意识和管理监控外，很大程度上取决于旅游者的低影响技能，这些低影响技能可以通过生态旅游环境教育习得。

三、意识目标

本小节中出现的意识是环境保护类意识的统称。意识是人脑对客观事物的反映，综合了精神上的认识、注意。人类个体对自己、外界客观物质世界以及两者关系的觉知状态，即称为人的意识。对于生态旅游环境教育目标层面来说，意识主要指代游客的环境意识，具体是指游客在旅游活动中从事环境学习的觉知状态、对环境保护问题的认识与注意状态。通常情况下，游客的环境意识可以分为环境学习、环境保护、环境忧患、环境影响意识。

（一）环境学习意识

环境学习意识也是环境意识中的一部分，可划分为主动学习意识、教育技术使用意识。

第一，主动学习意识。在生态旅游环境教育目标中，此种意识是指游客主动询问请教生态环境知识、能力，或者主动聆听他人的相关环境知识讨论，最终获得一定环境知识、能力的注意认知状态。

第二，教育技术使用意识。在生态旅游环境教育目标中，此种意识主要是游客对解说牌、游客手册、导游讲解、动植物标本以及录像等环境教育技术体系的注意认知状态。

（二）环境保护意识

（1）动植物保护意识和生存环境保护意识。此种意识主要是指游客对植物、动物以及对它们所生存的环境提供保护的觉知状态，游客通常具备以相关知识为基础的价值判断能力，从而形成自觉的认识和注意。具体到某一保护区，即要通过生态旅游环境教育使旅游者产生对保护区的保护对象及其栖息地的保护意识。

（2）旅游环境保护意识。这里的旅游环境主要是指与旅游活动有关的自然和人造环境。前者如观鸟活动中的游步道、草洲、滩涂等，后者如观鸟台以及观鸟台附近的地面上的动植物及其他人工设施等。从广义角度上讲，旅游环境包括游客在旅游活动中所有的客观存在事物。因此，生态

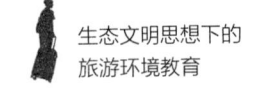

旅游环境教育应该引导游客树立正确的旅游环境保护意识，最大限度降低对环境的影响，保持对旅游环境保护的觉知状态。

（三）环境忧患意识

在生态旅游环境教育中，忧患意识是指游客对环境问题产生的担心、忧虑的心理状态，其中，环境问题主要体现在生态破坏、资源浪费、环境污染等方面。开展生态旅游环境教育工作能够帮助游客树立环境忧患意识，让游客充分了解到环境保护的重要性以及各种环境问题所产生的后果，从而使游客产生对环境问题的忧虑感，促使游客加强生态环保意识，并将其贯彻在实际行动中。另外，具有环境忧患意识的游客能够主动干预影响环境的行为，为生态旅游带来积极影响。针对忧患对象的不同，环境忧患意识可以分为生态问题、资源问题以及环境问题忧患意识。

第一，生态问题忧患意识。自然生态、文化生态两者共同组成生态。通常情况下，人们对于生态的描述指向前者，即自然生态，然而，从广义层面上来讲，生态是指一切生物的存在状态以及某种社会存在与环境之间、生物与环境之间紧密相连的关系，当然，其中也包括地方文化与环境的关系，它们都能够在一定的环境中演变、更替。与环境问题、资源问题忧患意识相类似，游客担忧现实存在和尚未发生的生态破坏问题。对于前者而言，游客对于耳闻目睹、真实发生的文化多样性和生态多样性逐渐减少、生态系统破坏会产生焦虑、不安的心理状态；对于后者而言，当游客享受到良好的文化氛围、美好的生态环境时，也会产生担忧的心态，担心出现潜在的不利因素降低生态质量，担心自己的子孙后代无法在完整的生态系统中生存。

第二，资源问题忧患意识。此类忧患意识与环境问题忧患意识相似。同样地，游客所忧患的不单单是现实生活中已发生的自然资源枯竭、浪费等问题，对于潜在的资源威胁因素也同样感到焦虑。一方面，游客面对现实已经存在的资源问题而产生焦虑、担忧的心理状态，而另一方面，游客在享受优质、丰厚自然资源的同时，也同样担心各种问题的出现而导致资源种类、数量减少，降低资源质量，担心后代无法享受到丰富的资源。

第三，环境问题忧患意识。游客在旅游活动过程中，不仅对现实生活中已经存在的环境问题产生焦虑心理，还担心尚未发生的环境问题。面对已经出现的环境污染、生态破坏等环境问题时，游客内心出现不安和担忧，甚至处在环境优美、生态良好的环境中，也会担心出现某些潜在的威胁对生态环境产生不利影响，造成环境质量下降。

（四）环境影响意识

环境影响有积极影响与消极影响之分，这里主要考察后者，即将环境影响意识的外延限定在消极环境影响（环境冲击）意识内，即环境冲击敏感意识，它主要指旅游者对自身及其他旅游者在旅游的六大要素"食、住、行、游、购、娱"运行的过程中所造成的现实或潜在的环境冲击（包括环境污染、资源消耗和生境干扰、文化本底破坏等）所保持或具备的敏感性，这一意识的存在会使旅游者产生一定程度的焦虑或心理压力以及一定程度的自律倾向。环境冲击敏感意识根据冲击的对象性质的不同，又可进一步细化为自然环境冲击敏感意识和社会文化环境冲击敏感意识。

（1）自然环境冲击敏感意识。从某种意义上来说，它是旅游者对生态足迹占用等的敏感性。理论上，这一意识的保持与环境保护意识及环境保护行为关系密切，对环保公益支付意愿也有重要影响。

（2）社会文化环境冲击敏感意识。旅游者的旅行游览方式主要根源于客源地的长期积淀，这一积淀又带有深刻的社会体制、意识形态、文化风俗、流行时尚等色彩，它的注入经过抵制、模仿、同化等过程，可能对目的地居民的日常生活、长期习俗、道德观念、传统礼仪产生一定的冲击，严重的将引发目的地社会文化的异化。理论上，这一意识的保持与文化多样性尊重意识及文化多样性保护行为关系密切，对地方文化保护公益支付意愿也有重要影响。

四、伦理目标

从广义角度考虑，伦理通常是一系列指导行为的观念，不仅包含人与人之间、人与社会之间存在的道德关系，而且包含人与自然的道德关系，

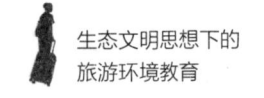

是人际伦理与环境伦理的综合体。针对自然保护区的环境伦理问题展开研究，能够有效处理当地经济发展、自然保护区旅游开发、生态环境保护之间的平衡问题，促进当地社区绿色发展、保护区可持续发展。伦理教育主要涉及五部分内容，即环境伦理教育、社会组织伦理教育、管理与开发伦理教育、消费伦理教育以及环境权利和收益伦理教育。

（一）环境伦理教育

环境伦理是指人类与自然之间的紧密相连、和谐共生关系，是人类对自然环境的存在要求、价值应该承担的伦理责任。伦理关注价值观、态度以及信念三方面，对于生态旅游环境教育来说，其主要目的便是培养具备环境伦理信念、树立正确的价值观、保持正确的环境态度的旅游人才，从而对生态环境产生积极影响。环境伦理教育是开展生态旅游环境教育的重要教学内容，能够使培养对象在人类与自然环境的关系层面、游客旅游活动的环境与人际友好层面、自然保护区开发与环境保护层面、当地社区经济发展与旅游开发参与层面形成正确的价值观、信念和态度。

正确处理人类与自然环境的关系是生态旅游环境教育的重要课题。环境伦理教育就非常重视宣扬正确的人与自然关系观念。此类关系的处理观念主要有两种倾向。第一种是非人类中心主义，主张生态中心论、动物权利论、动物解放论以及生物中心论，此种观念带有积极色彩。第二种是人类中心主义，主张以人类为中心，带有消极色彩。生态旅游环境教育便是宣扬非人类中心主义，使受教育者从内心接受人与自然平等的观念，尊重自然。若人类的利益与自然利益之间产生冲突，则应该综合以上两种倾向的观点，只有当生存利益发生冲突时，人类的利益才可以大于自然利益。

（二）社会组织伦理教育

社会组织伦理是指旅游开发利益相关者应享有的权益受到保护、尊重，展现了旅游开发权益代内公平观念。社会组织伦理观念的主要体现形式是以社区为基础形成的旅游开发模式。旅游开发相关的社会群体主要类型有社区企业、居民等，他们都拥有各自的权利、利益。在开展生态旅游环境教育过程中，教育者应让受教育者了解到社会组织伦理的重要性，树立正确的态度和价值观念，强调社会群体受益观念，即社区企业、社区居民都应该享有参与旅游开发、享受利益的权利。在开展社会组织伦理教育过程中，教育对象主要是指生态旅游地的旅游开发商、旅游行政管理部门。这一过程是旅游开发相关的社会组织追求社会效益的重要环节，也是实现旅游开发可持续发展的关键环节。而此种观念的形成对于游客来说，能够加强其对旅游管理者、旅游开发者的建议、监督意识。

（三）管理与开发伦理教育

管理与开发伦理教育也是伦理教育中不可缺少的一部分，其培养对象主要是旅游从业人员、旅游行政管理人员。在旅游开发过程中，宣扬正确的管理、开发与环境保护关系观念，有利于推动生态旅游环境教育进程。

管理、开发与环境保护关系的观念也具有两种倾向，积极的倾向侧重环境保护，兼顾保护与开发，做到两者协同发展；消极的倾向侧重旅游开发，缺乏对环境保护的关注。旅游开发应该建立在环境保护的基础上，同时，其实质又是一种特殊的环境保护方式。

因此，在开展生态旅游环境教育过程中，应让培养对象形成环境保护与管理开发相互平衡的观念。

（四）消费伦理教育

消费伦理也称为消费道德，是指消费主体针对其他消费主体、消费媒介以及消费客体等产生的道德规范、伦理原则和价值取向。它们之间的关系观念和人与自然关系、开发与保护关系观念一样，都具有两种倾向。第一种是理性消费主义，这种观点带有积极色彩，认为消费者应采用团队合作型、环境友好型以及资源节约型的消费方式，即有节制的消费；第二种是消费至上主义，这种观点带有消极色彩，认为自己的消费欲望高于一切，甚至不计资源、环境成本，损害其他消费者应享有的权利满足自己，即无节制的消费。在开展生态旅游环境教育的过程中，教育者应培养受教育者树立正确的消费观念，实现消费至上观念向理性消费观念转变，并教育消费者在行使自身权利的同时关注其他消费者的消费权益，形成消费者的权利与义务对等观念。

第一,生态旅游环境教育应在消费伦理教育方面促使受教育者(主要是游客)关注他人的消费权益与消费便利观念。这种观念的形成意味着游客在处理其与环境之间的关系时,需要正确对待其与其他游客之间的关系,这种关系本质上是一种人际伦理,且能够对环境伦理的外化产生一定影响,也就意味着游客和其他游客之间良好的道德关系能够促进其对自然环境的尊重。所以,在开展生态旅游环境教育的过程中,教育者应着力教育游客形成这一观念,促进游客在旅游活动中做出良好的人际礼仪举动,并将此种人际伦理观念延伸至游客与自然关系观念上,实现生态旅游健康发展。

第二,生态旅游环境教育应在消费伦理教育方面促使受教育者树立消费者的权利、义务对等观念。此种观念本质上是深入阐明游客的消费权利、义务两者的辩证关系。游客既是旅游消费者,也是一般公民,都需要遵守法律相关规定和调整。但是,消费者的权利与义务对等观念需要不断言明、强调才能形成根深蒂固的观念。在实际生活中,游客通常会发生义务意识缺失的问题,即环境保护意识缺失,而对于权利意识的缺失方面却很少涉及。因此,在生态旅游环境教育过程中,教育者一般会侧重对游客消费义务方面的教育,从而减少对旅游消费对象、旅游自然环境的变质、消亡的教育,使现实和潜在的消费者以及当代的、未来的消费者持续享有相应权利,从而实现生态旅游环境教育目标。

(五)环境权利和收益伦理教育

环境权利和收益统称为环境权益,是指所有环境相关主体针对环境所享有的权利。环境权利和收益伦理主张环境公正、环境正义的观点,认为每个与环境相关的主体对环境都享有一定的合法权利,且是不可剥夺的权利。此种环境权益伦理逐步衍生出两种公平观念,即纵向水平上的代际公平性、横向水平上的代内公平性,充分体现了生态旅游环境教育中的可持续发展理念,并逐步在社会大众中获得认可。因此,在开展生态旅游环境教育过程中,教育者需要重视环境权益伦理教育,培养受教育者树立环境权益代际、代内公平观念。

第一,环境权益代际公平观念。这一观念是指代际之间的纵向公平性。针对某一个确定的生态旅游区而言,环境权益代际公平观念认为享有其生态系统服务功能权利的对象面向所有人类，包括当代的人类、未来的人类。在开展环境权益伦理层面的生态旅游环境教育过程中，教育者需要培养游客、旅游管理开发者树立正确的环境权益代际公平观念，顺应可持续发展理念，从而实现生态环境、自然资源的永续利用。针对游客来说，教育者应教育其在旅游活动过程中维护生态系统、环境与资源之间的平衡，在享有生态系统服务功能权利的同时不能对后代游客的权利造成损害；针对旅游管理开发者来说，教育者需要根据某一生态旅游区的实际情况，教育开发者同时兼顾资源环境保护、生态系统平衡与经济利益获得，并且在享有自身权利的同时不能对后代旅游开发者的权利造成损害。

第二，环境权益代内公平观念。这一观念是指同代人之间的横向公平性。针对某一个确定的生态旅游区而言，环境权益代内公平观念认为享有其生态系统服务功能权利的对象面向世界所有人类，不考虑国家、种族等之间的差别，这种生态系统服务功能具体包括支持服务、文化服务以及调节服务。在开展环境权益伦理层面的生态旅游环境教育过程中，教育者应培养受教育者树立正确的环境权益代内公平理念，并且根据某一生态旅游区的实际情况，教育游客公平享有其服务功能的权利。

五、行为目标

行为目标是生态教育的最终呈现方式，所有的教育都需要通过实践来检验，环境保护意识和前文中叙述的低影响技能需要通过游客或者旅游景区其他人员的最终行为来实现，可以肯定的是旅游者的行为千差万别，这就是自律的重要性，生态环境教育根本上是自律的教育，其他方式作为他律，是对自律的补充。

（一）相关自律行为

生态旅游不可避免的是垃圾污染，旅游者在生态旅游当中因为自身的不自律随意丢弃垃圾，例如物品食品的包装袋等。禁止乱扔垃圾，保护生态环境人人有责，是最基础性的旅游常识，但是越是基础常识，越是得不到旅游者的重视，实现最低行为的自律目标要比实现较高层次的环境意识

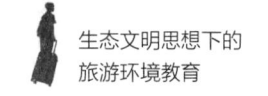

和价值观更难，需要旅游者不断地加强本身的自律行为。

垃圾污染不是自扫门前雪可以解决的问题，要在大的社会层面上展开宣传，旅游者自己不制造垃圾，但是会有其他旅游者不自律乱扔垃圾，导致本身自律的游客也会不自觉地放弃自律行为。所以在垃圾处理问题上，不只是旅游者单纯地处理自己的垃圾，还需要在道德层面上告诫所有的旅游者随手处理身边的垃圾，更能体现旅游者的环保意识和责任。

第一，旅游者自身携带或制造的垃圾处置。旅游者自身携带或制造的垃圾由旅游者自身选择处理，是简单的个人行为，旅游景区内都设有相应的垃圾处理设施，自产垃圾可以根据景区设置的垃圾处理原则自行处理。如果在一定区域内没有垃圾处理地，可以用随身携带的垃圾袋临时处理，旅游结束后或者发现旅游处理地后放在相应处置。

第二，其他旅游者不自律产生的垃圾处置。关于他人产的垃圾，需要旅游者在环保意识和道德层面上有很深的理念。如果是他人不小心，可以善意地提醒，如果是他人不自律，可以选择和景区沟通，景区管理人员制止对方不自律行为。

（二）相关干预行为

相关干预行为简单来说就是前文中提到的干预他人不自律的行为，从而达到保护生态环境的目的。相关干预行为是高层次的环保意识和道德行为，需要干预者有一定的知识理念和道德风尚，旅游环境中的环保干预并不是简单的事情，旅游者自身和其他旅游者并不熟悉，二者是陌生关系，所以相关干预行为会存在一定的危险性，干预成功的概率并不是很高，根据一定的标准将相关干预行为归类为善意的提醒和自身的随手处置，根据难度而言可以分为在其他旅游者有破坏环境行为时善意地制止，自身拒绝购买非法捕获的珍稀动植物，并向有关部门及时举报。

（1）在其他旅游者有破坏环境行为时及时善意地制止。最简单的就是旅游过程中，其他旅游者乱扔垃圾时及时告知对方乱扔垃圾会污染环境，并告知对方垃圾处理地点。作为景区居民需要时刻监测景区内部的环境，其他人员对景区环境造成破坏时及时制止，并且告知其环境保护的重要性，此处的制止是个人的语言行为，具有提醒环境破坏者的作用。

（2）购买被非法捕获的保护动物并上交保护部门或将其放生。这里的"被非法捕获的保护动物"主要指非法捕获的行为发生后被非法捕获的保护动物经非法的市场交易，可能已经从非法捕猎者的手中辗转到其他非法所有人的手中，如农产品交易市场的摊贩或餐馆的老板等。具有强烈保护意识并具有一定支付能力的旅游者可能会从上述人员手中购买保护动物，然后将其在适宜的地点放回大自然。上交保护部门是最稳妥的方法，主要原因有两个：其一，旅游者在购买后放生前可能被怀疑为销赃者，有一定的风险；其二，保护动物在被捕获后可能已经受伤或在体征上暂时不适宜直接回归大自然，需要经过专业人员的治疗后再放生。然而，这一行为尚有不完美之处，这毕竟是一种消极的保护行为，在一定程度上是一种慈善行为，在法律上这属于一种"预防违法或犯罪的危害结果进一步扩大"的预防行为，这种行为应该辅以及时的报警以协助管理或司法机关启动它们对违法犯罪的惩戒功能。

（3）在自身不能解决问题时及时与相关部门沟通。生态环境的多样性会促使一些利益获得者在违反环境保护原则的基础上破坏环境以牟利，例如我国大型动植物保护区内的珍稀动植物，会促使一些利欲熏心的人铤而走险，国家设立了相应法律，但并不能完全阻止偷盗偷猎的行为。这一部分需要保护区居民和一部分旅游者做到劝阻和举报沟通。在他人即将发生违反环境保护原则、违反环境保护法律的行为时，及时用相关的法律知识和道德知识制止其将要发生的违法行为。犯罪的及时预防，可以很好地保护生态系统不受到破坏，在劝阻没有作用的情况下，可以尝试与相关部门沟通，做好景区或者保护区的保障措施，最后及时向有关部门举报违法行为，避免造成更大的损失。无论是当地居民还是旅游者，首先要在保障自身安全的前提下做相关的干预行为，因为危险系数更高，需要干预者具有很高的环境保护意识和道德情操。

六、评价与建议目标

评价与建议目标可以概括为在接受生态环境教育后对相关的旅游环境和发生的旅游事件有公正客观的评价和建议。此处的行为目标实现是在旅

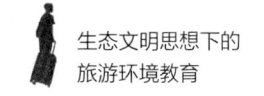

游景区内。因为最终的评价和建议都要反馈到景区的管理当中。景区管理部门可以通过旅游者的评价和建议统筹管理景区环境，及时更改游客不满意的地方，在旅游发展中不断壮大自身旅游景区的发展，建议和评价包括旅游区的环境、旅游区的管理，可以主动向有关部门反映。

评价与建议目标的实现是高层次的教育目标，也是生态旅游环境教育实现的重要技能目标，受教育群体的素质普遍较高，有较高的生态审美技能，能够根据不同地域不同特点的旅游景区给予相对公正客观的评价与建议。对于景区而言，游客的评价与建议有重要的现实意义，可以根据评价与建议调整景区的管理与服务等。

（一）偏好品质

完整意义上的偏好品质或性质评价不但能表明喜好倾向，还能表达出喜好的原因。偏好评价的范围甚广，可以说包含旅游服务六大要素"食、住、行、游、购、娱"的各个方面。比较重要的评价主要包括动植物偏好评价、对积极的环境行为的评价、对消极的环境行为的评价三种。这三种评价的主体一般以旅游者这一特定的客体为主。

（1）动植物偏好评价。生态旅游区一般都有典型的与动植物观赏有关的生态旅游活动（如观鸟旅游等），因此特定动植物的偏好评价可以说是某一特定生态旅游区颇具特色的偏好评价之一。这一偏好评价包括对某一动植物种类或种群的喜好以及对喜好原因的正确表达。当然，偏好对象本身的大小、色泽、形态是常见的偏好因素，而偏好对象所承载的文化意义，尤其是科学研究意义及生态学意义（如鸟类对植物种子传播功能等）则是更高层次的偏好因素。当然，喜好的原因也可能包括熟悉度、"游前"对偏好对象的知识积累或情感滋长。从某种程度上来讲，旅游者偏好原因的不同可能在一定程度上表明了旅游者偏好的层次或档次上的差异。因此，在评价上将会出现赋值的差异，因而也就显示出了环境教育目标实现程度的差异。

（2）评价积极环境行为。积极的环境评价是游客对景区旅游获得友好体验的评价与建议。好的景区体验是旅游者旅游实现的目的，当旅游者在旅游过程中得到很好的体验时，对环境的评价也会积极友好，并通过旅游感悟向社会或者个人宣发自己对旅游过程的评价，包括景区的环境行为价值和意义，此处的评价是友好的、欣赏的。

（3）评价消极环境行为。旅游者在旅游环境中有好的体验，自然也会有相对较差的旅游体验，在旅游过程中对景区环境的不满意、对景区管理的不满意以及在景区内所看到的非自己所愿的事情，都会对旅游者的旅游过程造成困扰，同样，旅游者可以通过旅游体验对外宣发自己的评价与建议，此处的评价会带有消极色彩，或者持直接的反对态度。

（二）管理和服务建议

管理和服务建议即旅游者在旅游过程中对生态环境、旅游区的管理和服务做出的相关评价，此处的建议是结合旅游体验以及自己在教育过程中学习的审美技能针对景区服务和管理做出，包括旅游体验的直观感受和间接经验。

第一，旅游环境提升建议。生态旅游环境是旅游者旅游的直接原因，在生态环境的旅游过程中，游客通过自身的旅游体验对生态环境优化提升给出自己的意见，当然优化提升是对景区人为因素提出建议，景区生态系统的提升优化反过来对旅游者来说也是一定意义上的教育，游客可以把优秀景区的优化建议反馈到其他旅游区。

第二，旅游服务人员的建议。旅游服务人员是生态旅游环境链中的重要环节，其中包括导游人员和景区管理人员。旅游者在生态旅游过程中的体验，一方面是景区的生态环境带来，一方面是景区导游人员和管理人员带来。旅游者把旅游过程中自己的感受和审美技能等结合起来对景区服务人员提出合理的建议，促进其改进自己的不足。生态旅游环境教育在旅游过程中实现，生态环境服务人员就是生态系统教育的一部分，是旅游环境的具体实施者。旅游者和服务人员具有一定的对应关系，旅游服务人员建议目标是生态环境教育技能目标实现的重要部分。

第三，旅游区自身管理的改善建议。旅游景区的管理建议是对景区各方面的服务提出的整体改善建议，包括景区的规章制度收费标准和景区人员的服务方面。同前文叙述旅游服务人员的建议相同，旅游景区管理建议也是生态教育实现的技能目标之一。生态环境教育实际上就是通过旅游者自身在旅游中的体验学习达到受教育的目的。无论是旅游环境的提升建议

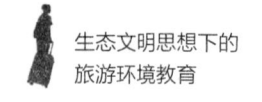

还是服务人员的建议,都需要通过景区管理来实现。其中旅游者与上述三者都存在一定的相对关系,旅游景区管理改善与旅游者在生态旅游环境要达到的教育效果密切联系,可以说,旅游景区自身管理的改善建议是生态环境教育的重要目标。

七、意愿目标

意愿是个人自发的主动的心理活动,与被动的接受不同,意愿是旅游者从内心同意并自发做出的一些行为。旅游者在生态旅游环境中的第一意愿是获得好的旅游感受,通过这些旅游感受,旅游者内心产生其他的意愿目标。例如可以是在景区担任环保志愿者的意愿,可以是为景区担任志愿服务人员的意愿,还可以是钱财捐赠的意愿,这些意愿可能是暂时的,也可能是长久的,但是这些意愿的有无却可以用来衡量生态旅游教育技能目标达成的效果。

意愿目标针对的是景区特定的旅游者群体。旅游者在旅游过程中得到的身心体验,自发形成的个人或团体意愿主要有:捐赠意愿、"游后"环境学习意愿、"游后"生态旅游活动意愿。

(一)捐赠意愿

捐赠意愿需要捐赠者本身具备一定的资金能力,能够根据自身意愿达成不同的捐赠方式。旅游业是第三产业发展的支柱,也是脱贫攻坚的重要产业方向,山区发展旅游,多为贫困地区,通过旅游业的发展让更多人看到不同地区发展的差距性,从而为实现全面小康助力,此处将基础教育事业捐赠和扶贫对象捐赠作为环境教育要达成的目标。

第一,基础教育事业捐赠意愿。发展旅游景区基础教育是改变贫困的根本,基础教育也是环保教育的方向,通过基础教育的改善,人们的环保意识也会不断提升。

第二,扶贫对象捐赠的意愿。旅游业的发展在一定程度上会损害一些原住民生活,生态系统的保护需要依赖当地居民改变原有的生产生活方式,在一定意义上加重了贫困,此处的扶贫对象捐赠可以是物质,也可以是为其找到新的生活工作方式,改变贫困生活,焕发新的生机。

（二）"游后"环境学习意愿

"游后"环境学习意愿是旅游者在景区旅游过程中得到的最好教育技能，也是生态环境教育实现的最理想效果，是动态旅游过程中实现的最大价值体验。确切地说，"游后"环境学习意愿，是旅游者在生态旅游过程中接受相关的环境保护知识，其意识范畴发生了变化，产生了持续保护环境的意愿，并且希望得到实现。

（三）"游后"生态旅游活动意愿

"游后"生态旅游活动意愿特指旅游者这一客体在感受了生态旅游活动的环保性、教育性、参与性等特性后，在态度上对生态旅游产生了一定程度的认可和肯定，甚至在情感上产生了喜爱，由此而引发了进一步参加此类旅游活动的愿望。其具体的表现为旅游者愿意"游后"再次或多次参加生态旅游活动的意愿。当然，此处的"生态旅游"是个广义的生态旅游概念，既包括与本生态旅游区类似的诸如动物观赏旅游和生态观光旅游，也包括其他形式的生态旅游，如森林生态旅游、海洋生态旅游、乡村生态旅游等。当然，这里的"两次或多次"不排除对本保护区的一次或多次"重游"。

第三节 生态文明思想下旅游环境教育的师资建设

师资是保证教育质量的关键，只有一流的旅游专业教师，才能有一流的旅游教育，也才可能培养出一流的旅游专业人才。

一、旅游教师的职业性质与特点

（一）旅游教师的职业性质

教师这一称谓，在人们的日常生活中被频繁使用。但是对于这一概念的界定，人们理解的角度却存在很大差异。要全面理解教师这一概念，必

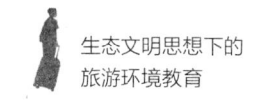

须把教师作为一个集合体，从其所扮演的社会角色、承担的社会职责及与活动对象的关系等方面进行考察。

教师在人类早期，作为社会教化的主要承担者，其构成主要是部落首领和经验丰富的长者等。随着社会生产的不断发展，产生了一个专门以教化年轻一代成为社会合格成员为职业的劳动集团——教师。因此，教师就是促成个体社会化、培养人、造就合格社会成员的职业人。

职业是根据人们所参与社会活动的性质和形式划分的劳动集团，职业的不同形式和性质导致社会中个人的地位高低不同。由于职业对社会产生一定的影响，社会学者对职业的性质和影响产生了研究兴趣。通常社会学者将职业分为专门职业和普通职业。而在研究中，学者所提到的一般是专门职业，并且针对专门职业的研究开设了一门学科，称为"专业社会"。专门职业的定位是具有一定职业技能和专业知识的人群所从事的职业，另一种是将专业定位为对自身的职业有控制力的职业群体。比如，教师就属于专门职业，教师的职业性质要求教师必须经过严格的学习和培训，并且在工作过程中要不断地展开研究，以此跟上时代的步伐，不断调整自身的进度。由此可见，教师是专门职业。

（二）旅游教师的职业特点

角色是人在开展某一项社会活动时对自己的定位，而人在不同阶段都会扮演不同的社会角色，而由于在社会中的地位层次不同，需求不同，职业的性质不同，所表现出来的角色特点也就不同。而相比较于其他职业，教师所需要扮演的角色很多，旅游教师就是其中一种。旅游教师不同于其他教师，旅游教师既要扮演教师的角色，又要扮演社会人的角色，还要扮演公民的角色，而教师也是处于家庭中的成员，又要扮演家庭成员的角色。

一般说来，旅游教师在学校教育中主要有以下六种职业角色：

（1）学生成长引导者的角色。学生经过职业教育学校或高等学校的学习，最终要步入社会，成为旅游行业发展的社会建设力量。而学生对社会的理解，对旅游专业的认知与对职业的选择，都离不开教师的悉心帮助和引导。事实上，教师是学生职业生涯的第一引路人。

（2）传授知识和培养能力的角色。旅游专业教师是旅游行业建设人才的培养者，他们是在特定时期、掌握特定旅游教育学科内容，然后以特定的方式传授给旅游专业学生的知识传授者，通过启发他们的智慧，使他们解除学习中的困惑，形成自己的知识结构和能力结构。

（3）示范者角色。旅游专业教师的言行是学生学习和模仿的榜样。夸美纽斯曾说过，教师的职务是用自己的榜样力量教育学生。学生具有向师性的特点，教师的言论行为、为人处世的态度会对学生有、潜移默化的作用。旅游教师的专业教学态度、教学技能、教学方法、研究水平等，都会对学生未来专业素质的养成具有示范作用和影响力。

（4）教学主导者的角色。很多人将教师和学生视为管理中的两个对立面，这是不正确的认识。旅游专业教师是旅游教育教学活动的主导者，而不是教学的管理者。旅游教师对教学的主导主要是观念层面、规划层面、组织层面、协调层面等，教与学是平等的关系，不是管理者与被管理者的关系，学习是一个交流研究、督促检查和公正评价的过程。在这个过程中，教师的职责是如何发挥学生的主观能动性，让学生学会学习。

（5）父母与朋友的角色。不同的年龄阶段、不同的家庭生活背景，使一些学生对教师产生不同的依赖心理，对教师的角色有不同的认同。如中等旅游职业学校的学生年龄较小，对教师的感受更像是父母，而这一年龄阶段的学生，大都具有逆反心理，反抗父母、反抗老师，而普通高校的学生相比于职业学校的学生，对教师的反抗心理没那么高，对教师的态度更像是朋友。学生渴望从教师那里获得心理疏导、人生指导，同时希望教师能够帮助学生排解遇到的不安，分享遇到的喜悦。

（6）学习者的角色。教学工作面对的是多变的世界，变化的教育对象、变化的教育内容、变化的教育方法、变化的教育模式等。这种种的变化，都会对旅游教育的质量产生不同的影响，都要求旅游专业教师具有灵活应变的能力。而应变的基础就是要教师成为终生学习的人，成为学习者的角色。

旅游教师职业的这些角色特点，决定了旅游教师职业的重要意义和重大责任，决定了对旅游教师的高素质要求。

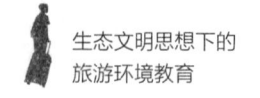

二、旅游教师职业的社会作用与地位

（一）旅游教师职业的社会作用

旅游事业的发展，促进了市场产生多方面的市场需求，市场中也衍生出旅游教师这一职业，旅游行业的发展就更加需要旅游教师的推动，以下就将旅游教师的三个作用加以叙述：

（1）教师是人类旅游文化的传播者，在旅游行业的发展中起着推动作用，在旅游文化的发展和延续中起着纽带作用。人类文明发展到现在，是世代传承和创新的结果，想要社会进步，就必须将社会传承和创新发展结合起来，没有对文化遗产的继承，就不会有社会的创新和进步。与此同时，旅游教师不仅仅要将旅游知识传授给学生，还要将旅游文化和科学成果及时吸收，促进旅游的发展和进步。社会不断向前发展，科学技术不断进步，知识累积得越多，各方面的知识都会相互之间产生影响。各民族之间的文化交流，都需要旅游教师在其中发挥作用。

（2）旅游教师为旅游业培养专业人才，其教学内容对于旅游行业的发展具有规范作用。旅游业作为劳动密集型产业，是我国第三产业的"龙头"，对旅游专业人才的需求量较大，因此旅游教师承担着为旅游业培养和输送专业人才的重任。同时，旅游教师的教学内容与行业标准具有一致性，对旅游业的发展具有规范作用。

（3）旅游教师是我国旅游教育研究的中坚力量。旅游行业的高速发展，不仅需要一定的社会政治、经济和文化基础，更需要对旅游业的发展做出科学的判断和系统的研究。旅游教师作为旅游教育研究的中坚力量，其科研成果、行业经验对我国旅游业的发展都具有积极的促进作用。

（二）旅游教师职业的社会地位

前文提到，不同职业由于自身性质不同，在社会中的地位可能不同，人们由于教育程度、家庭背景等众多因素不同，会在社会中处于不同的阶级、不同的社会地位。而其中，个人的职业最能体现个人在社会中所拥有的地位。不同的职业在社会中所需要承担的责任也不同，处于不同角色定位，所获得的社会资源也不同，造成不同的社会地位。相对来说，影响职业所处社会地位的因素有职业的经济效益、职业的社会权利、职业的专业化程度、职业的社会功能。

（1）旅游教师的经济待遇。经济待遇是指在社会中付出劳动后所交换的物质报酬，其中有代表性的是工资，其他的还有带薪假期、退休金等隐形福利。通常情况下，某一职业的经济待遇是由该职业的社会性质和劳动性质所决定。旅游教师是一项专门职业，教师是较为复杂的职业，教师的劳动需要消耗较高的劳动力，就需要获得较高的劳动报酬。教师所传授给学生的知识，可以转化为物质效益，即旅游教师教授知识，是一种高级社会劳动。由此可见，教师具有较高的劳动效益和劳动价值，教师从业者所获得的劳动报酬与其付出的劳动是对等的，教师职业从业者获得的经济待遇相当于在社会总体劳动者中从事复杂劳动者享有的经济待遇水平。

（2）旅游教师的社会权利。通常在表述过程中所描述的职业社会权利，是指社会劳动过程中所享受的权利。而旅游教师所享受的权利同经济待遇相同，权利享有范围与职业从业者的社会地位高低也有着重要的关系。教师从业者除了能够享受社会中的基本权利之外，由于职业的特殊性，还享有教授过程中的自主权，教师的职业特殊性决定了教师专业权利的广泛性，而这些权利是教师专业从业者才能够享受的。

（3）旅游教师的专业化程度。上文中提到旅游教师是一项专门职业。从事一项职业的基本要求就是对从业者的资格认证，其中就包含受教育的程度、个人的道德品质、个人的工作能力，对职业的要求越高，也就越能说明职业的特殊性和不可取代性。旅游教师是一项专门职业，对从业者有着专业要求，旅游教师必须具备专门的专业知识，还要熟知行业的发展现状和未来前景，要遵守法律法规，作为教书育人的教师，有着良好的道德品质。

（4）旅游教师的社会功能。社会功能是指某项职业从业者在开展社会劳动时，对社会所产生的影响和作用。通常来讲，一项职业的社会功能越高，其社会地位也就越高。旅游教师作为教师的一个分支，承担着人类社会教育和发展的功能，教师肩负的责任重大。教师是人类文化的传播者，

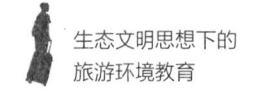

教师的责任重大，对社会的付出也大，因此教师在社会中也享有较高的社会地位，需要得到社会的尊重。

以上四个方面影响了旅游教师在社会中的地位，必须要将四个方面综合考虑，单单从一个方面考虑是不够完善的。职业声望是考察一项职业在社会中地位高低的因素，是对职业的主观评价，职业社会地位往往可以通过各个显现因素表现出来。

二、我国旅游教育师资队伍的发展现状

（一）旅游教育师资队伍的建设成就

旅游业的发展吸引了多方关注，由旅游业衍生出的行业需求也多种多样。我国的旅游教育行业应运而生，即旅游教育和旅游管理专业。旅游教育不断完善，教师队伍不断建设和发展，旅游教育的发展，为我国旅游行业提供了人才支持和智力保障。归纳起来，我国旅游管理教师队伍的建设成就有如下方面：

1. 旅游专业师资队伍建设初具规模

专业师资力量是重要的旅游教育资源。随着我国旅游业持续快速发展，旅游教育规模的扩大，我国旅游教育师资的绝对数量也逐年增加。无论是高等旅游教育还是中等职业旅游教育，专业师资队伍在不断地发展壮大。总体来讲，经过多年的发展，无论是高等旅游教育还是中等职业旅游教育，现今我国旅游教育师资总体数量充足，专业教师队伍储备丰富。

与我国整体旅游教育师资的发展速度和规模不相称的是，虽然旅游专业教师绝对数量在增加，但是一些学校旅游专业的相对规模却在缩小，尤其是高等本科旅游教育，旅游教育师资与兴办旅游教育所依托的优势学科相比，其发展速度和规模都处于劣势。

2. 职称结构日渐合理

旅游教育的发展，旅游教育师资职称结构大幅改善，高级职称教师比例明显提高。旅游教育发展之初职称水平普遍偏低，拥有正高级职称者凤

毛麟角。这样的师资状况，在一定程度上影响了旅游教育的发展。但伴随着旅游学科的发展与成熟，旅游教育师资队伍中副高级、高级职称教师占专任教师的比例有了一定的提高，高校教师的职称结构由原来的金字塔形发展为柱形的结构比例。

相对于高等旅游教师队伍来说，中等旅游教师的职称构成中，高级职称者偏少，初级职称者比例份额很大，占据半数左右，其次为中级职称者。中等旅游教育的职称构成依然呈现金字塔型。

3. 教师学历结构日渐提高

在旅游院校的师资队伍中，从整体上看，我国旅游教育师资体系中，拥有硕士和博士学位的教师比例偏少，这与旅游教育师资素质的要求存在着较大的差距。但是近几年旅游管理专业硕士点、博士点的设置和建设，在很大程度上将担负起完善和优化旅游管理专业教师队伍学历层次结构的重任。

中职旅游教师中本科学历占绝大多数，硕士及以上学历的比例偏小，目前中职旅游师资的现状与此要求相比也还有很大的差距。

这也表明我国旅游专业教师队伍的学历结构还有很大的提升空间，还应该吸引更多的本专业高学历的优秀人才充实到教师队伍中来。

4. 专业化的旅游教师队伍逐渐形成

尽管旅游教育的师资队伍的专业学历结构还不尽人意，但在一定程度上也反映旅游教师队伍正朝着专业化的建设目标发展。对于一个有短暂发展历史的年轻学科来说，我国旅游专业教师队伍的知识结构经历了较大的变化。早期我国旅游管理专业教师多来自历史、外语等文科领域，也有少数来自经济、地学等学科领域，用现在的话说，教师们多是"转业"来的，这些教师的专业结构严格意义上说是不合理的，但正是这些"转业"的教师，培养了一批批后来的旅游专业人才。旅游蓬勃发展，在旅游业发展势头如此迅猛的现在，我国旅游教师的数量有所增长，旅游教师的来源主要是我国高等院校所培养的硕士，其具有丰富的旅游专业知识，还掌握着熟练的操作技能，对行业发展有着强大的敏感性，对旅游业的未来发展也有自己的预测。他们不仅仅是教师行业的人才，还与旅游市场紧密联系在一起，他们的教育会将旅游市场同旅游教育结合起来，可以通过市场需求来培养

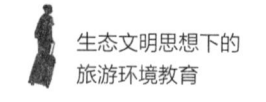

专业人才，可以最大程度地满足市场需求，打造行业人才，发展壮大专业化的旅游教育管理队伍。

（二）旅游教育师资队伍建设存在的不足

改革开放以来，随着旅游业的繁荣发展，我国旅游专业师资队伍的建设已经取得了重大成就。但我国旅游教师队伍建设依然存在许多不足之处。主要有：

1. 高学历的旅游管理专业教师在总量上供需不足

旅游管理专业在发展之初是低端教育，高等教育在近些年才发展起来，高学历的旅游管理专业人才紧缺，市场中出现了供不应求的现象。主要原因在于，旅游管理专业是在近些年才发展起来的学科，旅游行业的蓬勃发展又催生出较大的需求缺口，二是高等院校提高了招聘师资的学历门槛，而旅游专业受自身硕士、博士学位点不足的影响，高学历的旅游专业人才培养数量不足；三是很多具有博士学位的旅游管理专业的毕业生直接到旅游企事业部门从事高层管理工作，没有选择高校教师这一职业。因此，目前的高等院校对于旅游教师的数量要求很多，首要问题就是要解决目前旅游管理专业的师资缺口，建立数量稳定的师资专业队伍。

2. 旅游专业教师在校教学的平均周期较短

旅游管理专业具有教师年轻化和在校教学的平均周期短的特点，导致这一现象的主要原因有：一是受旅游教育发展进程的影响，旅游专业的发展初期人才培养的力量集中在中等职业教育上，而旅游（本科）高等教育的大发展是在21世纪初，专业建设短暂的历史决定了教师队伍的年轻化。二是受旅游院校的师资处于大换血阶段的影响，原来从其他相关学科"转业"来的教师由于年龄偏大，很多人已经退休，补充的新人是近年来毕业的、受过本专业高等教育的旅游专业人才。

3. 获得旅游专业教师资格的门槛过低

旅游管理专业是一个实践性较强的专业，需要培养"双师型"的教师。但在旅游教师的培养中，很多学校既不具备教师培养的教育基础学科优势，也不具备旅游管理专业能力培养的优势。旅游专业教师的培养从某种意义上来说，还没有纳入国家专业教师的培养计划，很多学校的教师是根据专业选聘而来，因教师工作的需求而后考取资格证书。这种先从教，后考取教师资格证书的现象，可以反映出，旅游管理专业不同于其他的传统学科，旅游管理专业重在能力培养，而专业对口、学历层次、业务能力等方面的考核程度较低，要求也较低。我国旅游管理专业的教师有相当一部分没有接受过专业教育，而是半路出家，很多教师由其他学科的教师转化而来，例如从一些学习人数较少的学科转行而来。而中等职业旅游教育专业师资队伍的教师学历不高，具有硕士学位的教师较少，对口的专业教师也较少，而再往上的高学历教师就更是少之又少，就导致如今的教师队伍缺乏优秀人才，不能为市场提供需要的优秀管理人才，而为了填补市场需求的缺口，部分院校只能降低吸纳门槛，想要通过优秀教师来填补缺口。旅游管理专业的教师人才较为稀缺，教师质量不高，所培养的学生人才也就难以满足市场的要求，对于建设师资管理队伍构成了极大威胁。学术理论不达标，专业技术不达标，就难以满足市场需求。

4. 教师地域分布差异性大

旅游教育师资布局仍然处于较发达地区数量多，欠发达地区数量少的态势，东西部旅游教育师资资源的差距较大。

5. 缺乏高尖人才

旅游管理是一门年轻的新兴学科，旅游教育行业中缺乏杰出的、优秀的教育人才。目前的教育行业中还没有院士级的人才，不仅行业中的人才稀缺，在教师总体资源供不应求的情况下，各高校之间还存在着互挖墙脚的问题，高校之间不进行资源共享，反而开启竞争模式，教师资源不流通，行业中又缺乏新鲜活力，会导致旅游管理学科缺乏新的发展，对于我国高等教育管理的全局发展十分不利，从某种程度上来说，也不利于旅游教育行业和旅游事业的总体发展。旅游部门和企业在企业发展的过程中，会同高校之间的旅游专业教育展开竞争，希望获取高等专业教育院校的教师，优化升级自身的企业员工整体水准，就会将高校的旅游专业教育置于不利地位，然而高校的薪资待遇很难同这些组织部门抗衡，教师资源不断流失，会导致教师队伍不断缩小，从而影响教学质量的提升。

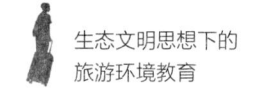

三、旅游教育师资队伍建设的路径

旅游教育师资队伍建设在旅游教育事业发展中发挥着重要作用。国家教育部针对高等师资队伍的培养工作制定了多项政策方案，为祖国的人才培养计划添砖加瓦。例如，教育部推出的高等学校优秀青年教师教学和科研奖励基金计划、高层次创造性人才工程等。这些加强国家高等教育师资队伍建设的相关方案政策，大大加快了我国旅游教育师资队伍培养的进程，推动了相关旅游管理部门、机构加大对旅游教育师资队伍建设的关注，重点培养旅游专业人才，加强旅游管理人才建设，促进旅游业可持续发展。

（一）旅游教师专业化

1. 旅游教师的专业化

建设一支高标准、专业化的旅游教师队伍是旅游行业快速发展的重要途径。专业的含义主要是指某职业、领域发展到一定时期，逐步对社会产生较大影响，最终获得一定的社会地位。在评估职业是否专业化这一问题上，一些研究人员使用了相对普遍的定义标准，即规定相关从业人员具备过硬的专业知识技能、专业培训经历，并且明确自己的职业服务信条。

专业化不是瞬间形成的，需要经历一段时间的发展，最后逐渐符合标准。旅游教师职业已经具备专业属性，同时在法律和政策上也有了相应的保证。但就其实际的发展水平来说，旅游教师专业还未达到相应的标准，发展体系也尚未形成，也就促使旅游教师职业必须要历经专业化过程。专业化需要某种职业经过一段时间的发展，逐步达到专业标准，最后形成专门职业，获得专业地位。因此，职业专业化的形成过程需要历经地位提高、职业发展、技术改进、知识全面专业化等环节，它们相互促进、协同发展。

通常来说，职业专业化可以划分为两个过程，即专业知识提高、技术改进、职业发展专业化和地位改善专业化。由此可见，旅游教师专业化也能够予以划分，即旅游教师职业专业化、旅游教师个体专业化。对于旅游教师职业专业化来说，其所涉及的主体是教师群体，他们共同推进旅游教师职业专业地位的提高，在这一过程中，旅游教师群体必须经过专业的培训练习，形成专业自主，得到社会的认可，形成旅游教师群体专业化；而对于旅游教师个体专业化来说，其主体是教师个体，他们通过自己的努力提高自身专业化水平，进而在专业知识、道德、能力等方面提升自己，最后逐步形成旅游教师个体专业化。旅游教师个体专业化是发展旅游教师职业专业化的重要组成部分，旅游教师职业专业化水平的高低，决定了旅游教师个体专业发展水平。对于教师个体来说，他们在专业化发展过程中，提高了专业知识、专业技能、专业道德，不仅提升了自身业务能力，而且形成了专业组织，促进了专业自主，推进旅游教师职业专业化发展进程。

旅游教师专业化是逐步发展的过程，旅游教师职业具有专门的旅游培养标准、旅游管理标准，并且有自己的职业条件和要求。旅游教师职业化特点主要包含四方面：

（1）旅游教师职业专业化属于历史范畴，其形成、发展需要历经持续不断、不断深化的过程；

（2）针对旅游教师的培训工作，国家设有相应的专门方案措施、知识内容、机构；

（3）旅游教师专业化不仅包含旅游教育专业性，而且包含管理学科专业性。因此，针对这一职业，国家不仅对学历做出规定，还对职业道德、教育能力、知识等方面做出规定。

（4）对于旅游教师教育机构、教师资格方面，国家也制定了相应旅游管理制度、认定制度。

2.旅游教师专业化的意义与作用

（1）旅游教育师资队伍的专业化是推动旅游学科发展及旅游学科地位提高的根本。由于旅游学科自身成熟度所限，人们对这门学科性质认识仍有差异，旅游学在学科之林中始终没有得到一个学科自身期望的独立地位。旅游学的研究基础，又往往来源于经济学或管理学的基础，作为旅游学自身的理论基础还在构建之中。旅游学科具有跨学科的性质，强调学科间的协作、强调在解决问题时的各学科的相互补充作用。但作为旅游学科的每个分支学科如旅游地理学、旅游经济学、旅游社会学等的发展及成熟则取决于旅游教育师资队伍中教师的专业化程度。所以旅游学科地位的确立，旅游学科的发展有赖于旅游教育师资队伍的专业化。

（2）推动旅游教师专业化，是促进旅游产业结构调整转型、升级优化的重要因素，也是加快我国向旅游强国转变的重要基础。目前，我国正处于社会转型升级期，是推进工业化、促进创新改革、扩大开放的关键时期，旅游行业的发展恰逢其时，通过实施战略转型、产业转型战略，推动我国向旅游强国目标迈进。当然，这一目标的实现，必然以旅游产业结构的调整为依托，而旅游产业结构调整的前提是拥有大量的旅游专业人才。这些专业人才的培养靠旅游教育。旅游教育目标的实现靠专业化的教师，依托旅游教师专业化，推动我国旅游教育师资队伍建设，实现旅游行业健康、可持续发展。相应部门应加强旅游教育人才培养，挖掘人才资源，提升旅游教育师资队伍的整体素质，加快旅游强国发展进程。

（3）旅游教育师资队伍专业化是保证旅游教育质量、培养高素质人才的关键。旅游教师是旅游人力资源开发的主要承担者，对旅游人才的培养具有中继性、扩大性等效用。在教学中，教师起重要的引导作用，作为旅游学科知识的传承者，旅游专业教师必须精通某一分支学科或所教学科的知识，如旅游经济学、饭店管理学、基础旅游学等，才能在学科教学中高屋建瓴、融会贯通，将学科中应掌握的知识传授给学生，高质量完成教学计划。因此，为促进我国旅游行业可持续健康发展，实现旅游强国的目标，培养一批高质量旅游教育师资队伍就显得尤为重要。

（二）旅游教育教师的专业化标准

1. 专业知识标准

旅游教育教师专业知识是否达到一定标准，是评估教师专业化的重要因素。作为一名专业的旅游教育教师，对旅游专业知识的深入理解必不可少，教师所形成的专业知识框架、结构也与中小学教师、学科专家、研究人员有所不同。旅游教育教师的专业知识应包括以下方面：

第一，旅游管理专业的学科知识。任何一门成熟的学科都有自己庞大的理论体系。旅游学科虽然是一门新兴的学科，其发展历史不长，但旅游学科的每一个分支学科都是将科学性、实践性、创造性集于一体的学问。旅游学是一门跨学科的学问，它强调学科间的协作，所以旅游教育教师还要掌握旅游分支学科所属的上一级学科的理论，如旅游经济学教师既要精通此门学科的知识，还要对经济学、产业经济学等相关理论了如指掌，酒店管理专业的教师也要掌握管理学的理论等。只有将旅游专业的学科与相关学科融会贯通，才能合理深入地解释旅游现象、把握旅游学科发展的脉搏。

第二，旅游教育教师的专业知识还包括教育科学知识。旅游教育不仅是简单地传授知识，还应该遵循教书育人、立德树人的教学理念，做到教书育人协同发展，也就意味着旅游教育教师首先要明确定位自身所从事的职业，了解教师这一职业的特殊性，充分贯彻教学理念。在旅游教育教师的职责方面，不仅需要传授学生全面的旅游专业学科内容，实现学术知识形态转化，加强学生对知识的掌握和理解，而且应该传授教育科学知识，积极组织举办科学创新活动，提高学生的综合素质。教育科学知识课程具体包括学科教学与信息技术、教育实习、心理学以及教育科研方法等。因此，实现旅游教育教师专业化的快速发展主要依靠两个方面，即旅游学科教育专业化水平、教育科学课程的科学化水平，同时依托教师教学理念的更新，促进旅游教育发展。当然，旅游教育教师还存在丰富的教育知识尚未开发等问题，这有待每一位旅游教师在实践中不断地总结和摸索，从而体现其专业劳动的特殊性。

第三，一般文化科学知识也包括在旅游教育教师的专业知识中。旅游专业涉及历史知识、地方文化知识、地理知识、经济知识以及管理知识等多个领域，是综合性学科。一般文化科学知识是旅游专业知识的扩充。拥有一定文化科学知识背景的旅游教师能够在教学过程中扩增学生的知识面，深化旅游专业知识，完善旅游教育科学理论，营造画面感，加强学生的理解能力和实践能力，激发学生的学习兴趣，鼓励学生在学习中培养探索精神和创新精神。同时，旅游专业教师也能够在其中激发自己的创新能力，进一步完善教学结构设计，提高教育教学效果，提升教学科研能力，提高综合素质。一般情况下，旅游专业教师除了需要掌握一定专业知识之外，还应该了解数学、地理、建筑、文化、历史等领域的一般文化科学知识。旅游教育师资队伍的建设需要全方位人才，教师不仅需要具有渊博的学识、良好的素质，还应该拥有广阔的视野，从而培养学生成为面向世界的旅游人才。

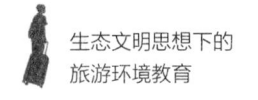

2.旅游教育教师的专业能力

旅游教育教师的专业能力能够对旅游教学活动产生直接作用。旅游教师在教学活动中，能够逐步提高自己的专业能力，促进旅游相关知识高效率、高质量向学生流动。要想成为优秀的旅游教育教师，传授专业知识、履行教学职责是一方面，更重要的是能够将旅游教育内容联系实际，应用到教育教学实际层面。旅游教育教师专业的能力涉及多个层面，主要包括如下四方面：

第一，学科能力。每个人都是独特的，他们根据自己的思想、生活方式，从事多种多样的活动，也就意味着个人从事活动的不同，所要求的自身能力也不相同。通常情况下，能力可以分为一般能力和特殊能力。一般能力主要包括思维能力、观察能力、想象能力等，基本是每个人共同具备的能力；而特殊能力主要包括绘画能力、音乐能力、数学能力等，这些能力在一般能力基础上逐步发展起来，主要在特殊活动中发挥作用。目前，关于学科能力的概念，相关人员并没有给出普遍认可的定义，从广泛概念来看，学科能力包含特殊能力、一般能力，是个体在学习某门学科时涉及相关能力的总和，而通常又可将学科能力分为学科学习能力、学科创新能力。

第二，学科教学能力。具备良好的学科教学能力是旅游教育教师开展教学活动的关键环节。基于教育理论知识，教师能够开展高效率、高质量的教育教学活动。为实现旅游产业可持续发展，加快旅游行业发展进程，旅游专业教师应积极培育全方位、高素质的专业人才，着力提高学科教学能力，高质量完成教学计划，让学生在掌握旅游专业知识的同时，提高自身素质。因此，完备的学科教学能力成为教师教育素养的重要内容，也是旅游教师专业化的基本特点。

旅游教育教师应加强自己的学科教学能力，在教学活动中积累相应的经验，形成并提高学科教学能力，掌握多种教学技能，调整升级教学结构设计，综合运用多种教学方式,将其融合到旅游教育教学过程中，营造生动、鲜活、多彩的教学情境，突破传统教学模式中固有的形式、方法，提高教学效率和质量。在这一过程中，旅游教育教师可以提高自己的创新精神，将自己的注意力放在教学活动的个性化、差异化上，并且关注每一场教学活动、每一次情景设置以及产生的新变化、新发展，逐渐改进自己的教学规划、方案，丰富教学形式。学科教学能力主要分为两部分，即知识形态转化能力、知识在主体间转移能力。对于知识形态转化能力来说，旅游教育教师应实现将科学知识、课本内容向教学知识的转变，使学生容易理解、加深印象。当然，这也就意味着旅游教育教师应对所传授知识内容有深入理解，做到融会贯通，建立自己的学科知识框架，并实现科学知识向课程教学形态的转化。对于知识在主体间转移能力层面，旅游教育教师应具备良好的专业知识基础和语言表达能力，在教学活动中积极与学生交流沟通，促进教师与学生之间良性互动，实现教学信息流动共享，使知识在两者之间得到增殖性转移。除了语言这一知识传递载体外，板书也在其中发挥了不可缺少的作用。总之，旅游教育教师在教学活动中应不断创新、提升自我，实现教育与现代化网络信息技术的良好结合，做好教学活动中的协调工作，在师生、生生之间建立良好的人际关系、协助关系，营造健康、持续、和谐的教学环境，提高教学质量。

第三，教学反思能力。具备教学反思能力的旅游教育教师是教育形式、内容改革的重要推动因素。教师应该具有反思意识，不断反思教育教学行为，并参考学生提出的反馈信息，升级优化设计的教学方案、规划的课程内容、组织的教学活动等，并在此过程中逐渐积累相关教学经验，提升自身教育实践能力。通常具有反思能力的旅游教育教师也拥有较强的批判思维能力，他们能够设身处地地站在学生的角度上思考问题，研究分析自己的教学内容、教学行为，理性对待每一次教学活动、每一个教学行为，并科学、合理地改进教育教学行为。另外，教师若具备较强的教学反思能力，则能够从外表的教学行为延伸至内在隐含的教学目标、教育目的、课程理念，并从上述角度理性批判地分析教学活动的适用性，同时，教师能够分析比较、处理整合多种教育理论所持有的理念，选择合适、科学的教育方法作为后续教学活动的指导，并从中提高自己的分析能力、问题意识。具备教学反思能力的旅游教育教师能够从多个方面分析教学过程中出现的问题，及时调整自己的教学思路，做出有创造性的处理方案，并将自己的思维多向发展，综合考虑教学理念对个人、对社会的影响。

第四，旅游业务实践操作能力。作为复杂、综合的行业，旅游行业涉猎地理、文化、历史、经济、建筑等多项领域知识。因此，一名优秀

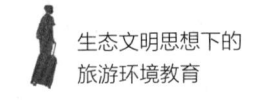

的旅游相关从业人员首先应该具备稳固的旅游专业基础知识和一般科学文化知识，并且掌握一定实践技能和操作技巧，以及时应对突发状况。理论联系实际的素养、丰富的实际工作经验是对旅游教育教师的基本要求，是培养一批高质量旅游人才和推动我国旅游行业健康发展的重要条件。针对这一方面，西方旅游强国的经验可以为我国旅游行业的发展提供参考。在大多数的西方旅游院校中，旅游教育教师任职资格都会受到一定限制，它们规定从事旅游教育教师职业首先应具备一定期限的实际工作经历，能够具备理论联系实际的专业素养。这项明文规定促使越来越多的旅游教育教师加入旅游一线部门，积累相应工作经验，为旅游教育教学活动的开展奠定实践基础。旅游教育教师应充分结合产业实践特性和专业学科特性，不仅需要具有面向国际的开阔视野，深入了解旅游行业，而且应该掌握大量的专业学科内容，遵循高等教育发展规律。"双师型"旅游教师队伍的建设是实现旅游教师专业化的重要途径，在理论层面要求教师掌握丰富的专业知识，具备稳固的学科知识基础，在实践层面要求教师具备一定时间的实际工作经历，并在教学过程中实现两者的结合，最终应用于实践。因此，具备实践经验的教师在教学活动中能够营造生动鲜活的教学环境，激发学生的学习兴趣，顺利解决教学过程中出现的实际问题。

3. 旅游教育教师的专业道德方面

旅游教育教师的专业道德是指旅游教育教师承担自己的职业角色的时候必须具备的除了所有人应当具有的良好的个性特质和思想道德品质外的专业情意和师德等。下面拟从旅游教育教师的专业情意和旅游教育教师的师德两个方面来分析旅游教育教师的专业品质。

第一，专业情意层面。主要体现在旅游教育教师自身的职业道德上，教师对旅游教育教学、旅游专业产生深厚感情，将这份情意倾注在旅游教学活动中，激发学生对旅游专业的学习积极性，推动旅游教育教学工作的顺利开展。旅游教育教师的专业情意可分为专业理想、专业情操、专业性向以及专业自我四方面。

（1）专业理想。专业理想为旅游教育教师提供奋斗目标，推动教师向优秀、成熟的旅游教育教学专业工作者发展，进而献身于教育工作中；

（2）专业情操。专业情操包括理智情操和道德情操，是旅游教育教师专业情意发展成熟的重要标志，也是教师职业价值观的基本组成部分；

（3）专业性向。专业性向是指适合旅游教育教师教学工作的人格特征或个性倾向；

（4）专业自我。专业自我是指旅游教育教师个人在所从事教学工作中的心理倾向、内心感受，其能够对旅游教育的教学行为、教学效果产生重大影响。

第二，职业道德层面。旅游教育教师的职业道德是指教师在职业活动中需要遵循的行为准则、道德规范，是每位教师都必须具备的基本品质，也是旅游教育教师素养的中心组成部分。旅游教育教师应具有崇高的职业道德精神，忠于自己的岗位，承担教书育人的责任和使命，秉着积极进取、认真负责的责任态度从事教学活动，履行以人为本的教学理念，从而提升学生的精神境界。历经了几千年的时间沉淀，中华民族教育事业发展取得了质的飞跃，建立了教师职业标准体系，逐步形成了优良的职业道德传统。在职业行为准则、道德规范层面，教师相较其他职业而言有更高的要求，进而为高等教育质量的提高、教育事业的发展、社会主义现代化建设做出重要贡献。对于旅游教育教师来说，职业道德的主要表现有：拥护中国特色社会主义制度，坚持社会主义的教育方向，树立崇高职业理想，坚持育人为本、立德树人的教学理念，尊重每个学生的独特性，提高学生综合素质，促进学生全面发展，做到自尊自律、言传身教、积极探索、求真务实，勇于创新、品德高尚。

（三）旅游教育师资队伍专业化建设的原则

（1）旅游教育师资建设适度超前。旅游教育教师是旅游专业人才培养的重要引领者，专业师资建设适当超前，有利于旅游人才结构、旅游人才数量与旅游师资队伍的结构、数量相协调、相适应，在提高旅游人才整体素质的同时，也能够满足旅游行业迅速发展的新需求。旅游政策方案、资金支持、管理思路等是专业师资建设的主要方面，其适度超前建设能够保证旅游人才资源开发的可持续性，实现旅游行业持续健康发展。

（2）坚持全面性观念与重点发展观念相结合。旅游教育教师的培养工作牵涉范围广泛，其培养对象面向全体教师，保障每位教师都能够有相

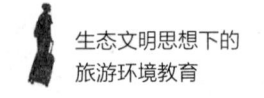

同的机会获取培养资格。然而，旅游教育师资建设资金方面存在一定的制约因素，要求专业师资的建设应有针对性，某些方面的建设做到重点突出，加强旅游教育师资队伍建设。

（3）专业性与基础性相结合。旅游教育的实践办学特色要求旅游教育的师资来源不仅是高学历的高校毕业生，而且需要积极聘请具有实际工作经验的旅游专业技术人员、旅游行业专家开展辅助教学指导工作，使学生形成理论联系实际的专业素养，将旅游专业理论知识应用到实际生活中，当然，教师也能够从中提高自己的实践能力，减小理论和实践、教育和社会之间的差距，也可以拓宽专业化教师队伍的来源渠道。

（4）多种形式进行培养的原则。从教师培养的形式来讲，要逐步建立起一套适合本专业实际情况的、高效的培养体系。第一，对于来自普通高校的教师或者是刚从高校毕业到旅游院校任教的教师，要加强他们的实践能力培养。采取有效措施，每年有计划地选送中青年专业课教师到国内外知名旅游企业或旅游行政管理部门进行专业实践，为他们获得行业资格证书或专业技术职称提供机会和时间。第二，对于来自旅游企事业单位的教师，要让他们进行教育理论的学习及教学基本功训练，给予他们进修学习的机会，努力提高其教育学术水平。第三，建立继续教育的培训制度。根据教师的年龄、学历、经历制订出具体的培训计划，让他们到教育部批准的旅游师资培训基地培训；或者聘请旅游师资培训基地专家和具有丰富实践经验的专业技术人员做教员，利用寒、暑假时间对在职教师进行培训。

第四节 生态文明思想下旅游环境教育的运行机制与干预体系构建

一、旅游环境教育的作用机理

生态旅游环境教育的机理即生态旅游环境教育发生作用的生理与心理过程，包括受教育者在知识、技能、态度、观念、行为等方面的转化过程。

生态旅游环境教育系统中有三大要素——主体、客体、媒介。实际上，三大要素相互作用的过程便是生态旅游环境教育的教育机理演绎的过程。三个要素通过相互作用形成了一个闭合型的教育信息环路。具体表现为：主体将选择好的教育信息通过适当的媒介传递给客体；客体通过此媒介获取信息、产生信念及形成行为，形成初次学习过程；同时，客体将学习的结果以某种方式反馈给主体；主体对接收到的反馈信息进行分析、过滤、评价，进而对信息进行修改，并将修改后的信息再次通过适当的媒介向客体传递；客体在接收到新的信息后再次进行"信息—信念—行为"的转换过程，完成再次学习过程，如此循环往复，便构成了一个动态的负反馈环路，使客体达到认知过程、信念过程和行为过程的动态统一。对于客体（受教育者）而言，通过"理念—态度—行为动机—行为"这一认知与行为反应链，生态旅游环境教育能让旅游者形成牢固的生态伦理观，并最终作用于其行为，这将大大有利于环境保护和生态可持续[①]。

二、旅游环境教育的运行机制

"机制"一词，原指机器的构造及其机动原理和运行规则，可借指一种生物有机体的构造、功能及其相互关系。在社会领域，机制泛指一个工作系统的内在体系、运作原理以及调控规律和方式。根据这一定义，为使生态旅游环境教育这一工作系统运作良好，必须建立一套完善的运行机制，即探索系统内的规律，进而建立一定的调控方式对系统内的各要素实行有效调控。

生态旅游环境教育的运行机制包括六个相互作用、相互影响的子机制，分别是政策法规调控约束子机制、多元化经费保障子机制、环境行为引导监控子机制、内容形式系统规划子机制、科研保障子机制、主体联动社会参与子机制。其中，政策法规调控约束子机制重在确立环境教育在生态旅游中的地位，多元化经费保障子机制重在保障生态旅游环境教育的经济可

---

① 是丽娜，王国聘. 我国生态旅游环境教育理论研究述评[J]. 学术交流，2011（12）：131~134.

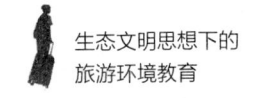

行性，环境行为引导监控子机制重在环境教育的实效性，内容形式系统规划子机制重在环境教育内容的完整性和形式的规范性，科研保障子机制重在生态旅游环境教育的科学性，主体联动社会参与子机制重在生态旅游环境教育的全民性。

三、旅游环境教育的干预流程

生态旅游环境教育的干预流程包含客体环境综合素养及环境学习需求调查—环境教育目标的确定—环境教育资源调查—环境教育地点或场合选择—环境教育媒介选择—环境教育干预的实施—接收和分析受教育者的反馈—改进环境教育干预的内容和形式等几个阶段。

（一）客体环境综合素养及环境学习需求调查

客体（受教育者）的环境综合素养调查是设立环境教育目标和实施环境教育干预的前提之一。客体的环境知识、环境意识、环保技能等环境素养对其从事环境学习的欲望有重要影响。调查的方法有问卷调查和现场访谈。调查的主要目的是做到"知己知彼"和有的放矢，做到教育内容、教育方法和教育强度的切合，克服不问客体的具体情况而仅凭主观意愿采取一刀切的方法。

客体环境综合素养及环境学习需求调查的缺失容易造成两大问题：其一，教育内容的冲突。主要表现在教育内容与客体以往的知识积累产生重复，降低客体的学习兴趣甚至产生抵触情绪；或是教育内容过于专业，难以与客体以往的知识积累实现有效对接，产生了所谓的知识断层，这也会降低客体的学习兴趣甚至产生畏难乃至抵触情绪；其二，教育方法的冲突。一般来说，具有不同环境素养及环境学习需求的客体往往有不同的"主体偏好""方法偏好"或"媒介偏好"。如环境素养高或环境学习需求旺盛的客体可能更希望听取知名专家的讲解或观看多媒体展示，而不愿意听取一般主体的讲解。

在实施生态旅游环境教育干预前进行必要的客体环境素养调查在国内外的生态旅游环境教育实践中均是一个薄弱环节，这也是造成生态旅

游环境教育效果不佳的重要原因之一。在生态旅游环境教育日益受到重视的背景下，为提高效能，非常有必要加强客体环境素养及环境学习需求调查。

（二）旅游环境教育目标的确定

在完成客体环境素养及环境学习需求调查，并对调查结果进行分析后，接下来的一个环节就是进一步结合生态旅游区的资源环境现状特别是环境保护的目标，来设立好适宜的生态旅游环境教育目标。所谓"适宜"有三个方面的含义：其一，要"适合"客体的环境素养现状；其二，要"切合"客体的环境教育需求；其三，要切合环境保护的要求。生态旅游环境教育的目标有多个层次和维度，有知识、技能方面的，也有意识、伦理和意愿等方面的，适宜的目标就是这些要素的组合。

生态旅游环境教育目标的确定是个专业性和技术性较强的工作，目标的科学与否有两个重要的评判指标：其一，适宜度。过高的目标无法达成，而过低的目标又会因为过于容易实现而失去目标的激励作用；其二，满意性。过高的目标极可能因为过于强调生态旅游的教育性而影响旅游活动本身的娱乐性，最终影响旅游者的旅游体验满意度；而过低的目标又会无法满足旅游者的学习需求，同样也会影响旅游者的旅游体验满意度。

（三）旅游环境教育资源调查

在完成生态旅游环境教育目标的确定后，接下来要对生态旅游环境教育可利用的资源进行调查，如物化的环境教育资源和非物化的环境教育资源。这些生态旅游环境教育资源经过整合可以转换成生态旅游环境教育产品或服务。

对生态旅游区的环境教育资源的全面调查是一项技术性和文化性均很强的工作，当然也是一项艰苦而细致的工作，需要制订周密的调查计划，并由有多学科背景（包括生态学、林学、环境物理学、环境化学、人类学等）的专业队伍来承担。事实上，独特的环境教育资源可为独特的生态旅游环境教育产品或服务提供坚实的资源支持。

与客体环境综合素养及环境学习需求调查一样，在实施生态旅游环境

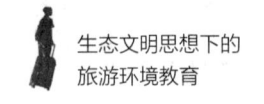

教育干预前进行必要的生态旅游环境教育资源调查在国内外的生态旅游环境教育实践中是一个薄弱环节，这同样也是造成生态旅游环境教育效果不佳的重要原因之一。在优化生态旅游环境教育效果的目标下，加强生态旅游环境教育资源的调查显得既必要又迫切。

（四）旅游环境教育地点或场合选择

生态旅游环境教育主体多元，客体多元，目标不一，资源各异。因此，地点或场合的选择并无固定的程式，要综合上述各种要素进行整体思考，其目标也是要达成"适宜性"。现实中，生态旅游环境教育的地点或场合往往伴随着生态旅游活动本身的推进而呈现动态的变化，换句话说，这一地点或场合实际上是各个地点或场合的有机组合。

一般旅游行政管理人员的主要场所为：内勤人员办公处（如办公室内、办公室大楼公共张贴处、会议室等）、外勤人员进行执法或管理提供、服务处（如森林公园、湿地河滩等）；社区居民的主要场所为：居民办公或生产经营区、居民住宅区、居民集体活动区、学生所就读的学校等；旅游者的主要场所为：游客教育中心，景区入口处，旅游交通设施内，景区内的游步道，观景旅游餐饮、住宿、娱乐、购物等设施内、旅游厕所等。

例如对鄱阳湖国家级自然保护区旅游者进行生态旅游环境教育时可选择两大类场所，其一，大汊湖、蚌湖、大湖池、沙湖、常湖池、中湖池、象湖、梅西湖、朱市湖等湖泊草洲所属观鸟点，这些观鸟点是鄱阳湖自然保护区观鸟旅游的主要目的地，旅游景观以自然景观及保护动物活动景观为主；其二，永修县吴城镇（江西四大古名镇之一，鄱阳湖国家级自然保护区管理局所在地）的部分地点，包括设在保护区管理局内的保护区宣教服务中心、管理局外围附近的望湖亭、吉安会馆，以人工设施及历史文化遗迹为主。这些场所较好地承载了候鸟保护教育、湿地生态保护教育、文化生态保护教育等功能。

（五）旅游环境教育媒介选择

客体综合环境素养及环境学习需求不同，生态旅游环境教育目标不一，进行生态旅游环境教育所依托的资源各异。生态旅游环境教育地点或场合

存在着差异,因而生态旅游环境教育的媒介也应有选择。生态旅游环境教育媒介的选择应该遵循如下原则:

其一,适宜性。这是首要原则,过高的目标无法达成,而过低的目标又会因为过于容易实现而失去目标的激励作用,只有进行适宜性的干预,才能达到较好的干预效果;其二,多样性,既可通过生态旅游区设立的具有环境教育功能的基础设施也可利用多种媒体解说系统和印刷材料如门票、旅游图、旅游指南等来实施生态旅游环境教育干预,包括宣传生态知识和提醒注意事项等;其三,经济性。生态旅游环境教育媒介的选择要兼顾成本和效益,在确保教育效能的基础上,尽可能降低成本,保证性价比最大化。同时采用一些由旅游区制作可用于出售的文字或影像材料,以便为旅游区进行管理提供经济来源,使当地经济的收益最大化;其四,环保性。即低影响性、资源节约性或环境友好性,主要指媒介生产、运输和使用、维护方面的能耗要尽量低,尽量避免使用高环境影响性的方式来进行环境教育(方法与目标的冲突),达到内容和形式的完美统一。

(六)旅游环境教育干预的内容和形式

一般来说,生态旅游环境教育干预的是生态旅游环境教育干预的最后一个环节,此环节中,主体利用资源通过媒介直接或间接地与客体进行教育信息的交流,虽媒介使用的种类、数量、方式、时限等不一,但均集中定向于旅游者环境知识的增长、环境意识的增强、环境伦理观的树立以及积极的环境行为的付出和友好型环境意愿的产生和滋长。

生态旅游环境教育干预方式严格来说,有自导式干预(如常见的解说牌静态干预和多媒体展示平台的动态式干预)、他导式干预(如常见的专家讲学、导游员讲解等)和综合式干预(兼有自导式干预和他导式干预的成分,如考试干预方式中,教育主体分发纸质试卷或安排电脑试题由客体来作答等)三种。实际中,这三种方式各有特点。不过,第三种方式的组织工作有一定的难度,同时对媒介的要求也较高,但体现了干预模式的创新,值得研究。

第五节　生态文明思想下旅游环境教育的评价体系构建与完善

教育评价是旅游教学工作中的重要环节，在旅游教学活动中发挥着非常重要的作用。通过教育评价，不仅可以诊断问题，促进教学工作的改善，增强教师工作的热情，激发学生学习的积极性，而且能够从整体上调控教学活动的进行，保证教学活动按照预定的目标完成。

一、旅游教育评价的类别与特征

随着世界各国旅游产业的发展和教育改革的不断深入，旅游教育评价不仅受到理论工作者的关注，而且得到广大旅游教育实践工作者的重视。旅游教育评价在世界各国旅游教育发展中的作用和意义越来越显著，尤其是对于我国这样一个旅游业发展时间比较短、旅游需求层次较多的教育环境来说，旅游教育评价是旅游教育赖以生存和科学发展的关键。

（一）教育评价与旅游教育评价

"评价"一词，其本意就是对于事物的基本判断，这个词在词源学上的含义是引出和阐发价值。我国对评价一词的解释是：指衡量人物或事物的价值。从本质上来说，评价是一种价值判断活动，是对客体满足主体需要程度的判断。因此，评价一词的内涵可以解释为：依据一定标准对客观事物进行观察，并做出价值判断的过程。

1. 教育评价

对于"教育评价"如何定义，可谓仁者见仁，智者见智，对"教育评价"定义的争论过程，也就是"教育评价"研究发展过程。对"教育评价"的定义，历史上存在四大类观点：

第一类是将教育评价等同于教育测量。凡是存在的东西都有数量，凡有数量的东西都可测量，该说法为教育测量奠定了理论基础，同时也对教育测量学的建设与发展做出了巨大贡献。

第二类是以目标为参照对教育进行评价。人们对于教育评价有不同的看法，有些认为评价是衡量教育过程在实现教育目标中所起到的作用，有些认为是根据教育目标评价所达成的教育结果。两种看法都是以教育目标为参照评价教学过程，以实现程度为尺度衡量教学效果，并据此调整教学活动，根据目标与成果之间存在的差距展开分析，通过调整教学过程来提高教学成果，拉近与教学目标的距离，甚至超越设立的目标。

第三类评价是从更广泛的角度出发，不完全以教学目标为衡量标准。这一定义的典型代表是 CIPP 模式，其不仅考虑教学目标，还将社会因素考虑在内，以决策为重要的考量，收集和组织相关信息，服务于决策。

第四类关注评价本身的价值。持这一观点的人通常是以评价价值为出发点，如美国评价标准联合委员会。他们认为教育评价是对评价对象的价值判定，是系统地判定其各方面的优缺点。之所以这样界定，源自对科学价值的信服，他们认为应该使教育评价在教育中产生应有的作用，为其之后的发展方向提供一定的参考。

我国教育界关于教育评价的诸多概念基本来源于上述四类观点，其中具有比较全面的代表性的观点是：教育评价是对教育活动满足社会和个体需要的程度做出判断的活动，是对教育活动现实的（已经取得的）或潜在的（还未取得，但有可能取得的）价值做出判断，以期达到教育评价增值的过程。这一观点需要满足两个基本条件：第一在评价的对象上，教育活动既要满足社会需要，又要满足个人需求；第二，在评价的时段上，既强调评价对现实的作用，更强调对未来的影响，教育评价的最终目的是达到教育价值的增值。因此，这一思想抓住了教育评价的本质，强调了教育评价的潜在价值，符合教育发展规律的要求。

2.旅游教育评价

定义旅游教育评价，一则要对教育评价含义有深入的了解，二则要对旅游教育评价的发展历程和现有状况有准确的掌握。定义旅游教育评价，一是要根据目标和实际成果确立评价标准；二是要保证客观真实，以事实为依据收集整理信息，以此为根基对旅游教育进行有效的价值判断；三是注重灵活性，除针对已经完成的教育活动和已达成的教育目标制定标准外，面对不断变化的教育环境和教育情况，还要考虑到旅游教育活动的发展变化，判断其潜在的价值，并将其考虑到标准制定当中。根据目前情况，旅游教育评价的定义被确定为"根据一定标准，基于科学收集和系统运用信息，对旅游教育的发展现状、变化过程及未来可能的结果进行判断和价值估算的一系列行为"。

（二）旅游教育评价的类别

旅游教育评价按照其评价内容、评价过程、评价性质和评价主体的不同而有不同的分类。

1. 按照涉及的范围分类

依据范围，旅游教育评价可以分为三类：宏观、中观和微观。

（1）宏观评价。旅游教育评价的宏观层面，是对整个领域的全方位评价，主要包括宏观决策方面，涉及旅游行政部门、企业、教育单位。宏观评价的评价主体是旅游教育系统，评价客体是与社会的作用关系。宏观评价是评价总体，具有战略性和全局性，主要面向旅游教育现象和措施，比如教育目标、教育结构以及社会效益等。宏观评价所做出的价值判断为旅游教育发展战略提供改进服务，使旅游教育不断发展进步，满足社会发展所需。

（2）中观评价。旅游教育学校或专业内部工作是旅游教育中观评价的主要评价对象，涵盖学校教育的方方面面，通常以教学质量、阶段性的教育方针政策或相关规定的落实情况为衡量标准。中观评价的评价主体为学校系统、上级主管部门或社会教育评价机构，评价客体为学校内部工作情况。中观评价旨在通过对办学水平和条件、教学队伍和工作、学校管理及团队工作情况进行价值判断和效果诊断，总结其发展程度和轨迹，不断完善，以期达到改进教学工作的目标。中观评价能够促进旅游教育方面的工作效率提升，进而达到教育质量提高的目的。旅游教育中观评价多采用自评和行业评估的形式。比如我国目前开展的高等学校旅游管理专业评估活动就属于这种中观层次的评价活动。此次评价活动的目的是通过自评和外评，

了解我国目前开展旅游教育学校的培养目标的定位、办学模式的探索、课程设置的适切性、人才培养质量和就业状况、教师队伍建设的成就及问题等，最终形成对我国旅游教育事业的初步评价和判断，实现优化旅游教育结构、提高旅游人才培养质量、服务社会和行业的办学总目标。因此，评价活动关系到旅游教育未来的国际化发展趋势，具有现实而深远的历史意义。

（3）微观评价。微观评价是在教师和学生层面展开的评价，面向教师和学生评价教育教学过程和成果。评价形式多样，可以采取教师、学生自评，教师之间、学生之间互评，师生之间互评或共评等。评价内容针对教师而言主要包括专业知识掌握程度、教学效果优劣以及职业道德等方面；针对学生而言主要包括学习专业知识的成果、根据所学知识进行实践的能力以及思想道德修养等方面。教学发展水平以及师生关系都是旅游教育微观评价的衡量标准，评价的主要目的是提高旅游教育的教学质量、推进教育改革朝着正确的方向发展。

2. 按照评价的过程和功能分类

按照评价的过程和功能可分为诊断性评价、形成性评价和总结性评价。

（1）诊断性评价。诊断性评价是指在某项活动开始之前，为使其更有效地实施而进行的评价。其特点是评价先于活动，带有求证性的预期判断。由于这一评价的过程类似于医学问诊的过程，所以得名为诊断性评价。换句话说，是为了使旅游教育活动的形式、内容、过程等更适合活动对象的自身条件及需要而进行的一系列问诊性评价。诊断性评价的目的是在旅游教育活动前充分了解评价对象基本情况的基础上，找出评价对象存在的主要问题，同时为解决问题搜集必要的资料，进而提出解决问题的对策或策略，以便对活动进行针对性指导。诊断的形式也类似于医学诊病的方式，有两种情况，一种是问题症状诊断，一种是问题原因诊断。前者着重找出存在的问题是什么，后者则在明确问题的基础上，进而找出导致问题的原因是什么，以便采取对症下药的可行措施。诊断性评价的不足之处在于评价的结果需要在活动的事实中进行检验和修正，也就是说诊断性评价具有一定的可变性。在旅游教学工作中，诊断性评价是经常使用的。如学生专业学习的诊断性评价一般在入学时或学期初实施，目的是了解学生基础知识与基本技能的掌握情况，以便为进行新的学习做好准备。这是在教学之

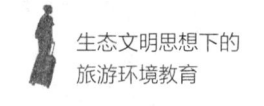

前了解学生是否达到了目标要求,如果达到了,就实施正常的计划;如果没有达到,则要调整计划。

(2)形成性评价。形成性评价是通过诊断教育方案或计划、教育过程与活动中存在的问题,为正在进行的教育活动提供反馈信息,以提高实践中正在进行的教育活动质量的评价。也可以说形成性评价是一个后发性评价,它来源于对活动实施的基本现状的判断,可以对诊断性评价的不足进行矫正。因此,形成性评价在本质上是一种动态性的评价,它伴随活动过程进行,通过研究工作进程,总结经验教训,及时改进教育教学工作。形成性教育评价在旅游专业技能课程和实践课程的教学中运用较为广泛。如在旅行社经营与管理课程教学过程中,当讲完旅行社营销策略章节之后,为了解学生对此章节内容的掌握情况和教师教学中存在的问题,教师可通过课堂讨论、旅行社见习等教学活动收集教学反馈信息,及时进行评价,弥补教学中的不足,帮助学生更好地调整学习状况,提高学习质量。一般地说,形成性评价的目的在于了解活动过程与活动本身存在的问题,为正在进行的教育活动提供反馈信息,适时调节控制,以提高实践中正在进行的教育活动质量,从而促使活动实现预期目标。所以形成性评价不以区分评价对象的优良程度为目的,不重视对被评对象进行分级鉴定。

(3)总结性评价。也可称之为终结性评价,是综合性的教学评价方式,一般处于教育活动的某个节点,如学期结束、学年结束等,但评价过程并不仅在此时,也包括教学活动进行中所产生的教学活动总结性评价。总结性评价是以教育目标为基准衡量教学成果,即评价对象达成目标的程度(最终成绩)。总结性评价的对象包括学生本身、学生专业成绩、学生实践能力以及综合素质。如对旅游专业学生实习情况的评价、对学生学业成绩的综合评价就属于此类分阶段、分类型的总结性评价。

3.按照依据标准的性质分类

按照依据标准的性质可分为相对评价、绝对评价和个体内差异评价。

(1)相对评价。相对评价又称常模参照评价,是指在某一集团中(班级、学校、地区或国家),以这个集团的平均状况为基准,来评价被评对象在这个集团中所处的相对位置的一种评价。其评价的重心在于学生之间的比较，而与教育目标没有直接的关系。这类评价多适用于竞争性的选拔。如旅游管理专业学生的四级外语达标率、计算机二级证书达标率、职业教育中的学生技能证书的达标率等。相对评价是一种较为宽泛的评价尺度，对培养评价对象的竞争意识、进取精神有一定的积极作用。但也有其自身无法克服的缺陷，如评价的标准过于宽泛，导致难以提供评价个体对象实际的学习、工作进展情况，对于诊断、改进个体实际工作中存在的问题几乎无能为力。而且如果长时间采用这种评价方式，必将给一部分评价对象带来心理负担，使其丧失学习、工作的信心和勇气，容易滋生与评价人员不合作的态度，从而失去评价的意义。

（2）绝对评价。绝对评价又称效标参照评价，是指以预先设定的、期待的教育目标为评价标准，来衡量评价对象所达到程度的一种评价。其评价重心在于学生能做些什么，不能做些什么，是否达到了教育目标。学校内的教学评价多属此类评价。这种评价的特点是评价标准的固定性和一致性，其主要优势在于目标明确、可操作性强，适用于旅游专业基本理论知识的测试，但是对于中高等学校旅游管理专业学生的综合测评也具有明显的不足，存在评价方式单一、忽视动态的评价过程、不注重学生的个性差异和能力差异等问题。

（3）个体内差异评价。个体内差异评价，是指把评价对象中的各个元素的过去和现在相比较，或者一个元素的若干侧面相互比较。个体内差异评价可以从以下两种情况考虑：一是把被评价者的过去和现在相比较，如许多高职的学生过去文化课成绩较差，难以升入普通高中学习，但在旅游职业教育的学习过程当中，有了明确的学习目标和浓厚的学习兴趣，专业学习成绩有所提高；二是把被评价对象的某几个侧面进行比较，如评价一个旅游专业学生的学习情况，可以从几个方面考察，如理论知识、基本技能、思想品德等，有些理论知识好的学生可能基本技能弱，经过实践的锻炼后学生具有了较强的专业基本技能，促进了学生的全面发展。个体内差异评价的优势是充分照顾个体间或个体内某些方面的差异，不会对被评者产生压力。但也有诸多弊端：其一，由于个体内差异评价既不与客观标准比较，又不与其他被评者比较，很容易使被评者坐井观天，自我满足。其二，评价是按一定价值原则进行的判定，没有标准又没有

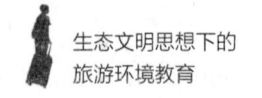

比较，很难令人信服。所以，一般来说，个体内差异评价常常与相对评价结合起来使用。

4. 按照评价主体分类

按照评价主体分类，可以分为内部评价和外部评价两类。

（1）内部评价。也叫自我评价，顾名思义是评价主体对自己进行评价，评价主体一般指个人或旅游教育集体。就个人而言，自我评价一般是从事旅游教育的教师、旅游教育机构的行政人员、接受旅游教育的学生对自己工作和学习的评价总结；就旅游教育集体而言，可以横向在系统内部与不同的机构比较，也可以纵向从时间线上展开自我比较；既可以从整体上进行综合评价，也可以从单一项目上进行评价对比。不管是个人还是集体，自我评价时都需要参照一定的标准。内部评价在旅游教育中较为普遍，属于常见的评价方式，对个人发展目标的达成和集体教育计划的顺利进行有保障作用，有利于个人或集体根据所制定的目标进行行为调控。但内部评价也有弊端存在，自我评价较为主观，在缺乏外部参照的情况下极易出现偏差，因此不能作为终结性评价。

（2）外部评价。也叫他评，具有统一的评价标准，通常由与评价对象无关的其他组织、个人对评价对象进行评价。同行评价、领导评价、社会评价等都属于此种评价。同行评价是同行或同事之间的评价，不仅能够在评价中指出问题，还能从中了解和学习借鉴他人的优点，对自己的工作有一定改进作用；但同行评价比较容易出现敷衍和蓄意夸大的情况。领导评价是自上而下进行的，具有较高的权威性，评价过程中需要注意采用科学合理的评价方式，注重客观和公正性。社会评价是社会组织和个人对旅游教育人员进行的评价，从不同视角做出的评价能够反映出对教育的不同看法，从社会效益的角度检验教育成果，有助于教育发展方向的改进和教育政策的针对性加强，社会评价与其他两种相比，参考意义更大，并不具有约束力。外部评价为教育决策者提供了更多信息，包括社会对人才的需求、对人才选拔的建议等，有利于决策者改进和修正教育方向。外部评价对舆论的导向性也能间接促进教育的发展改进。但要注意外部评价不当所产生的消极意义，除了引发评价对象的负面情绪反应外，还可能对二者关系造成不利影响。

（三）旅游教育评价的特征

1. 旅游教育评价的广泛性特征

旅游教育评价的广泛性可以从两方面来理解：一方面评价内容是广泛的，这取决于旅游教育本身，其具有丰富的内容与多样化的层次，当然这也是旅游教育评价的一大特点；另一方面从旅游教育评价对象层面来讲，具有广义和狭义的区别。教育的基本性质决定了教育质量取决于学生质量。因此，狭义上的旅游教育评价仅仅将学生作为评价对象。但是旅游教育评价与多方面因素相关，例如学生的主观因素和客观因素、社会因素和学校因素等，所以旅游教育评价不能只针对学生，应该把教育的所有领域都纳入评价范围，也就是涵盖学生发展变化过程中的所有因素，诸如人力、物力、财力等。根据旅游教育评价的这一特点，在旅游教育评价中应注意既要全面地评价旅游学校或旅游管理专业的办学水平，更要从专业知识、专业技能、实践及操作能力，思想品德、兴趣爱好，身体素质和心理品质等方面全面地评价学生质量。广义的旅游教育评价范围，是以旅游教育的全部领域为对象的，它包括与旅游教育对象相关联的各个方面的实态把握和价值判断。旅游教育评价更多的是强调其内容范围的广义性。

2. 旅游教育评价目标的一致性特征

旅游教育评价目标的一致性可以从两方面来理解：一方面，是指评价目标和国家层面宏观的旅游教育目标以及学校层面中观的培养目标保持一致，原因在于评价的终极意义是为了实现国家层面整体的旅游教育目标；另一方面，评价目标应和微观的教学目标保持一致，因为教学目标的制定依据是国家规定的旅游教学计划，最终体现的是旅游人才培养规格。如此来看，可以说教育目标或教学目标是评价目标的整体规划，评价目标是教学目标或教育目标的具体体现。换句话说，教育目标或教学目标与评价目标是相同的。

评价目标与教育目标或教学目标保持一致，对旅游教育评价具有重要的意义。在实施教育评价的时候，如果出现评价目标与教育目标或教学目标相脱节的现象，就意味着教育评价失去了真实性和客观性的基础，教育评价的信度和效度也就无从谈起。那么，这种评价，不论建立的评价指标

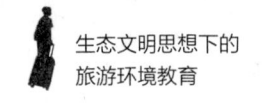

体系如何周全，也不论选择何种评价方法，都是难以真实评判教育或教学成果的。

因此，旅游教育评价对于评价工作者具有较高的原则性和专业性要求，即评价工作者自身要有优良的思想品德；公正、客观、公平地执行评价标准的工作态度；熟练掌握国家规定的旅游教育目标、培养目标和教学目标。这是实施旅游教育评价的基础。在评价实践中，如果忽视对评价工作者的选拔，会导致教育评价偏离正确的方向。在这种情况下，即使进行评价工作，也起不到评价应起的真正作用，甚至会起相反的作用。

3. 旅游教育评价机制的指导性特征

旅游教育评价的目的在于诊断问题、完善机制。为了实现这一目的，就需要建立某种诊断运行机制，而对于机制的健全指导就构成现代旅游教育评价的特点。

机制的健全需要有旅游教育评价系统的环境，而系统的良性循环需要评价主体在评价的过程中对评价客体给予必要的指导，帮助评价客体，改变学习和工作状态，以便于调整自己的旅游教育行为，从而以更佳的状态完成既定的教育目标。要让评价指导工作更加高效，一定要将诊断工作做好，发挥评价的诊断功效，分析和诊断旅游教育的症状，并及时给予指导。此外，还应该发挥好评价的反馈功效。在做评价指导工作过程中，一定要给评价对象尽早反馈相关信息，以便于其及时了解和掌握问题所在。如此一来，指导就具有较强的针对性。之所以着重强调这一点，是因为其可以将评价客体的主观能动性有效发挥出来，让外因、内因同时作用，从而使得指导效果达到最佳。

4. 旅游教育评价客体的自律性特征

自律性就是旅游评价客体对主体评价标准认同的一种自我约束。其基本表现为能够按照标准经常自我评价、发现问题、自我完善。旅游评价客体的自律性的实现，是要注重发挥评价客体的积极性。尤其是以人为评价客体时，要考虑到人的思想不是固定不变的，不会完全被动接受，更多的是要发挥人的主观能动性，自己评价自己，这也是旅游教育评价中针对评价客体的基本要求。此外，在强调旅游教育评价客体自律性的同时，要解决他人评价和自我评价、外部评价和内部评价之间的关系，不可过于注重内部评价或自我评价，完全忽视外部评价和他人评价，应该将二者有机结合。

二、旅游教育评价的主要功能

旅游教育评价的功能是指旅游教育评价能够起到的正向作用，或者旅游教育评价具有的功能。旅游教育评价活动得到一定结果，要借助对评价对象的作用表现出来。旅游教育评价具有多种功能，且大多功能都是相互结合相互作用体现出来的，旅游教育评价主要有以下六种功能：

（一）旅游教育评价的管理功能

旅游教育评价的管理功能是指为了达到旅游教育评价既定目标所具有的约束性功能和作用。旅游教育评价的管理功能在多个方面越来越受到人们的注意和重视，包括小组和班级的编制、企业的录用、记录与通知、成绩和情报的获得、课程的安排、多种资格的审定、办学水平的监控以及教学计划的实施等。在实践过程中，旅游教育评价的管理功能具有多种具体作用，包括决策、传导、监控、导向、检查、反馈、保证、选拔、认定、规划、预测、改进、总结等。管理功能也是旅游教育评价的最基本功能之一。自从有了旅游教育评价，其就成为一种特殊的管理方式。学校和各级旅游教育行政机构都在教育管理的过程中使用这一方式，这也让旅游教育评价的管理功能越来越重要。

（二）旅游教育评价的诊断功能

诊断功能是指在旅游教育评价的过程中针对旅游教育活动及时发现和分析问题，找到原因，并提出修正的建议和意见。在评价过程中，要对照评价标准将所采集到的旅游教育信息加以分析和处理。在整个过程中，找到旅游教育活动和评价客体的优劣之处，扬长避短。比如，在学生教学评价过程中，发现教学过程中存在的不足和困境，发现问题之后寻找本质原因，帮助教师找到自己在帮助学生学习的过程中存在的不足和问题，以便于采取针对性的措施，改善教学效果。特别是学习中有特

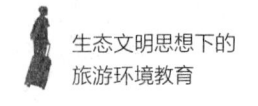

殊困难的学生、教师和学校,更加需要借助评价的诊断功能来发现问题进而解决问题。

旅游教育评价具有问题诊断功能,其也是旅游教育评价最重要的功能,它能够通过评价找到旅游教育教学全程所遇到的问题,例如诊断旅游教育互动中学生的学习困难问题;诊断教师教学问题;诊断办学问题;诊断学生心理问题;诊断课程计划、课程设置和课程实施问题;诊断教育管理机制问题;此外,旅游教育评价还有原因诊断功能。在旅游教育过程中,人们往往会利用考试、测试和各种评价表等方式来收集大量资料,在分析这些资料后,既能找到症结所在,还能了解其内在原因进而找到解决对策。

(三)旅游教育评价的导向功能

旅游教育评价的导向功能是指评价的引导作用,在旅游教育活动实践中指引评价对象向着既定的理想目标演化,同时对旅游教育发展变化有重要的方向选择作用。当前社会,因为旅游教育的价值越来越多元,因此评价的导向功能也愈发重要。合理运用评价的导向功能,从微观层面来看,能够帮助学生和教师找到教学中的问题和不足之处,提出相应的解决对策。从宏观层面来看,能够帮助学校更新教育理念,明确教学任务,为学校的教学工作找到理想的方向,实现国家的整体培养目标。

(四)旅游教育评价的激励功能

激励作为能够使人更具动力、更加需要、具有更高要求和目标的方式,有批评和表扬两种。激励功能是指通过对旅游教育评价方式的科学合理使用,使评价对象更有动力,激发其潜能,进而有效提高工作主观能动性和积极性。

旅游教育评价实践过程中总是存在一种心理现象,就是评价对象都非常希望能对自己学习和工作结果的被接受程度有一定的了解和认知。这一心理使得旅游教育评价具有激励功能,能够催人向上。在学习过程中,学生注重成绩的高低、学习成效的好坏,这一心理本身就起着激励作用。一般情况下,当得到例如肯定或者奖赏等正向评价时,积极性都较高;当得到否定或惩罚等负向评价时,积极性就较低。所以,在旅游教育评价的激励功能中,最重要的就是怎样重视这种心理现象，从而激发评价客体的内在潜能。

当代评价尤其重视将评价活动及过程作为评级对象进行自我展示的机会和平台，激励评价对象主动对外展示自己的成绩和努力成果，让评价对象通过别人的表扬受到激励。当人们处于集体中时，一般会不自主地将自己与群体内其他人进行对比，通过比较发现不足并加以修正和完善。在开展评价活动时，一定会将评价对象和评价标准进行对照比较，而且通常都是将多个评价对象与评级标准进行比较，同时将评价结果进行排序。这种比较也能起到激励作用。除此之外，合适的评价结果能让评价对象有心理上的成就和满足，适当的评价有助于公平竞争氛围的形成，能有效激发积极性，通过旅游教育评价激发评价对象的不竭动力进而努力实现既定的目标。旅游教育评价通过向评价对象进行信息反馈，让评价对象对自身不足与优势有明确的认知，有的放矢加以改正，提高工作效率，强化学习成果，进而不断催人上进。所以，发挥评价的激励功能不仅能满足旅游教育发展的需求，也有助于评价对象的身心发展。如此来看，激励贯穿了旅游教育评价的整个过程，譬如对于旅游专业学生来说，科研活动、社团活动等平台都可以用于自我表现，有利于实现自我价值。

（五）旅游教育评价的反馈功能

旅游教育评价的反馈功能是指为了达到特定目的，全面、系统地采集与评价对象相关的所有信息，然后传递给评价对象，再收集评价对象的回馈信息，从而实现评价信息的循环，以此实现对评价者和评价对象行为的修正。借助旅游教育评价的反馈功能，使得旅游教育评价活动越来越合理、越来越有效、越来越正确，逐步认识到旅游教育活动现状与预期目标间的差距，对照修正和调整旅游教育活动。旅游教育评价反馈功能的实现程度取决于多方面因素，包括旅游教育评价的信息可靠程度、信息传输渠道的畅通程度、信息返回与行为调整的及时程度等。

（六）旅游教育评价的改进功能

旅游教育评价的改进功能是指经过评价找到旅游教育活动中的不足和问题，及时反馈问题并加以修正，从而使得评价对象逐步完善。自旅游教

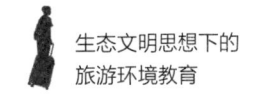

育评价产生起就有了改进功能，其也是旅游教育评价最基础的功能之一。旅游教育评价是为了达成两方面的目标，一是明确是非，对工作的好坏优劣有正确的认识，另一方面是分析其中存在的原因，找到根源并提出对策，指导旅游教育活动更有序进行，有效改善旅游教育教学行为。

改进功能对旅游教育评价也是十分重要的功能。旅游教育评价的改进功能和诊断性评价、形成性评价息息相关。旅游教育总是处于变化发展的状态，要切实有效改进旅游教育教学成效，就要不断完善和修正。实际上，旅游教育评价是旅游教育活动的具体体现，是旅游教育管理的重要方式，也是旅游教育活动中不可或缺的环节。贯穿旅游教育活动全程的评价，就是通过采集与评价对象相关的信息，选择和分析信息，发现评价对象和评价活动中存在的不足，为分析问题以及解决问题做好理论支撑。从实践中可以看出，只有提高旅游教育工作的针对性，着力解决实际存在的问题，才能将旅游教育评价的改进功能发挥到最大，达成旅游教育评价的预期目标。

三、旅游教育评价的基本原则

原则是人类从事社会活动（语言、行为）所依照的最基础准则，既具有主观性又具有客观性。主观性指的是人对客观事物或规律的自我认知和意识倾向；客观性又叫真实性，受社会形态、意识形态、生产力水平、感性认知能力等因素的影响和制约。旅游教育评价的基本原则是开展该项评价工作理应遵守的基本准则，同时也是重要的指导思想；既是该评价工作客观规律的真实反映，也是决定其最终结果的主观因素，对整个评价工作的开展具有至关重要的指导作用。

（一）评价的方向性

这一原则规范着旅游教育评价的基本路径，要求旅游教育评价的指向和导向符合国家规定的教育方针、政策、法规的规定。旅游教育评价的一切主要方面、环节和过程应始终体现国家制定的反映旅游教育客观规律的教育方针、政策的要求，引导、促进评价客体全面贯彻教育方针、改进工作、提高教育质量。贯彻方向性原则，应着重注意以下两个问题：

（1）依据的准绳。我国《中华人民共和国教育法（2015修正）》2015年12月27日发布。国家坚持以马克思列宁主义、毛泽东思想和建设有中国特色社会主义理论为指导，遵循宪法确定的基本原则，发展社会主义的教育事业。《中华人民共和国教育法（2015）》还规定：教育必须为社会主义现代化建设服务、为人民服务，必须与生产劳动和社会实践相结合，培养德、智、体、美等方面全面发展的社会主义建设者和接班人为教育方针，此外，我国还有一系列保障教育事业沿着社会主义方向健康发展的法律法规。它们明确规定了教育评价的指导思想，并为教育评价提供了法律依据。

（2）评价目标的指向性要明确。由于旅游教育评价对象具有多样性，因此针对不同的评价目标，评价内容的指向性也不同。如评价对象是学生，那么评价内容就不只是要关注学生的学业成绩，而且要发现和发展学生多方面的潜能，了解学生发展中的需求，帮助学生认识自我，建立自信。发挥评价的改进功能，促进学生在原有水平上的发展。如果评价对象是教师，就要建立促进教师不断提高的评价体系，强调教师对自己教学行为的反思与重构，建立以教师自评为主，校长、教师、学生、家长共同参与的评价制度，使教师从多种渠道获得信息，不断提高教学水平。如果评价对象是旅游教育课程体系，评价就应围绕建立促进课程不断发展的评价体系，周期性地对学校课程执行的情况、课程实施中的问题进行分析评估，调整课程内容，改进教学管理，形成课程不断革新的机制。因此，旅游教育评价的目标对旅游教育评价的内容具有导向作用，评价目标的指向性一定要明确。

（二）评价的客观性

这一原则强调旅游教育评价工作要客观真实地反映教育现状，得出的评价结果要全面公正、切实可信。这就要求在开展评价工作的过程中，参与评价的每个人员必须摒弃自身经验、意向等主观因素对评价过程及结果的干预和影响，要实事求是、客观公正、不偏不倚地进行评价工作，力求得出最真实的评价结果，切实反映客观事实。要在工作中贯彻执行客观性原则，就要做到：

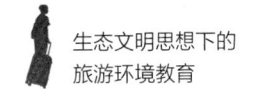

（1）评价指标体系的适切性。旅游教育评价的发展在我国处于起步阶段，其评价指标体系的建立应体现科学性、客观性、真实性，只有这样才能推动旅游教育评价活动健康有序地发展。

（2）评价结论的客观性。评价过程的客观真实性直接决定了评价结果的准确公正，过程越真实，结果越准确。而不同的评价结果会对评价对象的心理和行为产生巨大影响。客观公正、真实准确的评价结果会充分发挥评价的正向功能，对评价对象产生积极的激励和鼓舞作用，让其有更大的信心和激情继续投身到接下来的工作中去。而主观偏颇、虚假偏差的评价结果就会消磨评价对象的积极性，同时也不利于评价双方的良性共处与发展。

（三）评价的可行性

这一原则强调旅游教育评价工作在坚守方向性和客观性原则的同时，也要具有较强的可操作性，最好能简单易懂，易于上手，促进评价工作高效率、高质量地进行。评价过程中要贯彻执行可行性原则，就要做到：

（1）方案的可行。评价方案要目标明确、架构完整、条理清晰，形成包含评价宗旨、流程、步骤、标准、措施等各种要素的完整指标体系，以便能顺利、快捷地采集到真实的评价信息，并据此得出科学公正的评价结果，且得出的结果具有一定的可对比性。总而言之，制定的评价方案不但要符合教育规律和管理科学的基本原理，而且要切实可行，操作性强。

（2）措施的得当。措施是方案得以顺利实施的具体保障，因此工作措施的制定应做到科学规范、条理细化、操作简便，尽可能减少人力、物力和财力的浪费。

（四）评价的效用性

旅游教育评价的效用性原则，强调的是对评价问题的解决策略应具有一定的针对性，要有效利用评价的引导、反馈和激励等作用帮助解决和改善评价诊断出的各种问题。开展旅游教育评价工作主要就是为了协助评价对象客观、精准地发现问题，并帮助其有效解决掉这些问题，否则评价将毫无意义。要在评价过程中贯彻执行效用性原则，就要做到：

（1）评价要有针对性。评价活动特别是评价目标的制定和内容的选择要凸显针对性，以切实发现和解决实际问题为导向。形式主义和无意义的评价工作不但会造成资金、人力、物力等资源的浪费，还会增加评价对象的各种负担，让其产生抵触心理，对评价活动不信任、不接受。评价活动哪怕不做，也不能滥做。

（2）评价要有高信度。信度就是多次评价结果的一致性和稳定性程度。针对同一评价对象，采用相同的评价方式，每次评价结果之间的相似程度越高，说明评价结果的稳定性越强，信度自然就越高。通常用两次评价结果之间的相关性来评估某个行为或结果的信度，信度系数一般在0和1之间来取值。

（3）评价要有高效度。效度就是评价结果的客观性与精准性的程度，具有一定的相对性，即结果的有效性与特定目标相对应，评价结果只有与其评价目标相吻合才算有效。从这一角度来看，效度也可以理解为完成目标的程度，是评价活动科学合理开展的最基本条件和要求。再完美的评价活动失去了与之对应的效度，也就失去了其功能价值。

（五）评价的激励性

这一原则强调旅游教育评价组织和相关人员要有意识、有计划、尽自己最大的努力来充分调动和激发评价对象的积极性，包括其参与和支持本次评价活动的积极性，更重要的是其在评价活动之后根据发现的问题积极改革教育方式，扬长避短，使教育活动获得良性、长足发展的积极性。要在旅游教育评价过程中贯彻执行激励性原则，就要做到：

（1）评价活动本身的整体导向作用。旅游教育评价活动本身是一种有积极意义的教育行为，评价活动尊崇的教育理念、遵循的教育规律、运用的教育理论和确立的教育评价标准都具有一定的科学性和示范性，代表了一定的旅游教育评价方向。因此，旅游教育评价活动本身就应该具有一定的导向作用。

（2）评价活动要有助于评价对象的全面发展和进步。评价活动要从思想、情感、行为等角度出发，充分尊重和接纳不同评价对象的差异性，

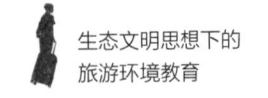

特别是其独特的个性和兴趣爱好等。同时还要注意评价的目的不是优胜劣汰，而是及时、准确地发现问题、总结经验、改进教育目标、方案、措施等，帮助评价对象更好地发展。要使评价对象将评价结果转化为发展动力，就要在整个评价过程中着力发挥激励功能，不断引导和帮助教育活动改革进步，逐步完成教育目标，使每个评价对象都获得全面发展和长足进步。

四、旅游教育评价的步骤

教育评价的基本步骤，可以从两个不同的角度加以讨论。评价活动可以分为：计划、过程与成果三个阶段。如果按旅游教育评价进行过程自身的顺序划分，旅游教育评价的过程一般可分为准备阶段、实施阶段、总结阶段三个阶段。其中每一阶段又有若干项工作。

（一）评价的准备阶段

这是旅游教育评价工作的第一步，是为了评价工作的顺利开展而预先进行的一系列工作。该阶段的工作内容是否完善细致、工作质量是否达标，直接关系到整个评价过程能否顺畅、有效地进行，是评价工作开展的前提保障。

1. 组织准备工作

旅游教育评价工作从评价主体的层面来看，具体包括上级部门评价、同行评价、自我评价、他人评价等类型，目前我国的教育评价工作多采用各级教育行政部门组织的形式。组织准备工作的内容主要有：成立评委会、选取评委会成员，建立评价组织机构，聘请专家设立特定专家小组，鼓励教职工参与评价等。建立健全评价组织机构时，首先要明确参与评价各对象之间的关系，以政府部门现有的评价机构为参考模型建立。当前我国旅游教育评价机构一般都是县级以上政府部门的分支机构，主要职责是督导及评价下级政府部门、旅游教育行政部门、学校等的旅游教育相关工作。

2. 人员准备工作

人员准备的重点工作是组织选拔出来的评价人员学习相关评价知识及政策法规，帮助其掌握基本的评价知识与技能，同时深入明确地理解评价工作的目的和作用，树立坚持党的教育方针、坚决提升旅游教育质量等积极正确的价值取向，引导和督促评价人员以饱满的热情、高度的责任感和使命感、客观公正的态度脚踏实地地做好评价工作。另外，要充分发挥政府部门行政领导人员的职能，着力做好旅游教育相关专业专家组成员的选聘工作。

3. 方案准备工作

每一次的教育评价工作都有独特的出发点，在评价准备阶段，要制定详细方案，明确评价的目的、主体、对象、内容、标准、步骤等要素。

（1）确定评价目的。这是旅游评价工作开展的出发点、着眼点和落脚点，对整体评价工作起着一定的约束和引导作用；直接决定着评价的目标、任务及信息资料的范围、搜集方式、处理方式、利用渠道等。旅游评价的目的主要有以下几个方面：①测定旅游教育活动是否达到预期目标或规定标准；②精确找出当前旅游教育工作中存在的问题和不足，并根据评价结果积极调整和完善；③评价整个旅游教育过程及某些特定活动的过程、结果等，为下一步的教育决策提供参考和依据。

（2）确定评价的对象和范围。正确认识和确定旅游教育评价的对象和范围，对切实把握旅游教育评价的目的性和有效性，充分发挥旅游教育评价的功能，具有重要的意义。

（3）制定评价指标体系。要设定此次评价的目标，明确评价对象和具体内容。同时紧紧围绕评价目标，将评价对象合理分解，依照评价原则，制定出科学、客观的评价指标体系。

（二）评价的实施阶段

实施阶段是旅游教育评价方案执行的主要阶段，在旅游教育评价的过程中起着承上启下的重要作用，这个阶段的工作决定着评价活动全过程的质量。

1. 收集旅游教育的评价信息

这是旅游教育评价进入实施阶段的首要工作。信息收集的数量和质量对评价结果的客观准确性及评价目标的实现程度都有着直接的决定作用。但是在实际操作过程中，因为旅游教育活动内容丰富，对象层次多样，所

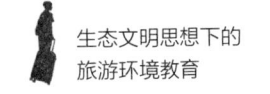

以要将所有的信息都收集到位困难较大。为有效解决这一问题，保证评价工作顺利开展，收集信息时通常要遵循下列基本原则：

（1）信息的全面性。要根据评价的目的、原则、标准、目标等方向有针对性地收集，确保这些方向的所有信息都全部收集到位，避免遗漏。

（2）信息的准确性。在大批量反映评价对象现状的冗杂信息里面，筛选出精确反映评价对象本质的信息内容。

（3）信息的真实性。收集到的信息要真实反映评价对象的现状，与实际状况高度统一。实际操作中很容易出现信息失真现象，究其原因多是收集方法不当、测评手段没有效度、评价人员工作不严谨、故意编造作伪等。

（4）信息的足量性。高质量的信息一定要在一个丰富数量的基础上才能产生，旅游教育评价指标只收集一次评价信息就获得正确的结果是不可能的，必须多次收集。

要特别注意收集评价对象优势领域的信息，以便帮助评价对象有效确认其优势；与此同时，不足领域信息的收集也至关重要，有助于精准确定评价对象的基线数据，评估其与上次评价相比是否取得发展和进步。评价者可以尝试采用跟踪评价的方法，通过对评价对象长时间的纵向研究和分析，明确其工作变化方向及发展水平。

2. 整理旅游教育的评价信息

整理旅游教育评价信息是指将收集到的全部信息，反复加以核实，对评价信息的全面性、准确性、真实性以及足量性进行认真检查、分析和整理。信息整理一般包括三个步骤：

（1）归类。是指对各评价者取得的信息资料，进行分门别类，初步理出类别。

（2）审核。是指根据既定的评价目的，对全部信息逐一审查、鉴别、筛选，留存符合要求的信息，及时补充尚缺的信息，舍弃代表性差的信息。

（3）建档。即将审核后的评价信息，根据评价指标体系分门别类地进行编号建档，对信息进行及时处理。

3. 分析旅游教育的评价信息

这是旅游教育评价的核心环节，评价人员将评价准则及标准作为客观参照，将收集到的信息进行整体加工、分析处理、得出结论，并以此来与客观参照做对比计算,从而判定出评价对象所达到的指标程度。这就要求评价人员要认真钻研、精准把握评价准则和标准,达成统一的内部共识,同时秉持实事求是、客观公正的态度,扫除各种内外部干扰,保证评价工作的真实性和客观性。

4. 整合旅游教育的评价结果

这是深具全局性意义的重要环节,是评价工作实施阶段的最后一步。到该阶段时,信息收集工作已经全部结束,而且每个评价者都初步分析和研究了自己负责的评价内容,得出了初步结论。该阶段要将所有评价内容及初步结论规整起来做总体上的优劣定性或定量,给出明确的综合性整体评价意见。实际工作中,评价结果常常是对评价对象的优良程度或达标程度给予总结定论。

(三)评价的总结阶段

总结阶段是旅游教育评价的结束阶段,这个阶段的工作主要是对旅游教育评价结果的诊断分析,它影响到旅游教育评价活动目的的指向性。包括以下内容:

1. 评价活动的质量检验

就是全面、详细、客观地检验评价结果的质量,主要包括两个方面的内容:一则检验评价过程。详细核对整个评价步骤是否完整,每一个环节的工作是否到位,是否严格遵循评价原则、准则及标准;二则检验评价结果。利用统计方法检查评价结果是否真实、准确、有效。

2. 评价结果的诊断分析

为了充分地说明评价结果,有效地进行促进和推动被评价对象更好地改进工作,还需要对有关资料进行细致的分析,对被评价对象工作的长短得失进行系统的评论,以帮助他们找出存在的问题和问题的症结所在。分析诊断问题常用的方法有:

(1)趋势直推法。是以评价对象过去和现在的情况为依据,按照其自身发展的趋势推断未来的情况。

(2)趋势横推法。是拿评价对象与同类者相对照进行分析推断,来确定评价对象在同类中的位置。

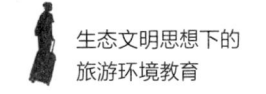

（3）因果分析法。是在影响达标要素的诸因素中，分析哪些是促进因素，哪些是干扰因素，以及它们所带来的影响。

3. 评价报告的撰写

旅游教育评价过程中，根据评价规律，在信息收集处理完结后就要开始着手撰写评价报告。撰写评价报告，既有利于及时发现和解决评价过程中遇到的问题，为后期评价工作奠定基础、提供依据，又有利于保障评价标准及结果实践检验工作的顺利进行。评价报告主要包含以下几部分内容：

（1）封面。封面主要呈现以下几个内容：①评价报告的名称；②此次评价工作的目的；③评价组织单位的名称或者评价人员的姓名；④评价报告接收者的名称或者姓名；⑤评价工作开展和完成的具体日期；⑥评价报告报送的具体时间；⑦要求评价对象做出工作改进或调整计划的期限。

（2）正文。正文主要包含以下几个方面的内容：①概要。就是对评价报告先做简明扼要的综合阐述和说明，简单介绍此次评价工作开展的原因、重要结论及建设性意见等。②评价方案制定的背景。详细介绍评价方案产生的条件及过程等，着重阐述评价标准确立的过程及相关理论依据。③评价方案实施过程。一则介绍评价实施过程（收集、整体、处理评价信息的全过程）；二则研究分析评价实施过程中遇到的各种问题和困难，尤其是分析评价者有无违反评价原则的情况发生。④评价结果及其诊断分析。详细介绍所有与评价工作息息相关的有用信息（原始数据、事件、证据等）及其加工处理后得到的结果，并对这一结果进行深入诊断和分析。⑤结论与建议。科学推论和测定评价结果，得出客观准确的结论，并根据结论提出切实有效的建设性意见和建议。

（3）附件。所有对评价报告内容起辅助证明作用的评价计划、总结、证明资料等文件。

4. 依照评价结论采取措施

充分突显评价功能、发挥评价作用，把评价结论及相关意见、建议切实应用到旅游教育实践工作中去，将其转化为实际的教学改革活动。该阶段的工作有着重要的价值和意义，具体表现在：①评价是连接理论和实践的桥梁，只有将评价结论付诸实践，才能有效实现理论和实践之间的相互促进和良性循环；评价过程具有完整性，其出发点和落脚点都是实践活动。②实践是检验评价结果科学性、准确性、有效性的唯一标准。③客观准确的评价势必会催生出切实有效的行动，从而充分体现评价的现实价值，满足教育活动改革发展的需求。换言之，评价的现实价值必须通过实践才能体现出来。

评价结论在教育实践应用过程中必然会产生各种各样的矛盾和冲突，催生出新的评价理论或者实践问题，为了有效解决这些问题，就需要开展新一轮的评价。如此循环往复，使得教育评价得以连续不断地发展下去。

评价结论在教育实践中的应用，通常采用以下几种方式：①积极开展团队活动，这是由评价活动的主体性特征决定的。切实有效的实践活动在最初阶段都要借助团队合作来获得良性发展；②大力开展学习活动，以此来传播评价活动的相关知识技能、理论思想等，同时，不断提高教育主体根据评价结论进行创新改革活动的意识和能力；③借助各种各样的激励手段来增加评价实践活动的动力；④不断强化组织建设，建立健全各项制度，提高组织管理的权威性，促进组织意图及行为的规范性，充分发挥其导向作用。

5. 评价结果的信息反馈

这是评价总结阶段非常重要的步骤，信息反馈的形式主要有：①反馈给评价者的上级领导／决策部门或个人，为其正确做出决策提供参考依据；②反馈给评价对象，促使其根据评价结果及建议等积极主动地改进教育工作，提高教育质量；③公之于众。既有利于同行之间互相参考、互促互进，又有利于营造公众舆论，从而督促评价对象改革调整现有工作。

信息反馈的方式要具有灵活性和广泛性，以免使评价对象产生挫败感和不良情绪，从而造成心理失衡。可以尝试下列几种反馈方式：①反馈态度要谦和，让对方感受到尊重和平等；②采用迂回隐晦的方式，通过提示和启发让对方自觉主动地认识到评价结果；③采用共同商议、探讨的方式，削减评价对象对结果指标的过度关心；④只告知评价等级或做简单的定性解释，不展开评述其优势和不足；⑤尽量缩减反馈范围，只对主要评价对象反馈结果，避免否定性结论的扩散；⑥充分了解和把握每个评价对象的

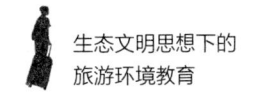

特点，并有针对性地采取与之相适应的反馈方式。

6. 评价工作的再评价

评价工作再评价简单来说就是在所有评价工作完结之后，为了监督和检查评价结论实施情况，据此发现和纠正评价工作的不足，为后期评价工作积累经验，而对评价工作本身进行的评价。该阶段的工作虽然不强制所有的评价活动都执行，但大型、复杂、影响重大的评价活动必须进行再评价。再评价既有助于保证评价工作的质量及评价结论的真实性和权威性，又有利于更好地达到评价目的。

进行再评价的标准一般可分为四类：一是实用性，即评价是否满足了对评价信息的现实需求；二是可行性，即实际的评价过程是否顺利，有无重大阻力妨碍评价活动的正常进行；三是适宜性，即评价是否合法并合乎伦理道德规范；四是准确性，即评价是否揭示和传达了专业方面的充分信息。

第六章

生态文明思想下旅游环境教育发展趋势

随着旅游业国际竞争的加剧,旅游人才已经成为各个国家在旅游竞争中制胜的一个重要因素,世界各国都很重视旅游教育的发展,旅游教育也呈现出新的发展趋势。本章内容包括国外与国内生态文明思想下旅游环境教育发展趋势研究以及我国旅游环境教育的生态可持续发展策略。

第六章 生态文明思想下旅游环境教育发展趋势

第一节 国外生态文明思想下旅游环境教育发展趋势研究

一、旅游教育呈现跨文化性与国际性的发展趋势

随着经济全球化的不断发展,各个国家和地区在经济、文化等各个方面的交流也越来越频繁,世界产业合作发展的趋势也越来越明显,其中,旅游业作为第三产业的重要行业也随着全球经济一体化的进程不断发展。旅游是促进不同国家各地区之间多方面交流的重要活动,是一种跨文化的交流或者体验。在旅游的过程中,人们可以感受不同国家各地区与本国文化等方面的差异,了解多元文化,能够开阔国际化的视野。随着旅游业的迅速发展,国家与地区之间必然会出现人才跨文化之间的流动,而旅游业也需要大量专业性的旅游人才。

旅游业属于第三产业,即服务业,旅游业要求为消费者提供全面的旅游相关服务,满足消费者的多样化需求。为了更好地发展旅游业,满足市场需求,必须重视旅游人才的培养,要加强旅游教育。在旅游教育中,首先要设置科学合理的旅游课程和教学内容,而负责课程教学的组织和机构要积极主动与国际接轨,以更加先进、科学的教学模式进行讲解,培养优秀的旅游人才。在西方旅游教育中,很多国家的旅游教育都以提高本国国际市场竞争力、培养跨国的高素质旅游人才为目标。例如,瑞士作为旅游业比较发达的西方国家,其旅游课程的设置也具有国际化的特点,在课堂教学中,学生要学习多门外语,有公共课程也有专业必修课程,而课堂教学采取的都是双语教学,目的是让学生更加全面地掌握国际化的旅游知识,增强国际意识。除此之外,学校也为学生创造各种条件,让学生及时了解国际动态[1]。

---

[1] 张玉钧,石玲.生态旅游:生态、体验与可持续[M].北京:中国旅游出版社,2014:106.

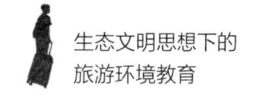

二、旅游教育呈现创造性与个性化的发展趋势

旅游业的兴起和发展也经历了较长的时间，在此过程中，旅游教育也随之诞生。为了更好地发展旅游业，各个国家和地区都开始加快培养优秀的旅游人才，旅游教育也得到了一定的发展。旅游教育的发展主要立足于各个国家和地区的实际发展情况与国际旅游市场，虽然旅游业的发展有了一定的历史，但是旅游教育的发展并不成熟，各个国家的学者对旅游产品开发、旅游产业规划与资源利用等方面的研究还不够深入。因此，为了完善旅游教育，以培养更加优秀的旅游人才，各个国家需要打破常规和定式，要具备一定的创新能力，要立足于旅游市场探求旅游业的发展方向和规律，要对旅游的各个相关方面进行深入的科学研究。在旅游课程教学中，要引导学生学会将所学的理论知识与实际相结合，学会对深层次的现象进行分析研究，培养学生的创新意识，提高其在旅游教育中的创造性。此外，旅游教育的教学内容要考虑个性化要求，要开设特色的专业课程，以促进个性化旅游教育的发展。

三、旅游教育呈现内涵式发展趋势

在不同的国家，旅游教育都得到了不同程度的发展，而且旅游教育的目的是相同的，都是为了发展旅游，培养优秀的旅游人才，以提高国际旅游竞争力。很多国家旅游教育的发展呈现内涵式的发展趋势，主要以日本为典型。在日本，旅游教育的发展时间相对其他国家而言较长，已经发展了四十年，在此过程中，日本的旅游教育体系也在逐渐完善，形成了多层次的旅游教育体系，日本学校旅游学科和课程的设置是按照一定的规律进行的，具有循序渐进的特点。

不同的国家在旅游教育方面采取的方法不同，澳大利亚旅游教育学科和专业的设置以市场竞争为主要指标，各个旅游专业都需要满足一定的要求，达不到具体市场要求的专业会被淘汰。澳大利亚的旅游教育主要以市场竞争为主，将市场竞争作为发展旅游教育的重要手段。

对于中国而言，目前，随着中国经济的不断发展以及改革开放的不断深入，中国的旅游业也得到了快速发展，其他国家和地区也看好中国的旅游市场，中国的旅游教育也在与其他国家的交往合作中不断发展。

四、国际旅游组织对旅游教育的推动力度增大

旅游教育的发展具有全球化的特点，各个国家和地区为了发展旅游业都在推进旅游教育，除此之外，许多国际旅游组织也是推动旅游教育发展的重要力量，也投入旅游教育的研究中，而其研究结果也对国际旅游的发展有一定的影响。国际旅游组织通过开展各类旅游活动，促进国际旅游发展的同时，也为各个国家和地区提供了一定的旅游教育方法与经验，对旅游人才的培养具有重要意义。国际旅游组织培养的旅游人才大多具有比较全面的国际化旅游知识。

第二节 国内生态文明思想下旅游环境教育发展趋势研究

我国的旅游教育经历了从无到有、从少到多、从弱到强、从单到全的快速发展。比较而言，旅游教育是教育大家族中较为活跃的一员，我国无论是院校教育，还是成人教育都取得了长足的发展，发挥着开发旅游人力资源的重要作用。进入 21 世纪后，随着我国旅游业的不断发展，业界对旅游人才的需求越来越高，我国的旅游教育也将顺应这样的形势呈现出新的发展趋势。

一、旅游教育呈现全行业与多层次的发展趋势

旅游业是一个服务性产业，旅游产品多是旅游从业人员凭借旅游设施提供的服务性产品，因此对旅游从业人员进行教育和培训可谓具有举足轻重的作用和意义。旅游活动六要素包括食、住、行、游、购、娱，这使旅游业所包含的部门呈现出多样化特点，其中不仅包括旅行社、宾馆饭店、旅游景区等企业，还包括旅游交通运输部门、旅游购物商店、娱乐部门等。

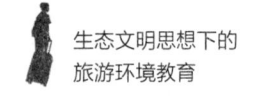

而目前，我国旅游教育的培养对象主要为在旅行社、宾馆饭店、旅游景区等旅游企业的从业人员，这难以实现提高旅游业人力资源整体素质的目的和要求。因此，未来旅游教育和培训应实现全行业化，培养出适合各类岗位的旅游从业人员，全面提高旅游人力资源的素质和能力[①]。

旅游业作为第三产业的重要组成部分，在提供就业机会和解决就业问题方面尤其具有重大意义，已成为世界上最大的就业创造者。旅游业就业的最大特点是岗位层次众多，从不需要过多专业技能的基层就业岗位，到需要较强理论功底和实践能力的高层管理人员，充分显示旅游业就业的多层次性这一特点。教育是为社会服务的，那么为适应旅游业就业的多层次性，旅游教育和培训也应该体现出多层次性，需要培养旅游行政管理人员、旅游专业技术人员、旅游企业经营人才、旅游服务技能人才四个层次的旅游从业者。除此之外，还应对已经在旅游业各部门工作却从未受过专门教育和培训的旅游从业人员开展广泛而有针对性的在职教育和培训，实现旅游教育的多层次性发展。全面提高不同岗位层次、不同学历层次的旅游从业人员的素质。

由此可见，旅游教育不应仅仅局限于学历教育，集中在旅游大中专院校当中，而应跳出旅游院校，遍及旅游业各部门，实现多层次的教育和培训，全面提高旅游从业人员的素质。

三、旅游教育呈现集团型合作发展趋势

旅游管理是实用性较强的专业，这一观点已得到旅游教育界的普遍认同，实习、实践教学环节也得到了各旅游院校的普遍重视，大多数院校建立了自己的实验室，并不断加强校企间合作。企业为学校提供需求信息，使学校根据市场需求培养人才；企业为学生提供带薪实习的机会，指导学生顺利掌握操作技巧，达到教学实习目的；企业的工作人员可以到学校进行培训，学习理论知识；企业高级管理人员也可以兼任学校教师，开设一系列讲座把行业中的新发展、新动态、新问题带进课堂来，引进案例教学，更有效地指导学生。校企合作对学校和企业而言，好处多多。我国还有一

---

① 薛秀芬.旅游教育学[M].北京：旅游教育出版社,2008：135.

些旅游院校正在尝试校企联合共同办学的教育模式。

旅游院校和旅游企业的相互对接，增强"产学合作"和"校企合作"，拓宽旅游人才供需渠道，不仅可以获得教育投资，解决部分毕业生的就业问题，更主要的是培养了专业建设的实用人才，可以促进学校建立市场意识，注重教育内部改革，提高旅游教育质量。

旅游教育合作除了校企合作外还应加强校际之间的沟通与协作。目前，我国各类院校开办的旅游专业多挂靠在不同的院系，如经济、管理、历史、地理等院系，都有各自的长处与不足。旅游学科属于综合性边缘性学科，涉猎内容范围较广。加强校际之间的协作，既可实现教学资源和信息的及时、有效沟通和共享，还可在交流中相互学习、相互批判，创新旅游学科理论体系，进而促进旅游教育再上新台阶。

然而，目前旅游教育集团的主要合作体还局限在旅游院校中的中等职业技术类院校与旅游企业。未来随着旅游业发展对旅游教育提出的要求不断提高，旅游教育集团将会突破目前比较局限的范畴，将旅游高等院校、旅游研究机构以及更为广泛的旅游企业均纳为合作体，实现旅游教育真正的集团型发展，全面实现校企合作、校际合作，共同推进旅游教育水平的提高和旅游教育体系的完善。

四、旅游教育呈现主体化与特色化发展趋势

中国旅游教育发展先天不足：各校的旅游专业多由外语、经济管理、地理、历史等专业转轨、嫁接而成。嫁接而成的学科缺乏理论体系，挂靠在不同的院系，因而所开设的课程便会有所偏向，例如开设在历史系的往往历史文化方面所开设课程较多，开设在地理系的往往自然地理、人文地理、旅游规划方面的课程开设较多，开设在经济管理学院的往往西方经济学、管理学、统计学、会计学方面的课程开设较多，这些都显示出较为浓厚的母体色彩，缺乏应有的主体特色。这样不利于旅游学科体系和旅游教育体系的真正形成，使旅游专业很难形成自身的理论框架和课程体系。

随着我国旅游业的不断发展和成熟，从事旅游研究的人员不断增加，旅游研究成果也日益突出，从事旅游教育的工作者开始致力于研究旅游学

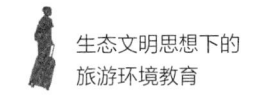

科的基本理论框架以及基本课程体系和内容。在吸纳其他学科理论知识的基础上试图形成旅游学科自身独立的学科体系和课程内容。这也是旅游教育及旅游教育研究的又一个新趋势，即旅游教育由依附性向独立性转变，旅游教育教学体系不断完善，旅游教育逐渐从母体中脱离形成独立的个体，并探求自身特点，形成自己的教育特色。

五、旅游教育呈现复合型人才培养趋势

旅游业是一个特殊的综合性服务行业，这就决定了从事旅游管理的人员必须具有知识面广和善于交际的特征。旅游业比其他任何行业的竞争都激烈，它不仅要和国内的同行竞争，而且还要与世界上的旅游行业争夺旅游市场，所以作为一名旅游专业人才，仅仅具备基础知识和基本理论是远远不够的，他还必须能真抓实干，在实际工作中有较强的应变能力，对工作中出现的各种问题能应付自如。同时，他们还必须有丰富的想象力和创新精神，以顺应旅游者对旅游产品的新需求；不断强化竞争机制，使企业在激烈的竞争中立于不败之地。因此，高等院校旅游教育必须适应旅游业的发展，由培养专门人才向培养复合型人才转变，注重培养学生的综合素质。

六、旅游组织对旅游教育的推动作用逐步增大

对于旅游教育及旅游研究的发展与成熟，政府的支持和扶植是一股重要的推动力。近年来，随着旅游业突飞猛进的发展以及其展现出的广阔的发展前景，政府部门越来越重视促进旅游教育的发展与旅游研究水平的提高，旅游院校的地位也随之有所提高。作为新兴学科，旅游科研课题的申请还面临一些限制。旅游研究与旅游教育是相辅相成的，只有旅游研究不断取得新的成果、新的突破，旅游教育体系才能够不断成熟、完善。为此各地积极探索、拓宽科研渠道，积极扶持旅游学术研究。

在政府部门和行业协会等旅游教育管理部门的支持与协助下，相信未来旅游教育将会不断规范化，旅游研究也将取得骄人的成绩。

第三节 我国旅游环境教育的生态可持续发展策略

生态可持续发展策略的产生源于生态环境问题，人们在社会活动中产生的行为能够对自然环境产生不同程度的影响，从而促使人们对自身行为进行深刻反思，现代可持续发展思想就是在这样的背景下提出的。作为一种全新的发展模式，可持续发展关注自然资源、生态环境的长期承载力，全民积极参与，促进社会公正，提高生态持续能力，推动社会经济绿色、健康、可持续发展。

一、可持续发展的原则

为实现生态的永续发展、社会的永续繁荣，可持续发展策略应在满足社会经济发展需要的同时，保护人类赖以生存的生态环境、自然资源，以满足当代人、后代人的生活需求。

（1）可持续发展具有公平性。首先是同代之间的公平性。实施可持续发展策略不仅需要满足同代人的基本生存需求，如水、衣物、食物等，还需要满足其高层需求，如休假、安全感等，从而给人们以公平的分配权和公平的发展权。针对某一特定区域来说，区域内的发展不能对其邻近及其他区域的发展产生负面影响，并且区域之间的发展要处于相对平衡状态。其次是代际之间的公平性。自然资源、生态环境的享用不能只考虑当代或几代人的生存需求和发展需要，还应该考虑到未来世世代代的发展需要。当代人类和未来的人类都有利用生态资源的权利，不能只为了贪图当下的利益，而对自然资源、生态环境进行无休止、无节制的索取、破坏。第三是人与自然，与其他生物之间的公平性，促进人类与自然之间的和谐，这是与传统发展的根本区别之一。

（2）持续性。持续性是指生态系统受到某种干扰时能保持其生产率的能力。不可更新资源、可更新资源和自然环境承载力都是有限的，持续

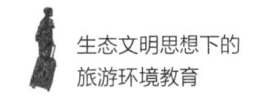

性发展要求人类的经济和社会发展不能超越资源与环境的承载能力,自然资源的耗竭速度要低于资源的再生速度或替代品的开发速度。可持续性包含自然资源和生态环境的可持续性、经济的可持续性和社会的可持续性三方面,其中以自然资源的可持续利用和良好的生态环境为基础,以经济可持续发展为前提,以谋求全面的社会进步为目标。

(3)可持续发展也具有共同性的特点。作为全球发展的总目标,可持续发展需要全球联合起来,共同行动,贯彻落实持续性、公平性的发展原则。

二、可持续旅游的模式及其战略分析

可持续旅游是一种绿色、环保的旅游模式,人们的旅游活动应该在自然资源、生态环境的可承载能力范围内进行,在保障人们实现旅游资源平等利用的同时,促进资源环境的永续利用,追求环境和经济的和谐发展。

旅游可持续发展的实现需要在经济、社会、生态、文化四方面共同促进,且这四个方面之间对立而统一,是一个多元化的目标体系。生态环境可持续性是推动经济发展可持续的前提条件,当然,经济发展的可持续性是进行生态可持续发展的主要动力、经济目的,而生态环境可持续性、经济可持续性最终是为了实现文化可持续性和社会可持续性。它们之间的相互作用有利于实现生态环境的和谐发展。

(一)可持续旅游的模式

可持续旅游是在传统旅游模式的基础上,通过对理念、规划、设施、服务等方面进行创新、改进的一种新型旅游模式。在传统旅游的发展模式中,旅游开发商、经营者以及旅游者虽然实现了各自需求的满足,但是对于这些旅游开发区域的社区居民来说,他们的自身利益却很少被考虑到,并且对于自然资源的无节制损耗、生态环境的破坏等问题也很少有人关注。因此,为了实现旅游业的永续健康发展,相关利益社会群体应协调合作、共同参与,创建人类与环境和谐相处、环境责任共担、利益共享的发展模式。

可持续旅游发展模式是实现可持续发展的重要环节，是促进旅游社区、旅游区域以及旅游者共同发展的重要策略。当地旅游产业的发展能够对旅游社区的居民产生正面、负面的影响。旅游社区的居民以其别具一格的自然风光、风土人情、文化服务吸引游客到此消费，所产生的收入若高于当地其他产业的收益，则能够推动利益相关者保护生态环境。

（二）可持续旅游相关战略

第一，明确可持续发展理念。可持续发展战略的顺利实施依赖于可持续经营旅游理念的确立。旅游行业高层管理团队应了解发展可持续旅游的重要意义，对可持续发展的观念、规划、措施等方面加强宣传，并保证各个部门贯彻落实，促使全体职工了解其发展目标、经营纲领，实现这些理念向实际行动转变，并引导旅游者规范自己的行为。

第二，创建可持续体系。具体包括可持续旅游产品体系、市场体系、管理体系。在产品体系层面，相关部门应加强生态旅游地点、区域的建设；可持续旅游市场体系方面的建设应确立产销结合的机制，培养、引导一批生态旅游新型游客，使他们积极参与自然环境工作；可持续旅游管理体系的建设对于推动旅游业的可持续发展是必不可少的，各项管理标准、服务标准以及产品标准的制定应顺应可持续发展理念，实现自然环境的优化，促使旅游业可持续发展向广度、深度双向推进。

第三，推行可持续开发战略。旅游开发商和旅游经营者在进行旅游区域规划、设计时，需要综合考虑当地旅游资源的实际情况以及环保政策要求，从而进行科学、合理的分区。在进行开发建设过程中，相关人员应加强自身的资源、环境保护意识，从而实现旅游项目的高水平建设。

第四，生产可持续产品。任何行业的发展都需要技术、产品方面的创新，旅游业也需要积极进行创新产品的生产，如农业旅游、草原旅游、沙漠旅游、冰雪旅游、探险旅游、生态旅游等，旅行社应积极、主动地向游客推荐这些可持续旅游产品，帮助创建生态和谐社会。

第五，实行可持续经营方式。在进行旅游经营管理过程中，旅游企业应始终秉持可持续发展理念，进行绿色交通、绿色景区、低碳消费等可持续旅游经营活动，为自然环境、自然资源的保护尽一份力。

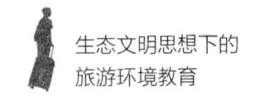

第六，营造可持续氛围。综合考虑各方面的建设，创造卫生旅游、文明旅游、绿色旅游的环境氛围，实现旅游行业各方面、各层次上的可持续理念贯彻落实，从而实现可持续发展的目标。

三、教育是促进旅游可持续发展的重要途径

21世纪教育的目标是通过制定有助于人类可持续发展和人类和平的教育措施而创造一个更美好的世界。未来的社会是"学习社会"，终身教育是发展自我意识和对环境认识的重要手段，是社会发展的动力，是开启21世纪大门的钥匙。

可持续发展是进入21世纪以来的一项重要教育内容。适当加长可持续发展的教育时间，加强其教育功能，有利于人类充分了解自然环境，认识环境的可承载能力，从而加强与自然协调的能力。21世纪教育所确立的教育目标是实现全球可持续发展的认识基础，也是推动旅游可持续发展的重要保证。

教育活动所具有的经济功能表明教育在促进旅游业可持续发展中发挥着重要作用。教育通过教师提供的教育劳务直接生产和再生产劳动力（学生）推动社会的发展。教育的投入不仅得到偿还，而且取得生产上的利润。因此，教育活动经济功能的实现，不仅能够促进人们对可持续发展理念的深入了解，还有利于推动旅游业可持续发展目标的实现。未来旅游行业的发展主要受信息、交通、教育三方面的影响。旅游教育活动的展开，能够培养一批现代高新技术人才、现代管理人才，从而实现生产力、管理行为的转化，促进旅游业的高质量发展。

开展旅游教育活动的目标是培养旅游行业高新技术人才以及现代管理人才，提高旅游质量，从而推动旅游业的可持续发展。教育活动的开展在可持续发展方面有三方面的作用。

第一，可持续发展理念通过旅游教育活动的开展得到了确立。人们进行旅游活动时，可能会做出对环境产生或多或少影响的行为，旅游教育能够让人们对自身活动方式、传统旅游发展模式做出深刻的反思，从而提高自我发展进程中对自我的认知，明确旅游可持续发展模式的重要意义。

第二，现代管理思想通过旅游教育活动的开展得到了形成、发展和完善。作为一种现代科学技术的观念形态，旅游管理思想能够不断推动旅游业健康、可持续发展。教育具有传递、再生产科技生产力、积累以及发展的经济功能，从而揭露了现代旅游行业不断发展的规律，推动管理思想向生产动力的转化。我国作为发展中国家，社会管理水平较低，旅游业与相关行业的协同程度低，对提高管理意识和管理水平的要求更为迫切。

第三，教育活动的开展能够培养出一批现代高新技术人才和高素质人才。旅游行业可持续发展策略的实现，需要大量的高素质人才，而教育是培养行业人才的重要途径。通过不同的课程设置、培养目标，教育活动能够实现各种层次旅游人才的输送。对旅游从业者展开教育活动，不仅能够让他们认识可持续旅游模式，将其发展理念贯穿于旅游教育的全过程，实现可持续发展思想向行为的转化，还可以提高旅游从业者的综合素质，进而实现旅游业可持续发展的目标。

教育促进旅游业发展的三种不同层次、不同水平的作用是通过所培养的高素质旅游人才表现出来的，因此，培养高素质的旅游人才是旅游教育要实现的教育目标之一。

参考文献

参考文献

[1] 陈晓丽. 生态旅游中游客环境教育的实现途径研究——以香港湿地公园为例 [J]. 开封教育学院学报,2017（06）.

[2] 陈艳芳,桑彬彬. 中等旅游职业教育发展研究综述 [J]. 广西广播电视大学学报,2019（01）.

[3] 邓谋优. 我国乡村旅游生态环境问题及其治理对策思考 [J]. 农业经济,2017（04）.

[4] 邓运员,何清华,曹帅强. 基于低碳旅游战略的环境教育实施策略 [J]. 衡阳师范学院学报,2012（06）.

[5] 丁玉娟,鲁小波,郭迪,等. 生态文明背景下高校生态旅游课程的环境教育作用探析 [J]. 辽宁广播电视大学学报,2015（04）.

[6] 段喜莲. 高职旅游教育与企业文化对接研究 [J]. 宏观经济管理,2017（S1）.

[7] 郭文. 生态旅游实践与旅游生态发展——国内外对比与启示 [J]. 无锡商业职业技术学院学报,2010（04）.

[8] 韩宾娜,吕品晶. 普通高等院校旅游教育实践教学之中外比较 [J]. 人文地理,2010（06）.

[9] 韩宾娜. 旅游教育概论 [M]. 天津：南开大学出版社,2010.

[10] 韩国圣,李辉. 旅游管理本科课程设计的结构与挑战——基于教学大纲的内容分析 [J]. 中国大学教学,2014（10）.

[11] 黄娜. 加强旅游环境教育的主要对策 [J]. 科教导刊（中旬刊）,2013（02）.

[12] 孔邦杰. 旅游环境学概论 [M].2 版. 上海：格致出版社,上海人民

出版社,2017.

[13] 李北东,连玉銮.环境教育——生态旅游的灵魂[J].西南民族大学学报（人文社科版）,2003（09）.

[14] 李嘉.环境教育与生态旅游关联性分析研究[J].成都中医药大学学报（教育科学版）,2011（04）.

[15] 李文明,殷程强,唐文跃,等.观鸟旅游游客地方依恋与亲环境行为——以自然共情与环境教育感知为中介变量[J].经济地理,2019（01）.

[16] 李文明,钟永德.生态旅游环境教育[M].北京：中国林业出版社,2010.

[17] 李文明.生态旅游环境教育效果评价实证研究[J].旅游学刊,2012（12）.

[18] 李先跃.旅游景区环境教育体系构建研究[J].中国林业经济,2019（05）.

[19] 李志勇,于萌.旅游发展、生态生产力与欠发达少数民族地区生态文明建设[J].贵州民族研究,2013（01）.

[20] 梁佳,王金叶.桂林北部地区旅游生态经济可持续发展探析[J].中南林业科技大学学报（社会科学版）,2013（01）.

[21] 梁文慧.旅游教育本土化和国际化的互动发展策略[J].北京广播电视大学学报,2012（01）.

[22] 林秀治.基于教育主体分析的乡村旅游环境教育手段研究[J].武夷学院学报,2012（03）.

[23] 刘建峰,王桂玉,张晓萍.基于旅游体验视角的旅游规划形式与内容的反思[J].地域研究与开发,2014（02）.

[24] 刘军,马勇.旅游可持续发展的视角：旅游生态效率的一个综述[J].旅游学刊,2017（09）.

[25] 马勇,刘军.绿色发展背景下旅游生态效率的核心价值及提升策略[J].旅游学刊,2016（09）.

[26] 石丹.生态位与我国旅游生态可持续发展的构想[J].经济问题探索,2014（01）.

[27] 是丽娜,王国聘.我国生态旅游环境教育理论研究述评[J].学术交

流,2011(12).

[28] 田广增,蒋冰华.旅游环境教育体系的构建[J].商场现代化,2007(20).

[29] 佟玉权,王辉.环境与生态旅游[M].北京:中国环境科学出版社,2009.

[30] 王慧英.基于管理与环境视角的中国旅游效率研究[J].旅游科学,2014(05).

[31] 王金伟.旅游教育几个基本问题的探讨[J].高等财经教育研究,2012(01).

[32] 王丽华,刘晓蕾.我国旅游教育国际化研究述评[J].兰州教育学院学报,2019(02).

[33] 王丽梅.中国旅游教育发展中的问题及其改进策略[J].黑龙江高教研究,2015(11).

[34] 王丽娜,杨主泉.国内旅游生态系统可持续发展研究述评[J].现代商贸工业,2015(03).

[35] 王璋,尹美群,张继东.旅游教育与人才培养现状特征分析与研究[J].河北旅游职业学院学报,2015(04).

[36] 吴倩倩,殷杰,郑向敏.问题与思维:变革时代的旅游教育[J].中国职业技术教育,2017(15).

[37] 吴毅.基于改进旅游生态足迹模型研究生态旅游可持续发展能值评价[J].重庆理工大学学报(自然科学),2019(10).

[38] 谢爱良.基于旅游生态足迹模型的区域旅游发展和谐度评估[J].临沂大学学报,2011(06).

[39] 谢超.自然景区旅游发展中的环境教育机会及方法探索——以九寨沟景区为例[J].经贸实践,2015(06).

[40] 薛秀芬.旅游教育学[M].北京:旅游教育出版社,2008.

[41] 杨秀平,翁钢民.城市旅游环境可持续承载的管理创新研究[J].人文地理,2014(06).

[42] 杨秀平,翁钢民.旅游环境承载力研究综述[J].旅游学刊,2019(04).

[43] 张汝娇,唐业喜,周雅金,等.基于旅游生态足迹的张家界旅游业

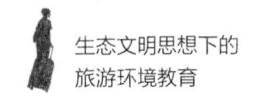

可持续发展动态分析 [J]. 农村经济与科技 ,2018（19）.

[44] 张素梅 . 全域旅游背景下我国旅游教育的现状分析及对策 [J]. 大学教育 ,2016（12）.

[45] 张玉钧，石玲 . 生态旅游 生态、体验与可持续 [M]. 北京：中国旅游出版社 ,2014.

[46] 赵建强 . 基于改进旅游生态足迹模型的生态系统旅游可持续发展能值评价研究 [J]. 生态经济 ,2016（11）.